ÉMILE ZOLA

LES ROMANCIERS
NATURALISTES

BALZAC. — STENDHAL.
GUSTAVE FLAUBERT. — EDMOND ET JULES DE GONCOURT.
ALPHONSE DAUDET.
LES ROMANCIERS CONTEMPORAINS.

DEUXIÈME ÉDITION

PARIS

G. CHARPENTIER, ÉDITEUR

13, RUE DE GRENELLE-SAINT-GERMAIN, 13

1881

Tous droits réservés.

LES ROMANCIERS
NATURALISTES

OUVRAGES DU MÊME AUTEUR

DANS LA BIBLIOTHÈQUE CHARPENTIER

à 3 fr. 50 chaque volume.

LES ROUGON-MACQUART

Histoire naturelle et sociale d'une famille sous le second Empire.

LA FORTUNE DES ROUGON. 16ᵉ édition.............	1 vol.
LA CURÉE. 21ᵉ édition............................	1 vol.
LE VENTRE DE PARIS. 17ᵉ édition..................	1 vol.
LA CONQUÊTE DE PLASSANS. 16ᵉ édition............	1 vol.
LA FAUTE DE L'ABBÉ MOURET. 20ᵉ édition..........	1 vol.
SON EXCELLENCE EUGÈNE ROUGON. 16ᵉ édition......	1 vol.
L'ASSOMMOIR. 90ᵉ édition........................	1 vol.
UNE PAGE D'AMOUR. 39ᵉ édition...................	1 vol.
NANA. 105ᵉ édition..............................	1 vol.
CONTES A NINON. Nouvelle édition...............	1 vol.
NOUVEAUX CONTES A NINON.....................	1 vol.
THÉATRE......................................	1 vol.
MES HAINES...................................	1 vol.
LE ROMAN EXPÉRIMENTAL.......................	1 vol.
LE NATURALISME AU THÉATRE...................	1 vol.
NOS AUTEURS DRAMATIQUES.....................	1 vol.
LES ROMANCIERS NATURALISTES.................	1 vol.

Ce sont encore ici des études qui ont paru d'abord en Russie, dans le *Messager de l'Europe*. Seulement, je les ai écrites avec une pensée d'ensemble. Mon projet était, en les réunissant un jour en un volume, de donner une histoire du roman naturaliste, étudié dans les chefs qui en ont successivement apporté et modifié la formule.

On se souvient peut-être du vacarme que souleva mon étude sur les romanciers contemporains, qu'on trouvera à la fin de ce volume. Aujourd'hui seulement, elle y prend son vrai sens, sa valeur exacte. Elle n'est, après les autres études, qu'une suite de notes rapides, destinées à rendre mon travail complet. J'espère qu'on voudra bien comprendre.

Il me reste à m'excuser de donner sur Balzac une étude absolument indigne de lui. Ce n'est là qu'une compilation faite à l'aide de sa Correspondance. Je comptais reprendre ce travail, l'élargir en étudiant plus particulièrement en lui le romancier. Mais, comme le temps et le courage m'ont manqué, comme d'autre part je ne puis décapiter mon livre en omettant Balzac, je me décide à publier les pages que j'ai sous la main, pour qu'elles marquent au moins, à notre tête, au sommet, la glorieuse place du père de notre roman naturaliste.

ÉMILE ZOLA.

LES ROMANCIERS NATURALISTES

BALZAC

La Comédie Humaine est comme une tour de Babel que la main de l'architecte n'a pas eu et n'aurait jamais eu le temps de terminer. Des pans de muraille semblent devoir s'écrouler de vétusté et joncher le sol de leurs débris. L'ouvrier a employé tous les matériaux qui lui sont tombés sous la main, le plâtre, le ciment, la pierre, le marbre, jusqu'au sable et à la boue des fossés. Et, de ses bras rudes, avec ces matières prises souvent au hasard, il a dressé son édifice, sa tour gigantesque, sans se soucier toujours de l'harmonie des lignes, des proportions équilibrées de l'œuvre. On croit l'entendre souffler dans son chantier, taillant les blocs à grands coups de marteau, se moquant de la grâce et de la finesse des arêtes. On croit le voir monter pesamment sur ses échafaudages, maçonnant ici une grande muraille nue et rugueuse, alignant plus loin des colonnades d'une majesté sereine, perçant les portiques et les baies à sa guise, oubliant parfois des tronçons entiers d'escalier, mêlant avec l'inconscience et la puissance du génie le grandiose et le vulgaire, l'exquis et le barbare, l'excellent et le pire.

A cette heure, l'édifice est là, découronné, profilant sur le ciel clair sa masse monstrueuse. C'est un entassement de palais et de bouges, un de ces monuments cyclopéens comme on en rêve, pleins de salles splendides et de réduits honteux, coupé par de larges promenoirs et par des corridors étroits où l'on ne passe qu'en rampant. Les étages se succèdent, élevés, écrasés, de styles différents. Brusquement, on se trouve dans une chambre, et l'on ignore comment on y est monté, et l'on ne sait comment on en descendra. On va toujours, on se perd vingt fois, sans cesse se présentent de nouvelles misères et de nouvelles splendeurs. Est-ce un mauvais lieu? est-ce un temple? On hésite à le dire. C'est un monde, un monde de création humaine, bâti par un maçon prodigieux qui était un artiste à ses heures.

Du dehors, je l'ai dit, c'est Babel, la tour aux mille architectures, la tour de plâtre et de marbre, que l'orgueil d'un homme voulait élever jusqu'au ciel, et dont des bouts de muraille couvrent déjà le sol. Il s'est fait des trous noirs, dans cette série d'étages superposés; çà et là, une encoignure a disparu; les pluies de quelques hivers ont suffi pour émietter le plâtre que la main hâtive de l'ouvrier a trop souvent employé. Mais tout le marbre est resté debout, toutes les colonnades, toutes les frises sont là intactes, élargies et blanchies par le temps. L'ouvrier a élevé sa tour avec un tel instinct du grand et de l'éternel, que la carcasse de l'édifice paraît devoir demeurer à jamais entière; des pans de mur auront beau crouler, des planchers s'effondrer, des escaliers se rompre, les assises de pierre résisteront toujours, la grande tour se dressera aussi droite, aussi haute, appuyée sur les larges pieds de ses colonnes géantes; peu à peu, tout ce qui est boue et sable s'en ira, et alors le squelette de marbre du monument apparaîtra encore sur l'horizon, comme le profil immense et déchiqueté d'une ville. Même dans un avenir lointain, si quelque vent terrible, en emportant notre langue et notre civilisation, jetait par terre la carcasse de l'édifice, les décombres feraient sur le sol une telle montagne, qu'aucun peuple ne pourrait passer devant cet amas, sans dire : « Là dorment les ruines d'un monde. »

I

Balzac est né à Tours, le 16 mai 1799. Il passa sept années au collège de Vendôme, qui jouissait alors d'une grande vogue. Ce ne fut pas, comme Victor Hugo, un enfant prodige; au contraire, ses professeurs le regardaient comme une intelligence médiocre, lourde et paresseuse. A la vérité, tout un travail se passait dans cette tête, aux yeux demi-clos, à l'expression distraite. Quand son indolence l'avait fait mettre au cachot, il y dévorait en secret les livres qui lui étaient tombés sous la main. La passion de la lecture le torturait, et il remuait un monde d'idées si complexe pour son âge, qu'il tomba malade. Personne ne devina la cause de son mal; on le rendit à sa famille, il suivit les classes du collège de Tours. D'ailleurs, les siens le tenaient également en une très petite estime. Aussi riait-on des premières ambitions qui lui poussaient. Vers la fin de 1814, il vint avec ses parents à Paris, où il acheva ses études, toujours sans aucun éclat. Successivement, il entra chez un notaire et chez un avoué. Mais son tempérament répugnait à la chicane, et il finit par obtenir de son père l'autorisation de tenter la carrière des lettres. Sa famille cédait avec beaucoup de mauvaise grâce. Elle lui accordait seulement un an pour faire ses preuves. La pension qu'elle lui servait était calculée de façon à l'empêcher de mourir de faim et à le dégoûter de la vie des mansardes. Enfin, comme ses parents voulaient lui éviter la honte d'un échec, certain pour eux, ils avaient exigé que la tentative eût lieu en secret, et que, même aux yeux des amis intimes, Honoré passât pour être à Montauban, auprès d'un cousin.

Le voilà donc à Paris, dans un taudis de la rue de Lesdiguières, libre de rêver et d'écrire à sa fantaisie. D'abord, il voulut tenter le théâtre, il fabriqua avec la plus grande peine une tragédie en cinq actes, *Cromwell*, qui, lue devant la famille et les amis assemblés, fut jugée de la dernière médiocrité. Il dut rentrer chez ses parents, l'épreuve étant jugée suffisante et décisive. Cependant, il continua à écrire. C'est alors qu'il produisit cette quantité de romans de pacotille, dont il refusa toujours de se reconnaître le père. En cinq ans, il publia sous des pseudonymes une quarantaine de volumes. Il frémissait sous cette tâche odieuse, son génie s'agitait sourdement et lui faisait trouver abominable un pareil emploi de son temps. S'il avait eu alors une pension de quinze cents francs, il aurait peut-être échappé aux embarras qui écrasèrent toute sa vie. Pour se soustraire à la dépendance dans laquelle il vivait chez ses parents, il se résolut à tenter le commerce, il acheta une imprimerie et lança des éditions à bon marché de La Fontaine et de Molière. Il avait alors vingt-cinq ans. L'entreprise fut désastreuse. Sa famille ayant refusé de l'aider dans sa débâcle, il dut se retirer avec un passif assez considérable; tel fut le commencement de la dette qui pesa sur son existence entière d'une si terrible façon. En 1827, il se trouvait de nouveau sur le pavé de Paris, sans un sou, abandonné de tous, n'ayant plus que sa plume pour s'acquitter et pour vivre. Alors, commença la bataille sans merci qu'il livra jusqu'à sa mort. Il n'y a pas de héros qui puisse se vanter d'avoir accompli autant de prodiges de volonté et de courage.

Balzac avait vingt-neuf ans. Il s'établit rue de Tournon. Tous ses proches le prenaient en pitié et critiquaient amèrement chacune de ses actions. Il faut se le représenter dans sa petite chambre, n'ayant personne qui ait foi en lui, jugé par sa mère et son père eux-mêmes comme un brouillon incapable de se créer une belle situation. Ce fut alors qu'il écrivit les *Chouans*, le premier roman qu'il ait signé. Comme il arrive toujours, la presse se montra d'abord bienveillante pour cet inconnu; il ne gênait encore personne et gardait la modestie d'un débutant. Mais les choses changèrent vite; dès les romans qui suivirent, toute la critique se déchaîna contre lui, la bataille s'engagea, on le traîna dans la boue à chaque livre nouveau qu'il publiait. Plus tard, la peinture qu'il fit du monde des journalistes, dans les *Illusions perdues*, acheva de le fâcher avec les journaux; et, malgré les chefs-d'œuvre qu'il jetait dédaigneusement, en réponse à toutes les attaques, on peut dire qu'il est mort avant d'avoir triomphé. Son apothéose s'est faite sur son tombeau.

Je ne veux pas entrer dans les détails d'une vie très simple et connue de tous. On sait qu'il logea successivement rue de Tournon, rue Cassini, rue des Batailles, aux Jardies, rue Basse, à Passy, et enfin à Beaujon, dans la maison où il est mort. On sait que son existence entière fut prise par la dette, qu'il se débattit dans des billets et des renouvellements de billets, exploité par des usuriers, s'enfonçant à chaque heure davantage, faisant des miracles de travail, sans arriver à se libérer. Sa vie fut enfermée dans un labeur de géant. Elle avait des côtés cachés, toutefois. Il échappait par moments à ses amis les plus intimes, était d'une discrétion farouche sur le chapitre des femmes. Souvent aussi il disparaissait, il partait en voyage, sans avertir personne. S'il plaçait un de ses romans dans une ville qu'il ne connaissait pas, il tenait à la visiter; et c'est ainsi qu'il a parcouru à peu près toute la France. Puis, il se lançait dans des aventures plus longues, il allait en Savoie, en Sardaigne, en Corse, en Allemagne, en Italie, en Russie. D'ailleurs, son incessante production ne s'arrêtait pas dans ses voyages; il travaillait partout, un coin de table lui suffisait. Aucun grand fait ne tranche dans l'existence de cet ouvrier puissant. On a Balzac tout entier, lorsqu'on ajoute que l'homme d'affaires n'était pas complètement mort en lui, et que son imagination de romancier s'exerçait souvent dans le domaine des inventions et des entreprises: c'est ainsi qu'il rêva la fabrication d'un nouveau papier pour l'impression de ses œuvres; c'est ainsi qu'il songea à tirer parti des scories laissées par les Romains en Sardaigne, en s'appuyant sur ce raisonnement que les procédés de la métallurgie étaient très défectueux dans l'antiquité. Des projets surprenants naissaient sans cesse dans son cerveau toujours en activité: Il voulut aussi être un homme politique, et échoua. Heureusement, pour la gloire des lettres françaises, il dut rester un simple romancier et dépenser son génie dans les œuvres que la nécessité lui faisait enfanter si douloureusement.

Le roman de sa vie fut son mariage avec la comtesse Hanska. Il avait connu cette dame mariée. Il l'aimait depuis seize ans, lorsqu'il l'épousa enfin, peu de temps avant sa mort. Quand le mariage fut célébré, en Russie, il était déjà atteint de la maladie de cœur dont il devait mourir; et il ne revint en France que pour expirer. Aujourd'hui, la Correspondance donne des détails très intéressants sur cette union, que Balzac avait projetée et contractée dans le plus strict mystère. Je montrerai là un Balzac intime d'une prudence et d'une ambition bien singulières.

Ces quelques détails biographiques suffiront pour me dispenser d'explications compliquées, à chaque fragment des lettres de Balzac que je citerai. De cette manière, il n'y aura pas dans mon analyse de trop grands trous. D'ailleurs, c'est ici un simple résumé de la Correspondance que je veux donner. J'ai lu le recueil avec le plus grand soin, en m'attachant surtout aux lettres qui ouvraient des jours nouveaux sur Balzac, ou du moins qui mettaient en lumière les grands côtés de sa vie. Ma besogne va être uniquement de grouper ensemble les lettres qui se rapportent aux mêmes faits et de montrer ainsi le Balzac intime, le Balzac vrai, le grand cœur et le grand cerveau qu'on ne connaissait pas encore tout entier. Aujourd'hui, au-dessus de sa tour cyclopéenne, au-dessus de ce monument dont j'ai parlé et qui restera debout dans les siècles, il faut élever sa statue, la statue du génie héroïque et laborieux.

II

D'ordinaire, on rend aux hommes illustres un bien mauvais service, lorsqu'on publie leur Correspondance. Ils y apparaissent presque toujours égoïstes et froids, calculateurs et vaniteux. On y voit le grand homme en robe de chambre, sans la couronne de laurier, en dehors de la pose officielle; et souvent cet homme est mesquin, mauvais même. Rien de cela ne vient de se produire pour Balzac. Au contraire, sa Correspondance le grandit. On a pu fouiller dans ses tiroirs et tout publier, sans le diminuer d'un pouce. Il sort réellement plus sympathique et plus grand de cette terrible épreuve.

Mais ce qu'il faut mettre surtout en avant, c'est sa bonté et sa gaieté. Il était bon et il était gai, deux qualités bien rares dans ce terrible métier des lettres, qui aigrit et qui attriste si vite les meilleurs. Chose plus surprenante encore, il garda jusqu'à la mort son rire d'enfant et sa tendresse de cœur, au milieu des soucis les plus persistants qu'un homme puisse traverser. On lui soupçonnait bien cette sérénité d'âme ; mais on ignorait quel esprit large et paisible il était. C'est une véritable révélation que de trouver dans ce géant, dans cette intelligence supérieure, une âme si chaude, une humeur si égale. Il avait évidemment une santé morale robuste, un tempérament superbe de force, de paix et d'amour. Le cœur aura été chez lui aussi vaste que le cerveau. Pour moi, cela domine tout et le met à part.

Ses premières lettres de la vingtième année, écrites à sa sœur Laure, dans la mansarde de la rue de Lesdiguières, sont charmantes d'entrain et d'affection. Déjà, on sent l'adorable grammairien des *Contes drôlatiques*, inventant des mots, trouvant des tournures, se lâchant dans un style d'une vie et d'une abondance extrêmes. Ce sont de vrais éclats de rire, mouillés d'une larme de tendresse. « Laure ! ô ma chère Laure, que je t'aime ! Comment se fait-il que l'on ne puisse pas décrocher le *Tacite* de papa? Songe que je m'en remets à toi qui es fine comme l'ambre, pour l'escofier au profit de ton frère... » (Paris, octobre 1819). Et plus loin : « Mademoiselle Laure, je monte sur mes grands chevaux, je mets mon rabat et mon bonnet carré d'aîné, pour vous gronder. Comment! méchante, à propos de l'aimable demoiselle du second, tu me rappelles la demoiselle du Jardin des Plantes. Fi! que c'est laid, mademoiselle. — Laure, je ne plaisante pas, c'est sérieux. Si on lisait, par hasard, ta lettre, on me prendrait pour un Richelieu qui aime trente-six femmes à la fois. Je n'ai pas le cœur si large, et, excepté vous que j'aime à l'adoration, je n'aime d'amour qu'une seule personne à la fois. Cette Laure ! elle me voudrait voir un Lovelace ; et pourquoi, je vous demande un peu! Si j'étais un Adonis encore !... » (Paris, 30 octobre 1819). Puis, vient la note rêveuse : « J'éprouve aujourd'hui que la richesse ne fait pas le bonheur, et le temps que je passerai ici sera pour moi une source de doux souvenirs ! Vivre à ma fantaisie, travailler selon mon goût et à ma guise, ne rien faire si je veux, m'endormir sur l'avenir que je fais beau, penser à vous en vous sachant heureux, avoir pour maîtresse la Julie de Rousseau, la Fontaine et Molière pour amis, Racine pour maître et le Père-Lachaise pour promenade !... Je te quitte pour aller au Père-Lachaise faire des études de douleurs, comme tu faisais des études d'écorché. J'ai abandonné le Jardin des Plantes, parce qu'il était trop triste... Me voilà revenu du Père-Lachaise, où j'ai piffé de bonnes grosses réflexions inspiratrices. Décidément, il n'y a de belles épitaphes que celle-ci : *La Fontaine, Masséna, Molière*, un seul nom qui dit tout et qui fait rêver ! » (Paris, 1820.) Et il signe « ton grigou de frère ».

Tout Balzac était déjà dans ces lettres de jeunesse, dont je ne puis que détacher quelques phrases. On entend son rire puissant, et il possède déjà le style qu'il a tant cherché plus tard, troublé par les magnificences romantiques de Victor Hugo, ne s'apercevant pas qu'il avait lui-même apporté un outil d'une rare force. Je veux donner encore deux exemples de sa belle gaieté. Il parle de lord R'hoone, un des pseudonymes anglais qu'il avait choisis pour signer ses premiers romans. « Chère sœur, je m'en vais travailler comme le cheval d'Henri IV, avant qu'il fût en bronze, et cette année, j'espère gagner les vingt mille francs qui doivent commencer ma fortune... Dans peu, lord R'hoone sera l'homme à la mode, l'auteur le plus fécond, le plus aimable, et les dames l'aimeront comme la prunelle de leurs yeux. Alors le petit brisquet d'Honoré arrivera en équipage, la tête haute, le regard fier et le gousset plein ; à son approche, on murmurera de ce murmure flatteur d'un public idolâtre, et l'on dira : « C'est le frère de madame Surville. » Alors, les hommes, les femmes, les enfants et les embryons sauteront comme des collines... Et j'aurai des bonnes fortunes en foule ; c'est dans cette vue que j'économise pour user au besoin. Depuis hier, j'ai renoncé aux douairières, et je me rabats sur les veuves de trente ans. Expédie toutes celles que tu trouveras « à lord R'hoone, à Paris. » Cela suffit ! Il est connu aux barrières ! — *Nota*. Les envoyer franches de port, sans fêlure ni soudure ; qu'elles soient riches, aimables ; pour jolies, on n'y tient pas... Le vernis passe et le fond du pot reste ! » (Villeparisis, 1822.) Plus tard, dans la lutte, il avait beau être écrasé, son rire d'enfant revenait sur ses lèvres, à la moindre heureuse chance. « Tu vois que j'ai de bonnes nouvelles à t'annoncer, sœurette : les revues me lèchent les pieds et me paient plus cher mes feuilles en janvier. Hé ! hé ! — Les lecteurs reviennent si bien sur le *Médecin de campagne*, que Werdet a l'assurance de vendre en une semaine l'édition in-octavo et en quinze jours l'in-douze. Ha ! ha ! — Enfin, j'ai de quoi faire face aux grosses échéances de novembre et de décembre qui t'inquiétaient tant. Ho ! ho ! » (Paris, septembre 1835.) Ne croit-on pas l'entendre, riant à pleine gorge et oubliant tout dans la santé de sa joie ?

Et remarquez qu'il avait réellement du mérite à être gai. Sans parler de la vie abominable qu'il mena, il fut toujours torturé par ses parents, qui ne le comprenaient guère. Sa mère surtout, qu'il aima d'un amour sans borne, était d'un caractère difficile, dont il souffrit toute son existence. « Je te dirai très confidentiellement que cette pauvre mère tend à devenir nerveuse, comme bonne maman, et peut-être pis. Hier encore, je l'entendais se plaindre, comme bonne maman, s'inquiéter du serin, comme bonne maman, prendre en grippe Laurence ou Honoré, comme bonne maman... J'espère que cela te reportera au milieu de nous mieux que toutes les descriptions du monde. Hélas ! comment se fait-il que l'on n'ait pas dans la vie un peu d'indulgence, que l'on cherche en toute chose ce qu'il peut y avoir de blessant? Personne ne veut vivre à cette *bonne flanquette*, comme papa, toi et moi nous vivrions... » (Villeparisis, juin 1821).

A chaque instant, dans la Correspondance, on trouve la trace des tourments que sa famille lui causait. Je citerai quelques exemples. Voici une lettre navrante, écrite à la suite de sa catastrophe financière, lorsqu'il s'était réfugié rue de Tournon. Sa famille habitait alors Versailles. « On me reproche l'arrangement de ma chambre ; mais les meubles qui y sont m'appartenaient avant ma catastrophe ! Je n'en ai pas acheté un seul ! Cette tenture de percale bleue qui fait tant crier était dans ma chambre à l'imprimerie. C'est Latouche et moi qui l'avons clouée sur un affreux papier qu'il eût fallu changer. Mes livres sont mes outils, je ne puis les vendre... Un port de lettre, un omnibus sont des dépenses que je ne puis me permettre, et je m'abstiens de sortir pour ne pas user d'habits. Ceci est-il clair?... Ne me contraignez donc plus à des voyages, à des démarches, à des visites qui me sont impossibles ; n'oubliez pas que je n'ai plus que le temps et le travail pour richesse, et que je n'ai pas de quoi faire face aux dépenses les plus minimes... Ne me crois aucun tort, chère sœur; si tu me donnais cette idée, j'en perdrais la cervelle. Si mon père était malade, tu m'avertirais, n'est-ce pas? Tu sais bien qu'alors aucune considération humaine ne m'empêcherait de me rendre auprès de lui... Merci, cher champion dont la voix généreuse défend mes intentions. Vivrai-je assez pour payer aussi mes dettes de cœur?... » (Paris, 1827). Et il revient toujours sur cette idée que le temps pour lui, c'est de l'argent. « Je souffre bien amèrement d'être l'objet de perpétuels soupçons. Je crois que ma lettre doit répondre à tout. Je suis pourtant assez malheureux! Il me faut, pour gagner de l'argent, la tranquillité du cloître et la paix! Quand je serai heureux, peut-être me rendra-t-on justice; il sera trop tard, car je ne serai heureux que mort... » (Paris, 1829). Il ne savait pas si bien prophétiser, car il devait mener pendant vingt ans cette abominable vie.

Je saute par dessus ces vingt années, pour ne pas trop multiplier les citations sur ce point secondaire, et j'arrive au mariage de Balzac avec la comtesse Hanska. Il était alors au fond de la Russie méridionale, à Vierzschovnia, en train de préparer cette union dans le plus profond mystère, lorsqu'une lettre de sa mère, restée à Paris, faillit tout compromettre. Il écrit à sa sœur : « Il faut que tu n'aies pas su cela, car tu l'aurais empêché, toi qui es si bonne et si conciliante! Dans les circonstances où je suis, c'était bien fatal. M'écrire une lettre, qui, pour des gens logiques, donnait à penser qu'il en résultait ou un mauvais fils ou une mère d'un caractère difficile, pointilleux, etc. Enfin, c'était la lettre d'une mère à un petit garçon de quinze ans qui a fait des fautes... Cette lettre si inopportune, où ma pauvre mère non seulement ne me dit pas un mot de tendresse, mais termine en déclarant qu'elle subordonne sa tendresse à ma conduite (une mère maîtresse d'aimer ou non un fils comme moi ; soixante et douze ans d'une part, cinquante de l'autre !), est arrivée au moment où je vantais les services de ma mère, où je disais quelle bonne comptable elle était, quelles peines elle se donnait à son âge en allant au chemin de fer, etc., etc. Enfin, j'avais amené la comtesse à concevoir qu'il fallait que ma mère eût une bonne à Suresnes, qu'il fallait s'occuper d'elle, la rendre heureuse, quand est survenue cette bise en forme de lettre, deux mois après un reproche que j'avais fait à ma mère, et tu sais s'il était fondé ! » (Vierzschovnia, 22 mars 1849.)

Son mariage avec la comtesse Hanska fut d'ailleurs pour lui toute une affaire laborieuse, qu'il semble avoir menée avec une habileté de tactique extraordinaire. Il était profondément épris, j'en suis convaincu. Mais je le soupçonne d'avoir encore vu là une bataille, d'avoir dramatisé son union, en exagérant les quelques difficultés qu'il rencontra. Dans la lettre dont je viens de citer un fragment, il y a des phrases singulières : « Bien plus, ma mère me créait des obligations d'écrire et de répondre à mes nièces, ce qui était un renversement des principes élémentaires de la famille ; et il faudrait que tu susses bien ce que sont les personnes chez qui je suis pour comprendre le mauvais effet de ces phrases. » Et ce passage est encore plus explicite : « Madame Hanska est ici riche, aimée, considérée ; elle n'y dépense rien, elle hésite à aller dans un endroit où elle ne voit que troubles, dettes, dépenses et visages nouveaux ; ses enfants tremblent pour elle ! Joins à cela la *lettre digne et froide* d'une mère qui gronde son petit dernier (cinquante ans !), et tu te diras que, sur des doutes exprimés relativement au bonheur et à l'avenir, un galant homme part, remet la propriété de la rue Fortunée à qui elle est, reprend sa plume et va s'enfouir dans un trou comme celui de Passy. A quarante-cinq ans, les considérations de fortune pèsent d'un poids énorme dans les plateaux du sort. » Enfin, il montre son mariage à sa sœur comme la fortune de toute la famille. « Songe donc, ma bonne chère Laure, qu'aucun de nous n'est, comme on dit, *arrivé* ; que si, au lieu d'être obligé de travailler pour vivre, je devenais le mari d'une des femmes les plus spirituelles, les mieux nées, les mieux apparentées et d'une fortune solide quoique restreinte, malgré le désir de cette femme de rester chez elle et de n'avoir aucune relation, pas même de famille, je serais dans une position bien plus favorable de vous être utile à tous... Va, Laure, c'est quelque chose, à Paris, que de pouvoir, quand on le veut, ouvrir son salon et y rassembler l'élite de la société, qui y trouve une femme polie, imposante comme une reine, d'une naissance illustre, alliée aux plus grandes familles, spirituelle, instruite et belle ; il y a là un grand moyen de domination. »

Toute la lettre est à lire. J'y trouve un roman entier, un de ces romans profondément humains, comme Balzac savait les fouiller. Cela s'appellerait :

Le mariage d'un grand homme avec une grande dame.
Déjà, à plusieurs reprises, Balzac avait rêvé de se tirer de ses embarras pécuniaires par un riche mariage ; on en trouve des traces discrètes dans la Correspondance. Certes, je le répète, je crois à la noblesse des sentiments de Balzac et de madame Hanska. Mais comme il est triste d'entendre le grand romancier disant que personne de sa famille n'était *arrivé!* Remarquez qu'il avait écrit tous ses chefs-d'œuvre. On croit comprendre, en outre, que la comtesse mettait comme condition à son mariage qu'elle ne recevrait pas les parents de son mari. Pendant ce temps, la mère de Balzac était chargée de veiller à Paris sur la maison de la rue Fortunée, qu'il avait embellie et qu'il considérait comme un appât pour la comtesse. C'était toute une stratégie de grand général. En lisant ceci par exemple, ne dirait-on pas Napoléon à la veille d'Austerlitz : « Comme j'agis toujours dans le bon sens et en vue du triomphe, dis à ma mère de faire les doubles rideaux de l'alcôve et d'y coudre les dentelles qu'elle a. Dis-lui aussi de faire prendre l'air aux tapisseries qui sont dans un tiroir de la commode de la Reine. » Si l'on ajoute que Balzac, au milieu de cette lutte suprême de son mariage, se débattait dans les premières atteintes de la maladie de cœur dont il devait mourir, et dont il est mort sans jouir de sa victoire, on aura, je le dis encore, un des plus beaux et un des plus tristes romans qu'il ait faits. Il traita le mariage comme il avait traité la dette, en utopiste puissant, en lutteur qui voulait ruser avec les montagnes et qui finissait par les prendre et par les transporter.

D'ailleurs, il restait le fils le plus tendre et le plus respectueux. Dès que son mariage est accompli, il écrit à sa mère. : « Ma bonne chère mère bien-aimée... Hier, à sept heures du matin, grâce à Dieu, mon mariage a été béni et célébré dans l'église Sainte-Barbe de Berditchef, par un envoyé de l'évêque de Jitomir... Nous sommes maintenant deux à te remercier des bons soins que tu as donnés à notre maison, comme nous serons deux à te témoigner notre tendresse respectueuse. J'espère que tu jouis d'une excellente santé. Je te réitère de ne pas épargner les voitures pour diminuer les peines que nous te donnons pour nos affaires... A bientôt. Trouve ici l'expression de mon respect et de mon attachement filial... Ton fils soumis... » (Vierzschovnia, 14 mars 1850).

III

J'aborde maintenant ce qu'il y a de plus large et de plus héroïque dans la Correspondance; je veux parler de la bataille sans relâche que Balzac livra à la dette, par un travail acharné de toutes les heures de sa vie. Il n'y a certainement pas de spectacle plus beau que celui de ce lutteur s'épuisant en efforts sans cesse renaissants, fournissant une besogne comme aucun homme avant lui n'en avait faite. Sans doute, on connaît des producteurs infatigables, qui ont peut-être entassé plus de volumes que Balzac. Seulement, il faut songer que son monument fut bâti en vingt années, et que ses ouvrages sont presque toujours de bronze et de marbre. Faire beaucoup et faire solide, voilà le prodige.

Avant tout, dans la Correspondance, on voit le travailleur. Il se dresse de toutes les pages, il emplit ces trois cent quatre-vingt-quatre lettres. Du premier mot au dernier, Balzac travaille et enfante. C'est comme une épopée, un géant aperçu dans sa forge, ne prenant pas une heure de repos, tapant toujours sur son fer, grisé par son effort. On savait le grand romancier laborieux, mais ce cri continu de l'ouvrier aux prises avec la fatigue, fait de la Correspondance un recueil unique, plein de la poésie de l'action. Jamais on ne l'aurait rêvé si puissant. Le rocher qu'il roulait était vraiment d'un poids à écraser tout autre homme que lui.

Je vais tâcher de le montrer en pleine bataille, car les commentaires ne suffisent pas; il faut le voir et l'entendre. Je prendrais seulement quelques phrases à chaque lettre, de façon à montrer toutes les phases du long combat.

Cela commence, chez ses parents, lorsque ceux-ci lui refusent la petite pension qui lui permettrait d'écrire à sa guise. Il bâcle de mauvais romans, et il dit à sa sœur: «Avec quinze cents francs assurés, je pourrais travailler à ma célébrité; mais il faut le temps pour de pareils travaux, et il faut vivre d'abord! Je n'ai donc que cet ignoble moyen pour *m'indépendantiser*. Fais donc gémir la presse, mauvais auteur (et le mot n'a jamais été si vrai!) » (Villeparisis, 1821.) Et cette autre phrase, à une année de distance : « Ah! si j'avais ma pâtée, j'aurais bien vite ma niche, et j'écrirais des livres qui resteraient peut-être! » (Villeparisis, 1822). Mais la lutte ne commence réellement qu'après sa catastrophe financière. Il devait vivre par son seul travail, vivre et payer des dettes très lourdes. Voici un de ses premiers cris de détresse, adressé à M. Dablin, un ami auquel il avait dû emprunter une assez grosse somme : « Un homme qui se lève, depuis quinze ans, tous les jours dans la nuit, qui n'a jamais assez de temps dans sa journée, qui lutte contre tout, ne peut pas plus aller trouver son ami qu'il ne va trouver sa maîtresse ; aussi ai-je perdu beaucoup d'amis et beaucoup de maîtresses, sans les regretter, puisqu'ils ne comprenaient pas ma position. Voilà pourquoi vous ne m'avez vu que quand il s'agissait d'affaires. Je suis fâché que vous ne m'ayez pas répondu au sujet de l'assurance, car plus je vais, plus les travaux augmentent, et je n'ai pas la certitude de pouvoir résister à ce travail sans relâche. » (Paris, 1830.) La lettre suivante adressée à la duchesse d'Abrantès est encore plus explicite : « Écrire ! je ne le puis ! la fatigue est trop grande. Vous ignorez ce que je devais, en 1828, au-dessus de ce que je possédais : je n'avais que ma plume pour vivre et pour payer cent vingt mille francs. Dans quelques mois, j'aurai tout payé, j'aurai reçu, j'aurai arrangé mon pauvre petit ménage ; mais pendant six mois encore, j'ai tous les ennuis de la misère... » (Paris, 1831).

Il faut remarquer cet espoir d'être libéré dans six mois. Toute sa vie, Balzac a espéré ainsi se tirer d'embarras, au bout d'un laps de temps relativement court ; et, toute sa vie, la dette est retombée sur lui, plus écrasante. Nous allons, à plusieurs reprises, le voir ainsi : toujours vainqueur, toujours vaincu.

Une de ses plus grosses crises paraît avoir été celle de l'année 1832, lorsqu'il s'était retiré en Touraine, pour échapper à ses créanciers et travailler plus tranquillement. Il écrivait alors à sa mère, qui s'occupait de ses affaires, à Paris. La série de ces lettres le montre donnant un coup de collier formidable. « Il me faudrait au moins six semaines de tranquillité parfaite pour te remettre les quatre mille huit cents francs des deux ouvrages que je vais faire... Voilà quatre ans que vingt fois j'ai eu l'idée de m'expatrier... Tu me demandes de t'écrire en détail; mais, ma pauvre mère, tu ne sais donc pas encore comment je vis? Quand je puis écrire, je fais mes manuscrits; quand je ne fais pas mes manuscrits, j'y pense. Je ne me repose jamais... Songe donc que j'ai trois cents pages de manuscrit à faire, à penser, à écrire pour *la Bataille!* que j'ai cent pages à ajouter aux *Conversations*, et qu'à dix pages par jour, cela fait trois mois, et à vingt, quarante-cinq jours, et qu'il est *physiquement* impossible d'en écrire plus de vingt, et que je ne demande que quarante jours; et que, pendant ces quarante jours, j'aurai les épreuves de Gosselin... Dans mon désir de nous tirer d'embarras, je ferai l'impossible. Si le bonheur veut que je puisse travailler comme les deux derniers jours de Saint-Firmin, je *vous sauverai...* » (Saché, juillet 1832). La lettre suivante est peut-être plus navrante encore : « Que veux-tu que je réponde sur le marchand de fourrages? Bon Dieu! je travaille nuit et jour pour faire de l'argent et le payer... Or, n'ayant de l'argent que dans quarante jours, je ne puis rien faire avant ce terme; c'est une réponse générale; car, à moins de tout vendre pour rien et de me mettre nu comme un saint Jean, je ne vois pas d'autres moyens de faire de l'argent... J'allais ce matin entamer mon travail avec courage, lorsque ta lettre est venue me désorganiser complètement... Je t'ai dit, les larmes aux yeux et le cœur serré, qu'il était impossible que mon manuscrit fût prêt avant le 10 août, et, le 10 août, aurons-nous dix-huit cents francs? Vois si tu peux à Paris arranger tout pour cette époque. Si je n'ai pas d'argent, eh bien! je me laisserai poursuivre et je paierai les frais; ce sera de l'argent bien cher! » (Angoulême, 19 juillet 1832.) Et il ajoute dans la même lettre : « Je me lève à six heures du soir, je corrige *les Chouans*, puis je travaille à *la Bataille*, de huit à quatre heures du matin, et, pendant le jour, je corrige ce que j'ai fait la nuit; voilà ma vie! en connais-tu de plus occupée?... Adieu, ma bonne mère. Fais l'impossible, c'est ce que je fais de mon côté. Ma vie est un miracle perpétuel. Je t'embrasse de tout mon cœur, et avec bien du chagrin, car je te rends aussi malheureuse que je le suis. »

Je trouve dans une autre lettre adressée à sa sœur ces lignes si pleines d'émotion : « Oui, tu as raison, mes progrès sont réels, et mon courage infernal sera récompensé. Persuade-le aussi à ma mère, chère sœur; dis-lui de me faire l'aumône de sa patience; ses dévouements lui seront comptés! Un jour, je l'espère, un peu de gloire lui paiera tout!... Dis à ma mère que je l'aime comme lorsque j'étais enfant. Des larmes me gagnent en t'écrivant ces lignes, larmes de tendresse et de désespoir, car je sens l'avenir, et il me faut cette mère dévouée au jour du triomphe! Quand l'atteindrai-je?... Quelque jour, quand mes œuvres seront développées, vous verrez qu'il a fallu bien des heures pour avoir pensé et écrit tant de choses; vous m'absoudrez alors de tout ce qui vous aura déplu, et vous pardonnerez, non l'égoïsme de l'homme (l'homme n'en a pas), mais l'égoïsme du penseur et du travailleur. » (Angoulême, août 1832.)

Et toujours revient le refrain de la délivrance. Il fait des comptes, établit des chiffres, trouve par exemple qu'il aura prochainement neuf mille sept cents francs. « Je serai donc bientôt au-dessus de mes affaires... » (Aix, 30 septembre 1832). Mais il ne tarde pas à retomber sous les rudes coups de la réalité. Il écrit à une amie, madame Zulma Carraud. « Je n'ai pas encore un volume réimprimé des *Chouans*, j'ai encore douze à treize feuilles du *Médecin de campagne* à terminer, j'ai cent pages à fournir ce mois-ci à la Revue. Pour achever tout cela ne suis-je pas forcé de rester à Paris ? Puis, il y a les affaires d'argent dont les difficultés vont croissant, parce que les besoins sont fixes et les recettes frappées d'anomalie autant que les comètes... Je vous assure que je vis dans une atmosphère de pensées et d'idées, de plans, de travaux, de conceptions, qui se croisent, bouillent, pétillent dans ma tête à me rendre fou... » (Paris, mars 1833). Dans une lettre adressée à la même personne, je relève ces lignes : « Je ne dors plus que cinq heures ; de minuit à midi, je travaille à mes compositions, et de midi à quatre heures, je corrige mes épreuves. Le 25, j'aurai quatre volumes imprimés. *Eugénie Grandet* vous étonnera... » (Paris, décembre 1833).

Nouvel espoir de triomphe. Il croit la dette écrasée. Cette fois, il pousse les choses jusqu'à rêver d'assurer une petite fortune à sa mère. « Maintenant que le but n'est plus si loin, je puis t'en parler. Cette année tu auras deux joies. Le jour de ma naissance, j'en suis sûr, je ne devrai plus qu'à toi, et j'espère, durant le reste de l'année, arriver à un plus beau résultat encore ; j'espère pouvoir te composer un petit capital dont l'emploi sera tel, que, d'abord, tu auras une sécurité ; et puis, plus tard... tu verras ! Ma richesse, vois-tu, c'est ton bonheur, c'est ta satisfaction dans les choses de la vie. Oh ! bonne mère, vis donc pour voir mon bel avenir ; si tu ne vas pas mieux, viens encore à Paris, et consultons. Si j'allais en janvier à Vienne, je tâcherais d'avoir assez d'argent pour t'emmener ; un voyage te remettrait peut-être. » (Paris, novembre 1834.)

Le même mois, il écrivait à madame Zulma Carraud : « Mais, *cara*, vous me faites mauvais et grand seigneur à plaisir. Aucun de mes amis ne peut ni ne veut se figurer que mon travail a grandi, que j'ai besoin de dix-huit heures par jour, que j'évite la garde nationale qui me tuerait, et que je fais comme les peintres : j'ai inventé des consignes qui ne sont connues que des personnes qui ont bien sérieusement à me parler. Moi, grand seigneur ! me voilà retombé dans la classe de ceux qui ont des revenus impitoyables, fixes, et qui ne peuvent pas se permettre la moindre chose de ce que font les Bédouins, qui vivent à même sur leur capital. Je suis, outre tout mon travail habituel, accablé d'affaires, j'ai la queue du malheur à débrouiller. Les cinquante mille francs ont été dévorés comme un feu de paille, et j'ai encore devant moi quatorze mille francs de dettes ; ce qui est aussi considérable que les vingt-quatre mille que j'ai payés, car c'est la dette en elle-même et non la somme plus ou moins forte, qui me tourmente. Il me faut encore six mois pour libérer ma plume comme j'ai libéré ma bourse ; et si je dois encore quelque chose, il est certain que les bénéfices de l'année m'acquitteront. D'ailleurs, je dois toujours; ces cinquante mille francs sont une avance qu'on m'a faite sur les produits de mon travail... » (Paris, fin de novembre 1834). La vérité est là, et non dans la lettre à sa mère, qui précède. On saisit nettement par cet exemple combien son imagination jouait un grand rôle dans sa lutte.

D'ailleurs, les crises se succédaient. Dans la première lettre adressée à madame Hanska, que contient la Correspondance, on trouve cette page si caractéristique : « Je vous certifie que la plus cruelle conviction me gagne, je n'espère pas résister à de si rudes travaux. On parle des victimes dues à la guerre, aux épidémies; mais qui est-ce qui songe aux champs de bataille des arts, des sciences et des lettres, et à ce que les efforts violents faits pour y réussir y entassent de morts et de mourants? Dans ce redoublement de travail qui m'a saisi, pressé que je suis par la nécessité, rien ne me soutient. Du travail, toujours du travail ! des nuits embrasées succèdent à des nuits embrasées, des jours de méditation à des jours de méditation, de l'exécution à la conception, de la conception à l'exécution ! peu d'argent, comparativement à ce qu'il m'en faut; immensément d'argent, par rapport à la production. Si chacun de mes livres était payé comme ceux de Walter Scott, je m'en tirerais; mais, quoique bien payé, je ne m'en tire pas. J'aurai gagné vingt-cinq mille francs en août. *Le Lys* m'est payé huit mille francs, moitié par la librairie, moitié par la *Revue de Paris*. L'article au *Conservateur* me sera payé trois mille francs. J'aurai fini *Séraphita*, commencé les

Mémoires de deux jeunes mariés, et fini la livraison de madame Béchet. Je ne sais si jamais cerveau, plume et main, auront fait pareil tour de force à l'aide d'une bouteille d'encre... » (Paris, 11 août 1835).

Le cri le plus navrant de toute la correspondance est celui-ci, qu'il jette l'année suivante dans une lettre à madame Hanska. « Descendu de toutes mes espérances, ayant tout abdiqué forcément, réfugié ici, dans l'ancienne mansarde de Jules Sandeau, à Chaillot, le 30 septembre, au moment que, pour la seconde fois dans ma vie, je me trouvais ruiné par un désastre imprévu et complet, et qu'aux inquiétudes d'avenir se joignait le sentiment de la profonde solitude où cette fois j'entrais seul, je pensais doucement qu'au moins je demeurais tout entier dans quelques cœurs de choix... à ce moment-là, votre lettre si découragée, si triste, est venue !... Je n'ai pas quitté la rue Cassini sans regret ; j'ignore encore si je pourrai conserver quelques parties du mobilier auxquelles je tiens, ainsi que ma bibliothèque. J'ai fait, par avance, tous les abandons, tous les sacrifices de menues jouissances et de souvenirs, afin d'avoir la petite joie de les savoir encore à moi ; ce serait peu de chose pour éteindre la soif de la créance, et ils apaiseraient la mienne durant ma marche dans le désert et dans les sables où je vais entrer. Deux ans de travail peuvent tout acquitter, mais il m'est impossible de ne pas succomber à deux ans de cette vie... Pour savoir jusqu'où va mon courage, il faut vous dire que le *Secret des Ruggieri* a été écrit en une seule nuit ; pensez à cela, quand vous le lirez. La *Vieille fille* a été écrite en trois nuits. La *Porte brisée*, qui termine enfin l'*Enfant maudit*, a été faite en quelques heures d'angoisses morales et physiques ; c'est mon Brienne, mon Champaubert, mon Montmirail, c'est ma campagne de France ! Mais il en a été de même de la *Messe de l'athée* et de *Facino Cane* ; j'ai écrit à Saché, en trois jours, les cinquante premiers feuillets des *Illusions perdues*... Ce qui me tue, ce sont les corrections... Il faut se surpasser, puisqu'il y a indifférence chez l'acheteur ; il faut se surpasser au milieu des protêts, des chagrins d'affaires, des embarras d'argent les plus cruels, et dans la solitude la plus complète, la plus dénuée de toute consolation. » (Paris, octobre 1836.)

Je dois me borner et me contenter d'extraire quelques lignes de chaque lettre, de façon à montrer que la lutte durera jusqu'à la mort. Ce sont de continuelles secousses. « J'ai conclu une affaire avec M. Lecou, qui va me permettre de payer Hubert, de satisfaire aux plus pressants besoins, et comme nous mettrons en vente la *Femme supérieure*, j'en destine une part à acquitter les effets Gougès. Ma mère aura ce qu'il lui faut le 10 décembre au plus tard. Mais je n'atteindrai pas ce résultat sans me jeter dans un travail horrible ; je veux que *César Birotteau* (acheté vingt mille francs par un journal) soit fini le 10 décembre ; il faut passer vingt-cinq nuits, et j'ai commencé ce matin. Il faut faire trente-cinq à trente-six feuilles, un volume et demi, en vingt-cinq jours... » (Lettre à sa sœur, novembre 1837). — « Tranquillise-toi, ma Laure bien-aimée : il est dans les probabilités que, cette semaine, j'aurai pu réunir les deux mille francs qui me sont indispensables. J'essayerai alors de te rendre tout ce que je te dois ; ma pauvre mère en souffrira ; mais, avec elle, je sais que bientôt je pourrai réparer les plaies. Aujourd'hui, il faut se tirer d'affaire. » (Lettre à sa sœur, Paris, 1839.) — « Pour le moment, ce que vous me demandez est absolument impossible ; mais, dans deux ou trois mois, rien ne sera plus facile. A vous, ma sœur d'âme, je puis confier mes derniers secrets ; or, je suis au fond d'une effroyable misère. Tous les murs des Jardies se sont écroulés par la faute du constructeur qui n'avait pas fait de fondations ; et tout cela, quoique de son fait, retombe sur moi, car il est sans un sou, et je ne lui ai encore donné que huit mille francs en à-compte. Ne me croyez pas imprudent, *cara ;* je devrais être bien riche en ce moment ; j'ai fait des miracles de travail ; mais tous mes travaux intellectuels ont croulé avec mes murs... » (Lettre à madame Zulma Carraud, les Jardies, mars 1839). — « Le chagrin est venu, chagrin intime, profond et qu'on ne peut dire... Quant à la chose matérielle : seize volumes écrits, vingt actes faits, cette année, n'ont pas suffi ! Cent cinquante mille francs gagnés ne m'ont pas donné la tranquillité... » (Lettre à madame Zulma Carraud, les Jardies, 1840). — « L'argent nécessaire à ma vie est en quelque sorte disputé à celui qu'exigent les créances, et bien péniblement obtenu... Je ne m'abuse pas : si, jusqu'ici, en travaillant comme je travaille, je n'ai pu réussir à payer mes dettes ni à vivre, le travail à venir ne me sauvera pas ; il faut faire autre chose, chercher une position... » (Lettre à sa mère, avril 1842). — « Il me faut vingt-cinq mille francs, ce mois-ci, et il faut que je règle avec les trois libraires de la *Comédie humaine*, qui me doivent de quinze à seize mille francs. Il est plus que probable que, si j'eusse appliqué tout ce que j'ai en portefeuille au payement de mes dettes, je n'aurais plus rien dû à personne au monde vers octobre prochain... » (Lettre à madame Hanska, Paris, 3 avril 1845). — « Les événements les plus affreux, les plus incroyables, ont fondu sur moi ! Me voilà sans aucun argent, poursuivi par des gens qui me rendaient service ; j'ai à peine le temps de suffire au plus pressé. Il va falloir travailler dix-huit heures par jour... » (Lettre à sa sœur, Paris, mai 1846). — « Ces quatre ouvrages (les *Paysans*, les *Petits Bourgeois*, le *Cousin Pons*, la *Cousine Bette*) me payeront toutes mes dettes, et cet hiver l'*Éducation du prince* et la *Dernière incarnation de Vautrin* me donneront le premier argent qui sera bien à moi et qui commencera ma fortune. » (Lettre à madame Hanska, juin 1846.)

Je ne saurais trouver, dans toute la Correspondance, quatre lignes plus tristes et plus typiques. Tout Balzac est dans cet espoir suprême. Il a quarante-huit ans, il a déjà produit tous ses chefs-d'œuvre, et il rêve une fois encore de gagner un argent qui soit bien à lui, pour commencer sa fortune. N'est-ce pas le cri de cet éternel rêveur, de ce débiteur traqué pendant vingt ans, et qui se débattait furieusement dans la dette, en comptant toujours gagner des millions du soir au lendemain. D'ailleurs, remarquez que, ce jour-là comme les autres, il s'abusait. Les plaintes recommencent, les créances l'écrasent plus que jamais. Elles ne cessent même pas, lorsqu'il se retire chez la comtesse Hanska, à Vierzschovnia, pendant les années 1849 et 1850. A la veille de son mariage, il est tourmenté par sa liquidation, il s'inquiète et parle de se réfugier dans une mansarde, si l'union projetée n'avait pas lieu. Sa sœur ét à son tour tombée dans des soucis d'argent, il lui écrit le 9 février 1849 : « Tu sais quels moyens j'employais pour vivre à bon marché ; je ne faisais la cuisine que deux fois par semaine, le lundi et le jeudi, et je mangeais la viande froide dans la salade. En me contentant du strict nécessaire, à Passy, je pouvais restreindre toutes les dépenses à un franc par tête. Je recommencerais très bien cela sans sourciller. » Ce détail ne jette-t-il pas un jour lamentable sur la vie du grand romancier ? Il serait mort dans un taudis, si son mariage ne l'avait enfin tiré de ses embarras d'argent ; et il n'arriva à cette fortune si ardemment convoitée, que pour mourir. Son génie n'avait pu le faire vivre. Il fallut qu'une femme vînt à son secours, pour qu'il se couchât solvable dans la tombe.

IV

J'ai eu la curiosité, en lisant avec soin la Correspondance, de marquer tout ce qui avait trait au théâtre. Il m'a semblé curieux de dégager, de cet amas énorme de documents, les diverses façons dont Balzac avait envisagé l'art dramatique. Le théâtre le préoccupa toute sa vie. Nul doute qu'il y aurait porté sa puissante activité, si le manque de temps et la nécessité de battre monnaie avec le roman, ne lui avaient toujours fait remettre à plus tard des tentatives sérieuses.

Comme je l'ai dit, son premier travail littéraire fut une tragédie sur Cromwell, dont il nous donne le plan, et qui devait être une chose absolument médiocre. Dans ce temps-là, à vingt et un ans, il reconnaissait

Racine pour maître. Corneille, qu'il appelait « son général », paraissait le toucher moins. Cependant, il se lamentait beaucoup de ne pas avoir assez d'argent pour prendre un parterre, le jour où l'on jouerait *Cinna*. Ce qui est très curieux surtout, c'est de voir son dédain des sujets modernes. La veille de la représentation de *Marie Stuart*, de Pierre Lebrun, il écrit à sa sœur : « Le sujet de cette tragédie est assez éloigné pour être mis sur la scène ; espérons que l'auteur luttera avec succès contre les difficultés des sujets modernes, qui ne sont jamais aussi favorables à la poésie que les sujets antiques. Ajoute à cela la difficulté de rendre un moderne intéressant ! Nos hommes d'État sont tous les mêmes ; les crimes diplomatiques prêtent peu au théâtre... » (Paris, 30 octobre 1813). Ces lignes ne sont-elles pas étranges sous la plume de l'écrivain qui a créé le roman moderne, qui devait montrer toute la largeur du drame contemporain. D'ailleurs, on sent déjà dans cette lettre une tendresse secrète pour le drame. C'est là peut-être le premier tâtonnement d'où Balzac s'est dégagé.

Il n'est de nouveau question du théâtre, dans ses lettres, que quinze ans plus tard. La dette l'écrasait, il songeait à se faire auteur dramatique, pour s'acquitter. Une pièce a toujours produit davantage qu'un roman ; seulement, il faut d'abord perdre au théâtre un temps considérable, si l'on veut être joué et réussir ; et c'était là une perte que Balzac ne pouvait se permettre. On trouve trace de ce que j'avance, dans une lettre à sa sœur, datée de Saché, 1834. « Mes essais de théâtre vont mal, il faut y renoncer pour le moment. Le drame historique exige de grands effets de scène que je ne connais pas et qu'on ne trouve peut-être que sur place, avec des acteurs intelligents. Quant à la comédie, Molière, que je veux suivre, est un maître désespérant ; il faut des jours et des jours pour arriver à quelque chose de bien en ce genre, et c'est toujours le temps qui me manque. Il y a, d'ailleurs, d'innombrables difficultés à vaincre pour aborder n'importe quelle scène, et je n'ai pas le loisir de jouer des jambes et des coudes... » Même il avait songé à trouver des prête-noms pour faire jouer sous leur responsabilité des pièces bâclées à la diable, qui ne le compromettaient pas. On voit donc très clairement qu'à cette époque le théâtre n'était pour lui qu'une façon de gagner le plus d'argent possible, n'importe comment.

Plus tard, dans une lettre à madame Hanska, du 15 juin 1838, il juge Scribe de la façon suivante : « Je suis allé hier au soir voir la *Camaraderie*, et je trouve beaucoup d'habileté dans cette pièce. Scribe connaît le métier, mais il ignore l'art. Il a du talent, mais il n'a pas le génie dramatique, et, d'ailleurs, il manque complètement de style. » Ce jugement est en somme celui que nous portons aujourd'hui nous-mêmes. Je l'ai cité, pour montrer que Balzac, assez mauvais critique d'ordinaire, savait parfois dire le mot juste.

Enfin, nous arrivons au mois de mars 1840, à la veille de la représentation de *Vautrin*. Il y a quelques billets fort curieux. Entre autres, en voici un adressé à M. Dablin : « Si vous avez dans votre cercle des personnes qui souhaitent assister à la première représentation de *Vautrin*, et qui soient bienveillantes, j'ai le droit de faire louer des loges à mes amis plutôt qu'à des inconnus. Je tiens à ce qu'il y ait de belles femmes. » Rien de plus charmant et de plus naïf que cette dernière phrase. On y sent le Balzac mondain, un étrange mondain qui rêvait le monde comme un Olympe, dont il était ébloui. Les duchesses et les marquises sont des déesses à ses yeux. Son esprit chimérique lui faisait voir la salle où l'on allait jouer *Vautrin*, pleine d'épaules nues et de diamants ; et, pour lui, très sérieusement, cela devait décider du succès. Pourtant, il était plein de terreur, car il écrit à Léon Gozlan : « Vous verrez une chute mémorable. J'ai eu tort d'appeler le public, je crois. » On sait que *Vautrin* fut défendu à la seconde représentation, Frédéric-Lemaître ayant eu l'étrange fantaisie de se faire la tête de Louis-Philippe, pour jouer son rôle de gredin sublime. Cela donna même lieu à un des traits les plus nobles de la vie de Balzac. On lui offrit une indemnité qu'il refusa. Justement, une lettre à madame de V... fait allusion à ce fait. « Ce matin, j'achevais de vous écrire, chère amie, quand le directeur des beaux-arts est venu pour la seconde fois. Il m'a offert *momentanément* une indemnité qui ne faisait pas votre somme... J'ai refusé. Je lui ai dit que j'avais droit ou non, et que, si c'était oui, il fallait que mes obligations envers des tiers fussent au moins remplies ; que je n'avais jamais rien demandé ; que je tenais à cette noble virginité, et que je voulais ou rien pour moi, ou tout pour les autres... » (Paris, 1840).

Mais l'aventure la plus curieuse de Balzac au théâtre fut la représentation des *Ressources de Quinola*. On sait qu'il loua la salle tout entière, et se fit courtier, pour vendre les places à un taux exagéré. Il y a, à ce sujet, deux lettres bien curieuses, adressées à mademoiselle Sophie Koslovski. On le voit en plein enthousiasme de son idée de négoce. « Entre nous, les premières fermées sont de trente francs la place, les premières découvertes de vingt-cinq francs, et je vous veux, vous, aux premières découvertes avec des élégantes. Les deuxièmes découvertes ne sont que de vingt francs la place... Allons, Sophie, à l'œuvre ! ça chauffe ! ça brûle ! » (Paris, 6 mars 1842.) Ces prix sont énormes pour nos théâtres. Le lendemain, il envoie une lettre plus explicite encore. Il veut surtout la colonie russe, et il parle plus que jamais de mettre les belles femmes en avant. « Dites à toutes vos Russes qu'il me faut les noms et les adresses, avec leur *recommandation écrite et personnelle*, pour ceux de leurs amis (hommes) qui voudront des stalles. Il m'en vient cinquante par jour sous de faux noms, et qui refusent de dire leur adresse : *ce sont des ennemis qui veulent faire tomber la pièce*. Nous sommes obligés aux plus sévères précautions... Dans cinq jours, je ne saurai plus ce que je ferai. Je suis ivre de ma pièce... » Tous ces beaux calculs devaient fatalement aboutir à une chute complète. La salle, louée par Balzac, resta vide dès la seconde représentation. Les *Ressources de Quinola* sont d'ailleurs son œuvre dramatique la plus médiocre. Mais on saisit là admirablement la puissance de son imagination, le besoin qu'il éprouvait de concevoir des plans extraordinaires de fortune.

La meilleure pièce de Balzac, avec la *Marâtre*, est certainement *Mercadet*, qui est aujourd'hui au répertoire de la Comédie-Française. Cette pièce, dont le titre fut d'abord le *Faiseur*, dut être élaguée pour être mise à la scène. Une lettre, adressée à M. Laurent Jan, un des amis fidèles de Balzac, et datée de Vierzschovnia, le 9 février 1849, parle de l'étrange idée du directeur d'un théâtre du boulevard, qui voulait transformer le *Faiseur* en un gros mélodrame. L'auteur s'opposa naturellement à cette fantaisie. Je trouve dans la lettre cette phrase : « Tu auras sous peu le *Roi des mendiants*, pièce de circonstance en république et flatteuse pour la majesté populaire. Un scenario superbe ! » Ainsi donc, Balzac, à la veille de sa mort, se préoccupait plus que jamais du théâtre. J'ignore si le scénario du *Roi des mendiants* a été conservé, s'il a même existé réellement ; en tous cas, il n'est pas dans les œuvres complètes. Une lettre, du 10 décembre 1849, adressée également à M. Laurent Jan, revient sur ses projets de travailler pour le théâtre. « Une maladie de cœur, longue et cruelle, à péripéties diverses, qui m'a saisi depuis l'hiver dernier, m'a empêché d'écrire, excepté pour mes inextricables affaires et les stricts devoirs de famille... Donc, vers les premiers jours de février prochain, je serai à Paris, avec la ferme et nécessaire envie de travailler comme membre de la Société des auteurs dramatiques ; car, dans mes longs jours de traitement, j'ai trouvé plus d'une petite Californie théâtrale à exploiter... » Ce document me confirme dans la pensée que, si la mort n'avait pas pris Balzac, nous aurions sans doute compté un grand auteur dramatique de plus. Il était enfin sauvé de la dette, il allait pouvoir consacrer tout son temps au théâtre ; depuis longtemps, mordu de la passion des planches, il n'attendait que cette heure. Son succès, pour moi, était certain. Il avait un talent essentiellement perfectible. Quand on étudie ses romans, on le voit sans cesse s'élever, aller du pire à l'excellent, avec la lenteur et la force d'un homme dont la solide intelligence a le besoin de s'échauffer. Dans son théâtre, le même fait se présente : sa dernière pièce, *Mercadet*, est de beaucoup la meilleure. Il se serait développé, cela est hors de doute, d'après la loi que j'indique, et il aurait atteint le chef-d'œuvre. Bien que cela puisse paraître paradoxal, Balzac est mort lorsqu'il commençait à voir clair en lui, lorsqu'il allait enfin écrire ses œuvres les plus belles.

Il est une autre question que j'ai étudiée de très près, dans la Correspondance ; je veux parler de l'attitude de l'Académie française à l'égard de Balzac. On savait seulement en gros qu'il s'était présenté deux fois et que deux fois on l'avait laissé à la porte. La Correspondance donne quelques détails. On peut reconstituer les sentiments de Balzac lui-même sur la question. J'ai noté les moindres phrases qui avaient rapport à la matière.

C'est en 1844, à l'âge de quarante-six ans, qu'il songea à se présenter pour la première fois. Je dois citer la courte lettre suivante, adressée à Charles Nodier, et qui explique pourquoi l'Académie le repoussa. « Je sais aujourd'hui trop sûrement que ma situation de fortune est une des raisons qui me sont opposées à l'Académie, pour ne pas vous prier avec une profonde douleur de disposer de votre influence autrement qu'en ma faveur... Si je ne puis parvenir à l'Académie à cause de la plus honorable des pauvretés, je ne me présenterai jamais aux jours où la prospérité m'accordera ses faveurs. J'écris en ce sens à notre ami Victor Hugo, qui s'intéresse à moi. » Cette lettre, très digne, indique l'importance que Balzac donnait au titre d'académicien. On n'avait point encore ridiculisé l'Académie, et les écrivains les plus révolutionnaires tenaient à honneur d'y entrer. Malgré son serment de ne pas courir les chances d'un nouvel échec, Balzac posa d'ailleurs une seconde fois sa candidature.

L'année suivante, le 3 avril 1845, il écrit à madame Hanska : « Voici encore un académicien de mort, Soumet ; il y en a cinq ou six qui inclinent à la tombe ; la force des choses me fera peut-être académicien, malgré vos railleries et vos répugnances. » En effet, madame Hanska paraît l'avoir toujours détourné de se présenter, car plusieurs fois Balzac revient sur ce fait. Sans doute, étant étrangère, elle ignorait la force énorme que le titre d'académicien avait et a même encore en France. Dans notre pays, où l'on veut que le talent soit patenté pour le reconnaître, les bourgeois ne s'inclinent que devant l'écrivain qui porte l'estampille de l'Institut. Les livres de cet écrivain s'écoulent à un beaucoup plus grand nombre d'exemplaires, sa personne devient comme sacrée. Il est évident que Balzac avait le désir d'entrer à l'Académie ; il y a même, dans la phrase que je viens de citer, comme un vague désir de voir la mort vider les fauteuils et lui ouvrir toute grande la porte.

La seconde fois, quand il se présenta, en février 1849, il était à Vierzschovnia, malade et préoccupé de la grande affaire de son mariage. Cet éloignement le dispensa au moins de la corvée fatigante des visites. Il dut se contenter d'écrire aux académiciens. Mais son beau-frère, M. Surville, à Paris, fit certainement des démarches, ainsi que cela ressort d'une lettre de Balzac, datée du 9 février 1849. Il écrit à son beau-frère : « Tu as bien fait pour toi d'aller chez Victor Hugo ; mais, pour moi, c'était inutile, et c'eût été dangereux, si je n'avais pas l'intention de ne plus me présenter à l'Académie. Il a parfaitement deviné que je voulais *mettre l'Académie dans son tort.* » Le passage est un peu énigmatique. Mais on comprend que Balzac prétendait se présenter uniquement pour essuyer un échec et montrer ainsi le mauvais vouloir de l'Académie. Est-ce bien vrai? n'avait-il pas un secret espoir d'être élu? En tous cas, il a parfaitement réussi à mettre l'Académie dans son tort.

Voici, d'ailleurs, quelques lignes d'une lettre à M. Laurent Jan, qui parle du dénouement de l'aventure. « L'Académie m'a préféré M. de Noailles. Il est sans doute meilleur écrivain que moi ; mais je suis meilleur gentilhomme que lui, car je me suis retiré devant la candidature de Victor Hugo. Et puis M. de Noailles est un homme rangé, et moi, j'ai des dettes, palsambleu ! » On ne saurait se venger plus spirituellement.

Ces documents établissent très clairement que Balzac a vivement désiré être académicien. L'Académie ne peut donc alléguer son éternelle raison, le fameux règlement qui lui ordonne d'attendre que les plus illustres viennent à elle. Balzac est allé à elle, et elle l'a repoussé sous le plus vilain des prétextes. Si le grand nom du romancier manque sur ses registres, c'est qu'elle a semblé croire que ce nom y ferait tache. Elle est seule à porter la responsabilité de ce déni de justice, de ce crime de lèse-littérature. Cela suffit à juger cette institution caduque qui s'entête à vivre dans les temps nouveaux.

Elle a perdu depuis longtemps toute action sur les belles-lettres. Elle ne peut même pas achever le Dictionnaire, que M. Littré a terminé avant elle. Chaque année, elle se contente de distribuer des prix de littérature, comme on distribue des images de sainteté dans les couvents, aux plus sages et aux plus religieux. Le grand courant moderne, qui doit fatalement l'emporter un jour, passe, sans s'inquiéter de ce qu'elle fait ni de ce qu'elle pense. Et il est des années où l'on peut véritablement croire qu'elle n'existe plus, tant elle paraît morte. Pourtant, la gloriole pousse encore nos écrivains à se parer d'elle comme on se pare d'un ruban. Elle n'est plus qu'une vanité. Elle croulera le jour où tous les esprits virils refuseront d'entrer dans une compagnie dont Molière et Balzac n'ont pas fait partie.

V

La publication de la Correspondance aura déçu la curiosité de ceux qui s'attendaient à des indiscrétions littéraires. Les lettres les plus intéressantes sont celles que Balzac adressait à sa famille et à ses amis. Elles occupent une bonne moitié du volume; les lettres à sa sœur et à sa mère sont surtout nombreuses; ensuite, il faut citer les lettres à madame Hanska, qui sont de véritables journaux écrits au jour le jour, et les lettres à madame Zulma Carraud, cette vieille amie du romancier, à laquelle il disait tout. Aussi est-ce la personnalité de Balzac qui occupe la Correspondance. Il se soucie très peu des autres, il ne formule que par hasard, et en quelques lignes, des jugements sur les personnages et les événements de son temps. Toujours il est en scène, toujours il parle de lui, de son travail, de ses projets, de ses dettes, de ses sentiments. Il se fait le centre de tout ce qui l'entoure. C'est l'idée fixe d'un homme dont l'individualité est sans cesse en enfantement. De là l'originalité profonde du recueil.

J'ignore comment les lettres ont été réunies. Je sais seulement que les éditeurs ont beaucoup tardé à les publier. La famille a-t-elle fait un triage? c'est bien possible. Il me semble qu'il doit exister d'autres lettres de Balzac, car il est peu croyable qu'en dehors des quatre personnes que j'ai nommées, Balzac n'ait pas eu des correspondants nombreux. Si j'ajoute la duchesse d'Abrantès, la duchesse de Castries, ses amis Théodore Dablin et Laurent Jan, auxquels quelques lettres sont adressées, il n'y a plus dans le volume que des correspondants isolés, qui fournissent chacun un ou deux billets d'intérêt médiocre. J'excepte les lettres aux éditeurs et aux confrères, dont je parlerai tout à l'heure. Maintenant, il est vrai qu'à plusieurs reprises Balzac explique combien le temps est précieux pour lui ; il ajoute même qu'il écrit simplement à ses parents et aux hommes d'affaires. De là sans doute le caractère particulier de la Correspondance. Il est une crainte plus fondée, c'est que des mains amies, croyant faire une besogne pieuse, aient singulièrement amputé certaines lettres. Je me borne à émettre cette crainte, sans insister davantage.

C'est dans ses lettres à sa sœur, à sa mère, à madame Hanska et à madame Zulma Carraud, que Balzac se livre complètement et nous fait entrer dans ses pensées les plus intimes. Comme je l'ai constaté tout d'abord, il s'y montre d'une grande bonté et d'une égalité d'humeur qui se dément rarement. On y retrouve, d'ailleurs, le romancier, avec le grandissement perpétuel qu'il donnait aux êtres et aux choses. Tel un géant en belle humeur qui se promènerait dans une nature élargie, faite à sa taille. On comprend, en le voyant ainsi dans l'intimité, qu'il s'est mis tout entier dans son œuvre. Le père Grandet entassant les millions, c'était lui faisant le continuel rêve d'une fortune colossale; le père Goriot mourant pour ses filles, c'était lui écrivant à sa mère et à sa sœur des lettres où la tendresse prend des formes épiques; César Birotteau consacrant sa vie au paiement de ses dettes, c'était encore lui travaillant dix-huit heures par jour pour satisfaire ses créanciers. Et on le découvre ainsi partout, et il se révèle très grand, très bon, très brave.

Mais, dès qu'on arrive aux lettres qu'il adressait à ses éditeurs, on trouve un autre homme. Il est chicanier et rude. Il s'est fâché tour à tour avec presque tous les éditeurs qui ont publié ses œuvres : Mame, Gosselin, Werdet, Souverain, Lévy. Son procès avec Mame est resté célèbre. Et, dans ses lettres, il les traite fort mal, les appelle gredins, sans aucun ménagement. Il faut dire que, de son temps, les rapports entre les auteurs et les éditeurs étaient féroces. De part et d'autre, on s'accusait de vol, au premier mot. Cela tenait au mode même de publication des œuvres, dont les éditeurs achetaient la propriété pour une somme convenue. Aujourd'hui que les auteurs touchent un tant pour cent sur les exemplaires tirés, la paix a été faite et la librairie n'est plus un jeu qui ruine ou le libraire ou l'écrivain. En outre, Balzac avait un système compliqué d'épreuves qui lassait les éditeurs les plus patients. Ses ouvrages se vendaient peu, dans les premières années. On comprend donc que ses rapports avec les Mame, les Gosselin, les Souverain, fussent très difficiles. Un seul éditeur, Werdet, se dévoua et resta respectueux ; mais il fit faillite.

J'arrive aux rapports de Balzac avec ses confrères. Cette partie de la Correspondance, je le répète, est une véritable déception. Il n'y a guère là que des billets insignifiants. Je relève trois bouts de lettre à Victor Hugo, le premier sur un ton cérémonieux, les deux autres témoignant d'une intimité plus grande ; d'ailleurs, il s'agit simplement de convocations pour des séances de la Société des gens de lettres. Il y a encore cinq lignes à Lamartine, pour lui offrir une loge, le jour de la première représentation de *Vautrin*; quelques lignes également à Champfleury, en remerciement de la dédicace d'un livre ; quelques lignes à Charles Nodier, que j'ai citées, à propos de l'Académie ; une lettre à Gautier, la dernière du volume, dictée à madame de Balzac, et où le romancier mourant a seulement tracé ces mots de sa main : « Je ne puis ni lire ni écrire! » Tout cela est d'un intérêt si médiocre, qu'on aurait pu le retrancher. Je citerai encore quelques lettres à Méry, pour lui donner la commission de retenir des places aux diligences de Marseille, et des lettres à M. Emile de Girardin, avec lequel Balzac se fâcha et se raccommoda, comme avec ses éditeurs, au sujet d'une publication. Il faut dire pourtant que Balzac, dans la Correspondance, montre plutôt une grande indifférence que de mauvais sentiments envers ses confrères. Et cela était beau de sa part, car on doit se rappeler combien il était attaqué et traîné dans la boue. Au milieu de l'injustice dont il souffrait, on ne surprend pas une seule revanche passionnée de sa part. Le plus souvent, il ne nomme personne, il n'a que du dédain. Quand il laisse tomber une critique, cette critique est toujours juste et modérée. On ne lui voit guère qu'un ami et un disciple, dans ses lettres. Il écrit assez souvent à Charles de Bernard, un romancier de talent, qui le copiait en l'adoucissant et en le mettant à la portée des bourgeois. Les dernières lettres à cet écrivain montrent qu'une grande intimité s'était établie entre Balzac et lui.

J'ai déjà cité son opinion sur Scribe, à propos de la *Camaraderie*. Je trouve maintenant dans une lettre, écrite le 21 décembre 1845 à madame Hanska, le passage suivant sur les *Trois Mousquetaires*, d'Alexandre Dumas : « Je comprends, chère comtesse, que vous ayez été choquée des *Mousquetaires*, vous si instruite, et sachant surtout à fond l'histoire de France, non seulement au point de vue officiel, mais jusqu'aux moindres détails intimes des petits cabinets du roi et du petit couvert de la reine. On est vraiment fâché d'avoir lu cela, rien n'en reste que le dégoût pour soi-même d'avoir ainsi gaspillé son temps (cette précieuse étoffe dont notre vie est faite); ce n'est pas ainsi qu'on arrive à la dernière page d'un roman de Walter Scott et ce n'est pas avec ce sentiment qu'on le quitte ; aussi on relit Walter Scott, et je ne crois pas qu'on puisse relire Dumas. C'est un charmant conteur, mais il devrait renoncer à l'histoire ou, sinon, tâcher de l'étudier et de la connaître un peu mieux. » En somme, cela est d'une vérité absolue, et l'on ne sent là que l'opinion sincère d'un homme, blessé par une lecture dans ses convictions littéraires. Il exprime des idées semblables, dans un autre passage, où il parle des *Mystères de Paris*, d'Eugène Sue. On comprend que l'auteur de la *Comédie humaine* devait se montrer très dédaigneux pour ces longs romans où le faux le dispute au mauvais style. Ce que je saisis moins, c'est la profonde admiration de Balzac pour Walter Scott. A plusieurs reprises, il témoigne un enthousiasme extraordinaire. Par exemple, je citerai ce dithyrambe : « Voilà douze ans que je dis de Walter Scott ce que vous m'en écrivez. Auprès de lui, lord Byron n'est rien ou presque rien. Toutes les œuvres de Walter Scott ont un mérite particulier, mais le génie y est partout. Vous avez raison, Scott grandira encore, quand Byron sera oublié. » (Lettre à madame Hanska, Paris, 20 janvier 1838.) Ce jugement est fâcheux, car c'est justement le contraire qui arrive : Byron jette toujours un vif éclat, tandis que Walter Scott n'est plus guère lu que par les pensionnaires. Je parle pour la France. Il est très curieux de voir le fondateur du roman naturaliste, l'auteur de la *Cousine Bette* et du *Père Goriot*, se passionner ainsi pour l'écrivain bourgeois, qui a traité l'histoire en romance. Walter Scott n'est qu'un arrangeur habile, et rien n'est moins vivant que son œuvre.

Mais la lettre qui fait le plus d'honneur à Balzac, au point de vue de la confraternité littéraire, est celle qu'il écrivit à Stendhal, après avoir lu la *Chartreuse de Parme*. On voit là que, s'il était sévère pour les œuvres médiocres, il savait s'incliner, lui si grand, devant les belles œuvres. Il faudrait reproduire tout entière cette lettre, dont je détache les lignes suivantes : « Il ne faut jamais retarder de faire plaisir à ceux qui nous ont donné du plaisir. *La Chartreuse* est un grand et beau livre ; je vous le dis sans flatterie, sans envie, car je serais incapable de le faire, et l'on peut louer franchement ce qui n'est pas de notre métier. Je fais une fresque et vous avez fait des statues italiennes. Il y a *progrès* sur tout ce que nous vous devons. Vous savez ce que je vous ai dit sur *le Rouge et le Noir*. Eh bien, ici, tout est original et neuf... Mon éloge est absolu, sincère. Je suis d'autant plus enchanté de vous écrire ce qui est dans cette page, que beaucoup d'autres, tenus pour spirituels, sont arrivés à un état complet de sénilité littéraire... Je n'ai pas, dans ma vie, écrit beaucoup de lettres d'éloges ; ainsi vous pouvez croire à ce que j'ai le plaisir de vous dire... Vous avez expliqué l'âme de l'Italie » (Ville-d'Avray, 6 avril 1839). Il souffle, dans cette page, un vent qui est bon à respirer, car on y sent Balzac au-dessus de toutes les jalousies mesquines du métier. Je crois curieux de rapprocher de cette lettre une autre lettre, écrite le 30 janvier 1846, après la mort de Stendhal, à M. Colomb, exécuteur testamentaire de ce dernier, qui désirait reproduire, à la suite de la *Chartreuse de Parme*, l'article que Balzac avait publié sur ce roman, dans la *Revue parisienne*. Un passage est particulièrement intéressant : « Stendhal est un des esprits les plus remarquables de ce temps ; mais il n'a pas assez soigné la *forme* ; il écrivait comme les oiseaux chantent, et notre langue est une sorte de madame Honesta qui ne trouve rien de bien que ce qui est irréprochable, ciselé, léché... Je suis très chagrin que la mort l'ait surpris ; nous devions porter la serpe dans la *Chartreuse de Parme*, et une seconde édition en aurait fait une œuvre complète, irréprochable. C'est toujours un livre merveilleux, le livre des esprits distingués... » Cette préoccupation de la forme est caractéristique chez Balzac. J'ai déjà dit que le style avait dû être l'éternel tourment de sa vie. L'éclat du groupe romantique le désespérait. De là, ses efforts, son labeur prodigieux sur certains romans. Et le pis est qu'il écrivait d'autant plus mal qu'il cherchait davantage la couleur. Il faut expliquer ainsi les phrases alambiquées, les tournures extraordinaires, l'enflure qu'on lui reproche. Le *Lys dans la vallée* est certainement l'œuvre où son effort vers le beau style est le plus visible ; le commencement surtout est intolérable. Il voulait lutter avec Victor Hugo. Remarquez que Balzac avait un style superbe et personnel, lorsqu'il consentait à écrire tranquillement et puissamment. Il était surtout un grammairien hors ligne. Les *Contes drôlatiques* sont des chefs-d'œuvre de forme, des bijoux ciselés par un grand artiste.

J'ai parlé des attaques furibondes, au milieu desquelles Balzac avait écrit ses romans. Aucun écrivain n'a été plus nié, plus conspué que lui. D'abord, le novateur épouvantait. Puis, il vivait à l'écart, il ne s'appuyait pas sur la puissante camaraderie du monde littéraire. Enfin, dans les *Illusions perdues*, il avait fait une peinture des journalistes que jamais ceux-ci ne lui pardonnèrent. Il a grandi ainsi parmi les huées, sans un appui véritable. Quand on lit les articles du temps sur ses livres, on reste stupéfait de tant d'imbécillité et de mauvaise foi. C'est à croire que la critique est une mégère acharnée contre tous les créateurs. Le jour où il s'imposa, comme on ne pouvait plus le nier et que sa haute stature crevait les yeux, on lui jeta le reproche bête d'immoralité, qui est la dernière injure des critiques effarés. On retrouve, dans la Correspondance, des traces de ce long martyre de Balzac. Longtemps, il soupire après la gloire. Il a déjà produit plusieurs de ses chefs-d'œuvre, qu'il se sent inconnu, et qu'il parle de lui comme d'un débutant, qui n'est point encore sûr de sa main. « Peut-être » est son grand mot. Il a la conscience qu'il doit travailler beaucoup, s'il veut arriver au rang des maîtres. Et longtemps il attend son premier succès. Pourtant, — il avait alors trente-quatre ans, — il écrit d'Aix à sa mère, le 27 août 1832 : « Ma mère chérie, il faut que je te console comme je me console moi-même, par des rêves!... Un jeune homme a fait quatre lieues pour me voir, en apprenant que j'étais à la Poudrerie, et les gens du Cercle constitutionnel ont dit que, si je voulais être député, ils me nommeraient malgré mes opinions aristocratiques... Est-ce vrai? m'a-t-on attrapé? je ne sais, mais cela augmente mon espoir; il ne s'agit plus que de faire encore quelques efforts, de ne pas manquer de courage. » Le découragement est rare, chez lui ; pourtant, la Correspondance le montre quelquefois abattu. Il est vrai qu'il se relève aussitôt, et que la moindre espérance lui fait concevoir les réussites les plus complètes. Peu à peu, il comprend sa force, il n'en est plus à souhaiter la gloire, car il la sent qui flamboie autour de lui. C'est alors qu'il laisse voir tout son mépris pour ses adversaires. Il écrit par exemple à madame Hanska : « Je suis, vous le savez, aussi indifférent au blâme qu'à l'éloge des gens qui ne sont pas les élus de mon cœur, et surtout à l'opinion du journalisme, et en général de ce qu'on appelle le *public*... » (Paris, 20 juin 1838).

Mais la lettre la plus explicite qu'il ait écrite sur cette matière est la lettre à madame Hanska, datée du 5 février 1844. Là, il dit sa pensée tout entière. « De grâce, ne vous faites pas de chagrin pour les Revues, ce serait même fâcheux qu'il en fût autrement. On est perdu en France du moment que l'on s'est fait un nom et qu'on est couronné de son vivant. Injures, calomnies, négations, tout cela m'arrange. Un jour, on saura que, si j'ai vécu de ma plume, il n'est jamais entré deux centimes dans ma bourse qui ne fussent durement et laborieusement gagnés ; que l'éloge ou le blâme m'ont été très indifférents ; que j'ai construit mon œuvre au milieu des cris de haine, des mousqueteries littéraires, et que j'y allais d'une main ferme et imperturbable. Ma vengeance est d'écrire, dans les *Débats*, les *Petits Bourgeois*; c'est de faire dire à mes ennemis avec rage : « Au moment où l'on peut croire qu'il a vidé son sac, il lance un chef-d'œuvre ! » C'est le mot de madame Reybaud en lisant *Honorine* et *David Séchard*... En somme, voici le jeu que je joue : quatre hommes auront eu, en ce demi-siècle, une influence immense ! Napoléon : Cuvier, O'Connell; je voudrais être le quatrième. Le premier a vécu du sang de l'Europe, il s'est inoculé des armées ; le second a épousé le globe ; le troisième s'est incarné un peuple ; moi, j'aurai porté une société tout entière dans ma tête. Autant vivre ainsi, que de dire tous les soirs : « Pique ! atout ! cœur !... »

Le jour où Balzac a écrit cela, il a eu la prescience de la place qu'il occuperait dans notre littérature. En effet, il a porté toute une société dans sa tête, et en outre il a créé le roman moderne, il a le premier dégagé de notre société le beau relatif, qui n'est autre chose que la vie.

Et écoutez ce cri joyeux du romancier qui a enfin trouvé des admirateurs. Son pays ne le comprend pas, il faut que le succès lui vienne d'abord de l'étranger. Il écrit à sa sœur : « Je vais hier chez le baron Gérard ; il me présente trois familles allemandes. Je crois rêver, trois familles !... rien que cela ! L'une de Vienne, l'autre de Francfort, la troisième prussienne, je ne sais d'où... Elles me confient qu'elles viennent fidèlement depuis un mois chez Gérard, dans l'espérance de m'y voir, et m'apprennent qu'à partir de la frontière de France ma réputation commence (cher ingrat pays!). « Persévérez dans vos travaux, ajoutent-elles, et vous serez bientôt à la tête de l'Europe littéraire ! » De l'Europe ! ma sœur, elles l'ont dit ! Flatteuses familles !... Ferais-je pouffer de rire certains amis, si je leur racontais ceci !... Ma foi, c'étaient de bons Allemands, je me suis laissé aller à croire qu'ils pensaient ce qu'ils disaient, et, pour être vrai, je les aurais écoutés toute la nuit. La louange nous va si bien, à nous autres artistes, que celle de ces braves Allemands m'a rendu le courage ; je suis parti tout guilleret de chez Gérard... » (Paris, juin 1833). Je ne connais pas d'épisode plus charmant que celui de ces trois familles étrangères qui apportent de bonnes paroles à un grand écrivain traqué dans son pays. Le ton de Balzac veut être plaisant. Mais on sent l'émotion profonde sous la phrase qui a l'air de se moquer. Il a été touché aux larmes. Et on le voit s'en aller, léger, s'estimant déjà à la tête de l'Europe littéraire, tapant triomphalement le pavé de ses talons. Ce jour-là, il a dû faire de la bonne besogne. N'est-ce pas profondément triste que les plus nobles enfants de cette France si intelligente soient presque tous condamnés à tenir leur première couronne des peuples voisins ?

Comme je cherche à trouver tout Balzac dans la Correspondance, à emprunter à lui-même des documents qui le montrent debout et entier, je ne serais pas complet, si je ne disais un mot de l'homme politique qu'il a voulu être. Il était, selon lui, d'opinions aristocratiques. Rien de plus étrange, d'ailleurs, que ce soutien du pouvoir absolu, dont le talent est essentiellement démocratique, et qui a écrit l'œuvre la plus révolutionnaire qu'on puisse lire. Il faut l'étudier à ce point de vue, pour remarquer quels coups formidables il a portés dans le vieil édifice de notre société, en croyant peut-être la consolider. Aussi, malgré son étalage de respect pour les idées monarchiques, n'a-t-il encore trouvé des enthousiastes que parmi la nouvelle génération, amoureuse de liberté. Il y aurait là une étude curieuse à faire, que je poserai ainsi : comment le génie d'un homme peut aller contre les convictions de cet homme. Quoi qu'il en soit, Balzac a longtemps rêvé d'être un homme politique militant. On trouve souvent des traces de cette ambition dans ses lettres. Il souhaitait toutes les gloires, et, grâce à sa puissante imagination, il se voyait déjà à la tribune, domptant ses adversaires, devenant le grand ministre d'un grand roi. Ce rêve l'a obsédé, une des plus grosses souffrances de son amour-propre a été certainement de voir qu'on ne croyait pas en ses capacités d'homme de gouvernement.

Dans une lettre écrite à madame Carraud, datée d'Aix, le 23 septembre 1832, il parle très sérieusement de ses opinions. « Je vous aime bien, parce que vous me dites tout ce que vous pensez. Cependant, je ne saurais accepter vos observations sur mon caractère politique, sur l'homme de pouvoir. Mes opinions se sont formées, ma conviction est venue à l'âge où un homme peut juger de son pays, de ses lois et de ses mœurs... Je crois voir tout et tout combiner pour un pouvoir politique prospère... Je veux le pouvoir fort... » On sent qu'il a pris là un ton solennel, pour donner du poids à ses convictions. Cela fait un peu sourire, car on s'imagine qu'il avait dû bâtir un bien beau plan de roman, sous cette idée d' « un pouvoir politique prospère ». Il ne traitait rien simplement, et il aurait été, je crois, un homme politique singulièrement chimérique, outrant les systèmes, inventant chaque matin une nouvelle méthode pour rendre le peuple heureux. Les tempéraments comme le sien ne sont réellement bons que dans l'art, où leurs débordements font merveille. Aussi ma conviction est-elle qu'on lui a rendu service en ne le prenant pas au sérieux. Il se porta candidat à la députation et échoua. Une des phrases les plus adorables de la Correspondance est à coup sûr celle-ci. Je la prends dans une lettre à son éditeur, M. Mame, datée du 30 septembre 1832 : « Mon élection est chose arrêtée dans les sommités du parti royaliste, en cas d'élections générales. » Ah ! le pauvre grand homme ! quelle belle naïveté et quelle tranquille confiance ! Une duchesse lui aura coulé cela à l'oreille comme un compliment, et là-dessus son imagination a travaillé, toutes les sommités du parti royaliste s'occupent de lui. La vérité est que les sommités du parti royaliste en sont encore à comprendre son génie, et que son nom, prononcé dans un salon aristocratique, paraît presque une inconvenance. Réjouissons-nous en égoïstes que le parti royaliste, pas plus qu'un autre, n'ait jamais songé sérieusement à faire un député de Balzac, car nous aurions certainement perdu la moitié de ses chefs-d'œuvre. Il était homme à se griser de l'action et à préférer la tribune au livre.

D'ailleurs, il n'avait nullement abandonné l'espoir de jouer un rôle politique considérable. Pendant qu'il préparait son mariage, en Russie, on devine qu'il rêvait, à son retour en France, d'user de sa situation nouvelle pour dominer enfin son époque. Il se voyait marié à une femme dont il grandissait la noblesse et la fortune ; il rêvait d'ouvrir un salon, de s'entourer de toute la belle société russe, de prendre place dans l'aristocratie, et de faire ainsi son chemin jusqu'à une haute situation. S'il n'était pas mort, nous aurions sans doute connu un Balzac bien extraordinaire. Cela était dans son sang, et il ne faut pas nous en plaindre, car c'est à ce puissant besoin de rêver de grandes destinées, de combiner sa vie et celle des autres, que nous devons la *Comédie humaine*.

Il me faudrait maintenant descendre dans des détails fort curieux, mais d'une importance secondaire. J'indiquerai simplement les lettres qu'il écrivait de Corse et de Sardaigne, en 1838 ; il était allé dans cette dernière île, pour s'assurer que les scories des mines exploitées par les Romains contenaient encore du métal ; l'idée lui fut enlevée par des ingénieurs italiens. Ces lettres sont fort pittoresques et offrent un vif intérêt anecdotique. Une autre fois, il conçut le beau projet de fabriquer du papier pour ses livres avec une matière nouvelle. Enfin, au moment où il souffrait de sa maladie de cœur, à Wierzchovnia, il lui poussa la belle idée de trafiquer sur les forêts que la comtesse Hanska possédait ; et il fallut que son beau-frère, M. Surville, lui expliquât que les frais de transport du bois mangeraient les bénéfices. Son cerveau travaillait ainsi continuellement. Même il spéculait sur le hasard. On raconte qu'un soir il alla se poster pendant deux heures sur la place du Château-d'Eau, dans la conviction qu'un événement heureux et décisif l'attendait en cet endroit. Comme il l'écrit lui-même quelque part, dans la Correspondance, il se levait certains matins avec une grande émotion, tressaillant au moindre coup frappé à sa porte, croyant que le bonheur de sa vie était en jeu. Cette attente nerveuse d'un bienfait du sort devait le conduire tout droit à croire aux manifestations surnaturelles. Il fut en effet un adepte du somnambulisme, et je lis l'étonnant passage suivant, dans une lettre à sa mère (Genève, 16 octobre 1832) : « Maintenant, ma mère bien-aimée, tu trouveras, ci-joints, deux morceaux de flanelle que j'ai portés sur l'estomac, et avec lesquels tu iras chez M. Chapelain. Commence par soumettre à l'examen le morceau n° 1. Fais demander la cause et le siège du mal, le traitement à suivre ; fais expliquer le pourquoi de chaque chose ; le tout très détaillé. Puis, pour le n° 2, demande la raison du vésicatoire ordonné dans la consultation précédente, et réponds-moi par le courrier même du jour où tu consulteras, et consulte aussitôt ma lettre reçue ! Aie soin de prendre la flanelle avec des papiers pour ne pas altérer les effluves. » Le mystique de *Louis Lambert* devait forcément aboutir là. Et ce n'est pas le côté le moins étonnant de ce tempérament si solide. Il y avait sans doute une lésion dans ce vaste cerveau, la fêlure du génie. Les jours où il ne tombait pas dans le sublime, il tombait dans l'étrange.

Je crois n'avoir rien omis de ce qui méritait d'être dégagé de la Correspondance et placé en pleine lumière. Comme je l'ai dit, Balzac s'est raconté là tout entier. Pour qui saura le chercher et le trouver, le romancier et l'homme apparaîtront avec leurs allures extérieures et leurs pensées les plus intimes. C'est une confession générale.

VI

En fermant l'ouvrage, je suis tombé dans une grande rêverie. Quels singuliers chemins prend parfois la destinée pour faire un grand homme ! Aujourd'hui, Balzac est mort, et nous n'avons plus que son monument sous les yeux ; il nous étonne par sa hauteur, nous restons pleins de respect devant un aussi prodigieux travail. Comment un ouvrier a-t-il pu tailler à lui seul un pareil monde ? Et, si nous fouillons l'histoire de cet ouvrier, voilà que nous apprenons qu'il travaillait tout simplement pour payer ses dettes. Oui, ce géant infatigable n'était qu'un débiteur traqué par ses créanciers, achevant un roman pour payer un billet, entassant les pages pour ne pas être saisi, faisant ce miracle de production superbe uniquement en vue de ses échéances de chaque mois. Il semble que, sous des nécessités toujours pressantes, dans ses effroyables embarras d'argent, son cerveau se soit élargi et ait éclaté en chefs-d'œuvre.

Qui sait quelle aurait pu être l'œuvre de Balzac, s'il était né avec une fortune solide, dans une vie tranquille et réglée? On ne se l'imagine pas heureux. A coup sûr, il aurait moins produit. Ne se sentant plus traqué, il se serait peut-être mis à la recherche de la perfection, soignant ses livres, écrivant à ses heures. Nous y aurions gagné des œuvres plus mûries, mieux équilibrées; mais ces œuvres auraient eu forcément moins de flamme intérieure. Dans ce champ des hypothèses, on peut même aller jusqu'à supposer que Balzac aurait préféré l'action et que nous compterions un grand écrivain de moins. Il y avait en lui un homme d'affaires très ardent, qui aurait cédé à la tentation des entreprises, voyages, politique, industrie. D'ailleurs, je me contente d'indiquer ces éventualités possibles.

La vérité est que l'œuvre de Balzac a été réellement faite de la vie abominable qu'il a menée. Des critiques délicats, au nom du bon goût, peuvent commettre la faute de souhaiter un Balzac expurgé et corrigé. Il serait impossible de le modérer, de lui donner une invention plus nette et un style plus châtié, sans aussitôt l'amoindrir et le rabaisser à la taille des romanciers de second ordre. Il faut le prendre dans son ensemble, l'admirer avant tout pour sa force. Quand il passait les nuits pour faire honneur à sa signature, sa fièvre descendait dans sa plume, ses phrases gardaient quelque chose de sa volonté. Plus il entendait le fouet de la dette claquer sur ses épaules, et plus son effort devenait magnifique. De là, la puissance qui se dégage de tout ce qu'il a écrit. Il fait songer à un naufragé qui se noie et qui se transforme en héros, nageant des lieues, décuplant son effort, accomplissant le miracle de marcher sur la mer et de commander aux flots irrités. S'il avait eu le loisir d'être parfait, nous y aurions perdu cette coulée magistrale qui charrie la vie dans la *Comédie humaine*. Ce sont ses tourments, sa propre existence de lutteur, qui roule ainsi au fond de son œuvre, avec un fracas si retentissant et si profond.

Mais je veux être plus affirmatif encore. Seul un tel homme pouvait écrire l'épopée moderne. Il fallait qu'il eût passé par la faillite pour composer son admirable César Birotteau, qui est aussi grand dans sa boutique de parfumeur que les héros d'Homère devant Troie. Il fallait qu'il eût marché sur le pavé de Paris avec des souliers éculés pour connaître les dessous de la vie et mettre debout les types éternels des Goriot, des Philippe Brideau, des Marneffe, des baron Hulot, des Rastignac. Un homme heureux, digérant à l'aise, coulant ses journées sans secousse, n'aurait jamais descendu dans cette fièvre de l'existence actuelle. Balzac, acteur du drame de l'argent, a dégagé de l'argent tout le pathétique terrible qu'il contient à notre époque ; et il a analysé de même les passions qui font mouvoir les personnages de la comédie contemporaine, il a peint admirablement son temps, parce qu'il souffrait de son temps. C'est le soldat, placé au centre de la bataille de la vie, qui voit tout, qui se bat pour son propre compte, et qui raconte l'action, dans la fièvre même de la lutte.

Il est venu à son heure, voilà encore une des raisons de son génie. On ne se l'imagine pas naissant au dix-septième siècle, dans lequel il aurait fait un auteur tragique bien médiocre. Il devait se produire juste au moment où la littérature classique se mourait d'anémie, où la forme du roman allait s'élargir et englober tous les genres de l'ancienne rhétorique, pour servir d'instrument à l'enquête universelle que l'esprit moderne ouvrait sur les choses et sur les êtres. Les méthodes scientifiques s'imposaient, les héros pâlis s'effaçaient devant les créations réelles, l'analyse remplaçait partout l'imagination. Dès lors, le premier, il était appelé à employer puissamment ces outils nouveaux. Il créa le roman naturaliste, l'étude exacte de la société, et du coup, par une audace du génie, il osa faire vivre dans sa vaste fresque toute une société copiée sur celle qui posait devant lui. C'était l'affirmation la plus éclatante de l'évolution moderne. Il tuait les mensonges des anciens genres, il commençait l'avenir. Ce qu'il y a de plus étonnant, dans son cas, c'est qu'il ait accompli cette révolution en plein mouvement romantique. Toute l'attention se portait alors sur le groupe flamboyant à la tête duquel trônait Victor Hugo. Les œuvres de Balzac n'avaient qu'un très petit succès. Personne ne semblait soupçonner que le véritable novateur était ce romancier, qui jetait encore si peu d'éclat, et dont les œuvres paraissaient si confuses et si ennuyeuses. Certes, Victor Hugo reste un homme de génie, le premier poète lyrique du monde. Mais l'école de Victor Hugo agonise, le poète n'a plus qu'une influence de rhétoricien sur les jeunes écrivains, tandis que Balzac grandit tous les jours et détermine à cette heure un mouvement littéraire qui sera sûrement celui du vingtième siècle. On avance dans la voie qu'il a tracée, chaque nouveau venu poussera l'analyse plus loin et élargira la méthode. Il est à la tête de la France littéraire de demain.

M. H. Taine, dans une étude qu'il a faite anciennement sur lui, a dû remonter jusqu'à Shakspeare pour lui trouver un égal. Et cette comparaison est juste. En effet, Shakspeare seul a enfanté une humanité aussi large et aussi vivante. Ce sont deux créateurs d'âmes de même puissance, nés dans deux sociétés différentes. Et l'un et l'autre nous ont laissé leurs œuvres comme de vastes magasins de documents humains. La gloire de Balzac est là. D'autres écrivains, chez nous, ont pu écrire avec plus de correction et d'éclat; d'autres ont pu apporter une imagination mieux équilibrée; d'autres ont pu exceller dans la logique des sentiments, dans la création de figures parfaites; mais personne n'a fouillé l'humanité plus avant, personne n'en a dit plus long sur l'homme, personne en un mot n'a entassé une masse plus considérable de documents. Imaginez un chimiste qui entre chaque matin dans son laboratoire, qui s'y enferme pour multiplier les expériences; ce chimiste écrit toutes ses trouvailles, découvre à chaque heure des vérités nouvelles et les note dans la fièvre de son travail. Peut-être l'ordre manque-t-il un peu; mais, pour qui lira ces papiers, il n'y en a pas moins là un resplendissement de vérités de toutes sortes, des matériaux d'un prix inestimable. Plus tard, on pourra classer tout cela. Le savant qui a, le premier, dégrossi la besogne, gardera l'éternel honneur d'avoir fondé une science. Eh bien ! Balzac est ce chimiste du cœur et du cerveau humains, il a fondé une littérature.

VII (1)

Il serait fort intéressant d'étudier Balzac critique. Aujourd'hui, la *Comédie humaine* seule reste debout, et l'on paraît ignorer que Balzac fit du journalisme, qu'il se trouva engagé dans de terribles polémiques, enfin que, devant les attaques honteuses de toute la presse, il répliqua parfois avec une extrême violence. D'ailleurs, ce n'est point sur ses batailles que je désire insister ; je les constaterai, pas davantage. Ce qui me paraît beaucoup plus intéressant, c'est, en étudiant Balzac critique, de chercher quelles étaient ses idées générales en littérature, et de déterminer ainsi s'il a été conscient du rôle considérable joué par lui dans les lettres modernes.

Les éditeurs de la grande édition complète, publiée il y a quelques années, ont réuni les œuvres critiques de Balzac sous le titre : *Portraits et critique littéraire*. La matière fait un gros volume. Ce recueil permet de juger le sens critique du romancier et de se faire une idée de ses doctrines.

Je m'avance un peu, je l'avoue, car les doctrines de Balzac, après une lecture attentive, ne me semblent pas d'une très grande clarté. Certes, il risque théorie

(1) Les deux chapitres qui suivent ont été écrits après l'étude sur la Correspondance qu'on vient de lire.

sur théorie, il prend feu sur chaque idée et part de là pour régir le monde ; mais, lorsqu'on examine tout cela de près, on se trouve perdu dans un pêle-mêle inextricable. L'idée première manque, il ne s'appuie pas sur une vérité scientifique pour en déduire des jugements logiques. Sans doute, à chaque page, on rencontre chez lui toutes nos vérités ; seulement, elles sont là comme entrevues dans le rêve tumultueux d'un voyant ; elles se heurtent et se perdent au milieu de l'excellent et du pire, rien ne les coordonne, n'en tire des formules exactes et précises. En somme, sans prétendre que Balzac a eu l'inconscience de son œuvre, il est certain qu'il n'en avait calculé ni l'influence littéraire ni la portée sociale.

Je crois bien que cette inconscience venait surtout de son manque de sens critique. Il faut m'entendre, je veux dire qu'il jugeait par coups d'enthousiasme, sans méthode rigide, l'imagination toujours fumante. On trouve d'ailleurs le romancier dans le critique ; c'est le même dormeur éveillé, partant de l'observation pour agrandir tout dans son rêve, incapable de proportions, criant au génie devant Walter Scott, quitte à plaisanter ensuite les vers d'*Hernani* avec un goût douteux. Le volume que j'ai entre les mains est ainsi plein d'étranges jugements qui nous surprennent aujourd'hui.

Par exemple, le roman historique paraît l'avoir fort préoccupé. N'est-ce pas étonnant ? Voilà un écrivain qui va créer le roman naturaliste moderne, et il ne paraît s'inquiéter que des guenilles de ces romans prétendus historiques, si faux, d'une lecture si indigeste, à cette heure. Je lui passe encore son admiration pour Walter Scott, bien qu'elle dépasse toute mesure et qu'elle le montre radicalement inconscient de son propre génie ; car je ne vois pas comment l'auteur de la *Cousine Bette* peut admettre l'auteur d'*Ivanhoé*, jusqu'à le proclamer le grand homme du siècle. Mais il est allé plus loin, il a écrit sur Henri de Latouche des éloges extraordinaires, qui ont l'air d'une plaisanterie.

Lisez ceci : « Il y a du Voltaire et du lord Byron dans son âme. » Et plus loin : « Dire maintenant que, dans ce livre, le style répond à la pensée, que la couleur la plus brillante recouvre le dessin le plus large, que les broderies les plus délicates parent l'étoffe la plus solide, ce serait détailler les ornements qui serpentent sur les chapiteaux d'un bel édifice. Je résumerai mon jugement par un mot : Comme l'*Hermaphrodite*, *Fragoletta* restera un monument. » Je crois inutile d'insister sur ce « monument ».

C'est ainsi que, dans les notices bibliographiques assez nombreuses que Balzac a successivement données au *Feuilleton des journaux politiques*, à *la Caricature* et à *la Chronique de Paris*, il risque au petit bonheur des appréciations, sévères ou élogieuses selon son humeur du moment, sans qu'on puisse les rattacher à une façon de voir générale et raisonnée. Ce vaste esprit qui devait créer un monde, si vivant et si contemporain, ne réclame presque nulle part la vie, l'étude de notre société moderne. Et ce n'est pas largeur, comme on pourrait le croire, ce n'est pas désir de tout comprendre et de tout accepter ; c'est simplement le fait d'un critique qui n'a pas de méthode et qui va au hasard, très troublé et très aveugle lui-même dans sa production.

J'ai fait quelques trouvailles. Balzac s'était montré

plein d'admiration pour des écrivains qui l'attaquèrent ensuite violemment. On sait combien Sainte-Beuve l'aimait peu et avec quelle sévérité injuste il le jugea toujours. Pourtant Balzac avait écrit : « Si *Volupté*, l'un des livres les plus remarquables de ce temps, a coûté six années de travaux, nous affirmons qu'au prix où il a été payé, son auteur n'a pas gagné la journée d'un crocheteur. » De même pour Janin, qui le maltraita odieusement dans la *Revue de Paris*, après le fameux procès ; Balzac, parlant de la *Confession*, disait : « Cette pâle analyse n'est rien auprès du drame, qui s'adapte merveilleusement à un style étincelant de verve et de couleur ; là, c'est Diderot et son langage abrupt et brûlant ; ici, c'est Sterne et sa touche fine et délicate ; c'est tantôt une sombre et satanique figure, tantôt un pur et frais tableau qui vous repose des élans passionnés d'une psychologie désespérante. » Je fais ces citations pour montrer que, dans la guerre déclarée plus tard à Balzac par ses confrères et la presse, ce n'était pas lui qui avait commencé.

Et, à ce propos, je trouve ce beau cri dans le mémoire qu'il écrivit pour sa défense, lors de son procès avec la *Revue de Paris* : « Depuis longtemps, le parti d'un homme mis au ban de la littérature devait être pris envers tous les malheurs prévus de la guerre littéraire. Un jour vient où les blessures sont cicatrisées, où les lâchetés de ceux qui vous ont frappé par derrière sont oubliées ; et, pour l'honneur de notre pays, il faut les laisser dans l'oubli : les injurieux articles passent, les livres restent ; les grands ouvrages font justice des petits ennemis. » Balzac mis au ban de la littérature ! Quelle leçon dans ce fait qu'il constate lui-même, et comme cela doit nous rendre patients !

J'ai également découvert une note très élogieuse, écrite le 31 mai 1832, sur *Indiana*, de George Sand. C'est même un des rares passages où Balzac se déclare nettement pour les sujets modernes. « Ce livre est une réaction de la vérité contre le fantastique, du temps présent contre le moyen âge, du drame intime contre la bizarrerie des incidents à la mode, de l'actualité simple contre l'exagération du genre historique. » Le critique était là dans un de ses bons jours de vue limpide ; seulement, il choisissait encore un singulier sujet pour se passionner, cette histoire romanesque d'une femme placée entre trois hommes, avec le stupéfiant dénouement du suicide, sur une montagne, en face de la nature. Heureusement que Balzac devait lui-même pousser beaucoup plus loin ce qu'il appelle « la réaction de la vérité ».

L'étude la plus curieuse de tout le volume est certainement celle que Balzac a consacrée à *Hernani*. On ne s'imagine pas « l'éreintement ». Cela est d'autant plus imprévu, que dans aucun autre article le critique ne s'est passionné à ce point. On y sent une colère, une révolte qui le pousse à l'injustice et lui fait rendre un arrêt que le public paraît casser aujourd'hui. Cette étude est sans doute fort peu connue, car on ne l'a rappelée nulle part, lors de la reprise d'*Hernani*. Elle s'attaque aux personnages du drame, montre leur déraison, leur invraisemblance, leur ridicule ; et cela sur un ton presque plaisant, comme si le critique refusait de prendre la pièce au sérieux. Tout y passe, les détails d'ameublement et les fautes de langue, les erreurs historiques et les petites impossibilités matérielles.

Les citations sont bien difficiles à faire, car c'est là

de la critique menue, à coups de hachoir, qui met une œuvre en pâtée. Pourtant, j'extrais quelques lignes : « Dans le monologue qui termine le premier acte, Hernani est un jeune homme du dix-neuvième siècle, un doctrinaire jugeant les cordons et ce *mouton d'or qu'on se va pendre au cou*, comme pourrait le faire un jeune homme qui n'est pas décoré... Hernani, qui a soixante brigands déterminés pour le garder, a peur de ne pouvoir s'enfuir. Il voit l'échafaud et ne veut pas l'offrir à sa maîtresse, tandis que dona Sol veut héroïquement *sa part de linceul*. Tout cela est bon en ode, en ballade ; mais, à la scène, il faut que les personnages agissent un peu en gens raisonnables. Hernani peut dans ce moment se sauver très facilement et enlever dona Sol. Mais point. Ils s'asseyent sur une pierre et se bercent de doux propos, hors de propos... La passion de don Ruy pour la poésie est vraiment curieuse. Ce vieillard semble passer le temps pendant lequel il est hors de la scène, quand il devrait y être, à composer des idylles et des élégies. Il parle en paraboles, quand tous les autres personnages affectent un langage brutal... » Je m'arrête. Jusqu'ici, les critiques sont justes, et il faut croire que Balzac, en écrivant l'article, avait cédé à une indignation de grand observateur devant un drame fait de documents faux dans la vérité humaine et de puérilités dans le sublime.

Mais Balzac a ensuite perdu pied, en s'attaquant au style. A cette heure, nous restons surpris en lisant les lignes suivantes : « Quant au style, nous croyons devoir ne pas nous en occuper, dans l'intérêt de l'auteur, quoique cela fût peut-être nécessaire pour l'éducation des gens qui y trouvent des pensées d'homme et une senteur cornélienne ; mais nous croyons devoir respecter un homme de talent qui n'a déjà été que trop plaisanté. » Et Balzac n'a en effet pas de peine à citer certains vers étranges, des cacophonies, des incorrections, des pensées qui frisent le ridicule. Seulement, ce qu'il ne dit pas, c'est que toute cette écume se perd dans le plus magnifique flot de poésie lyrique qui ait jamais coulé dans une nation.

Nous sommes de l'avis de Balzac, quand il écrit : « Nous résumons notre critique en disant que tous les ressorts de cette pièce sont usés ; le sujet, inadmissible, reposât-il sur un fait vrai, parce que toutes les aventures ne sont pas susceptibles d'être dramatisées ; les caractères, faux ; la conduite des personnages, contraire au bon sens... » Mais nous ne pouvons le suivre, lorsqu'il conclut par cet arrêt : « L'auteur nous semble, jusqu'à présent, meilleur prosateur que poète. » Ajoutez qu'il parle d'*Hernani* comme d'un succès « qui pourrait nous rendre ridicules en Europe, si nous en étions complices ». Aujourd'hui, cinquante années ont donné tort à Balzac, et, devant cette erreur, on se prend à douter qu'il eût le sens critique bien net et bien développé.

VIII

Balzac a écrit une étude bien étonnante sur les artistes. Elle est, il est vrai, datée d'avril 1830, ce qui en explique l'allure romantique. Ce grand travailleur, qui n'a jamais rien accepté de l'État, commence par regretter l'époque où Jules II logeait Raphaël dans son palais. Il cite Napoléon qui offrait des millions et une sénatorerie à Canova, il donne dans ce lieu commun que l'artiste est un être à part, fait pour être entretenu par des mains royales. Mais ce n'est pas tout, son artiste est le poète échevelé de 1830, le prophète obéissant à une révélation. Lisez ce singulier portrait :

« Il opère sous l'empire de certaines circonstances, dont la réunion est un mystère. Il ne s'appartient pas. Il est le jouet d'une force éminemment capricieuse... Tel jour, et sans qu'il le sache, un air souffle et tout se détend. Pour un empire, pour des millions, il ne toucherait pas son pinceau, il ne pétrirait pas un fragment de cire à mouler, il n'écrirait pas une ligne... Un soir, au milieu de la rue, un matin en se levant, ou au sein d'une joyeuse orgie, il arrive qu'un charbon ardent touche ce crâne, ces mains, cette langue ; tout à coup un mot réveille les idées ; elles naissent, grandissent, fermentent... Tel est l'artiste : humble instrument d'une volonté despotique, il obéit à un maître. Quand on le croit libre, il est esclave ; quand on le voit s'agiter, s'abandonner à la fougue de ses folies et de ses plaisirs, il est sans puissance et sans volonté, il est mort. Antithèse perpétuelle qui se trouve dans la majesté de son pouvoir comme dans le néant de sa vie : il est toujours un dieu ou toujours un cadavre. »

Cela nous fait sourire aujourd'hui. Toute une époque est là ; la « joyeuse orgie », le « charbon ardent », l'antithèse du dieu et du cadavre datent nettement le morceau. On croyait alors que les artistes, peintres, poètes, romanciers, ouvraient la fenêtre à l'inspiration ; ils l'attendaient comme une maîtresse qui vient ou ne vient pas, selon son caprice de femme. Le génie n'allait point sans le désordre. On travaillait dans un coup de foudre, au milieu des flammes de bengale d'une apothéose, les cheveux hérissés par la tension cérébrale, cédant à une fureur de pythonisse visitée par le dieu. Ces attitudes lyriques ne sont plus de mode, et maintenant nous ne croyons guère qu'au travail : l'avenir est aux laborieux qui se mettent chaque matin devant leur table, avec l'unique foi dans l'étude et dans leur volonté. Remarquez que rien n'était désastreux pour les jeunes écrivains comme cette théorie de l'inspiration, qui faisait d'un auteur un tabernacle inconscient où le dieu habitait par hasard, de loin en loin, et sans régularité. Dès lors, à quoi bon le travail, l'énergie, la continuité de l'effort? Autant vivre dans la « joyeuse orgie », en attendant la brûlure du charbon divin. J'ai connu des jeunes gens de la queue romantique qui étaient pleins de mépris pour notre travail régulier, cet entraînement de l'intelligence, cette besogne à laquelle se plient le corps et l'intelligence, et qu'ils appelaient dédaigneusement une besogne de maçons. Nous sommes des « épiciers », cela est certain; mais cela fait justement notre force et notre gloire.

Ce qui m'étonne simplement, c'est de trouver sous la plume de Balzac cette façon romantique d'entendre le travail. Il n'y a pas eu de producteur plus réglé que lui; même il poussait les choses au système, choisissant certaines heures, passant les nuits entières. Jamais écrivain n'a moins connu le loisir. Et, en cette matière, il faudrait encore citer Victor Hugo. Celui-ci ne devrait-il pas être le type du prophète inspiré, tantôt cadavre et tantôt dieu, chantant au gré de l'inspiration? Eh bien! nullement, Victor Hugo, le chef de tout ce mouvement, est un maçon lui aussi, s'enfermant aux mêmes heures, bâtissant pierre à pierre, et d'un effort continu, n'attendant rien du hasard. Le tout se borne à dire qu'il y a des jours où l'on a l'intelligence plus nette. Je conclus que Balzac, lorsqu'il écrivait de si étranges pages sur l'inspiration, manquait de sens critique et montrait combien ses idées générales étaient confuses.

Je préfère de beaucoup la lettre qu'il adressa, le 11 octobre 1846, à M. Hippolyte Castille, qui débutait alors et qui avait fait une étude remarquable sur la *Comédie humaine*. Il s'y défend contre les attaques de toute la presse et y explique certains points de son œuvre. On l'accusait surtout d'immoralité, ce qui l'exaspérait; et, comme M. Hippolyte Castille lui avait reproché ses gredins, il répondait : « Vous verrez peu de gens, ayant perdu le sentiment de l'honneur, bien finir dans la *Comédie humaine;* mais, comme la Providence se permet, dans notre affreuse société, cette affreuse plaisanterie assez souvent, ce fait y sera représenté. » Et il ajoutait avec raison : « Les grandes œuvres, monsieur, subsistent par leurs côtés passionnés. Or, la passion, c'est l'excès, c'est le mal. » Je ne multiplierai pas les citations. Aujourd'hui comme autrefois, cette question de la moralité n'est qu'une arme de la médiocrité et de la sottise contre les écrivains puissants.

Il y a encore, dans cette lettre à M. Hippolyte Castille, un passage bien intéressant. Écoutez Balzac parler de la *Comédie humaine :* « Quel est le sort de ces grandes halles littéraires? De devenir des ruines d'où sortent quelques tiges, quelques fleurs. Qui sait aujourd'hui les noms des auteurs qui jadis ont tenté, soit dans l'Indoustan, soit au moyen âge, de semblables entreprises dans des poèmes dont les titres à trouver sont déjà l'objet d'une science ? Quelles immenses épopées oubliées ! » C'est là un cri de doute suprême. Cet écrivain, que l'on accusait d'une immense vanité, était au fond plein de franchise avec lui-même, comme tous les forts. Il définissait sa grande œuvre en une phrase : « Une génération est un drame à quatre ou cinq mille personnages saillants », et cette phrase disait la grandeur de son ambition. Mais il ne s'abusait pas sur les dangers de l'entreprise. Il est vrai qu'il ajoutait : « Tous, depuis Bonald, Lamartine, Chateaubriand, Béranger, Victor Hugo, Lamennais, George Sand, jusqu'à Paul de Kock, Pigault-Lebrun et moi, nous sommes les maçons ; l'architecte est au-dessus de nous. Tous les écrivains de ce temps-ci sont les manœuvres d'un avenir caché par un rideau de plomb. Si quelqu'un est dans le secret du monument, c'est le vrai, le seul grand homme. » Ceci mériterait qu'on s'y arrêtât longuement.

Balzac a raison, l'avenir nous échappe. De tous les écrivains acclamés par une génération, lequel oserait s'écrier avec certitude : « Moi seul vivrai, je suis le maître ». C'est le temps qui classe les hommes, et il les classe selon l'influence qu'ils ont sur l'avenir. Quiconque aura été l'ouvrier de demain, règnera fatalement sur sa postérité. Comme le dit très bien Balzac, nous sommes tous les manœuvres d'un avenir caché, et le maître est celui d'entre nous qui sera reconnu l'architecte le plus puissant de cet avenir. Seulement, est-il absolument nécessaire d'être « dans le secret du monument »? L'exemple de Balzac nous prouverait le contraire, puisqu'il affecte, peut-être par modestie, d'ignorer l'avenir. Selon moi, il ne le voyait qu'en partie, et confusément, l'esprit encombré de théories douteuses, le sens critique troublé par un continuel grossissement des hommes et des choses. Et il n'en a pas moins été un créateur de génie, l'ouvrier le plus fort de la littérature de demain.

J'arrive à ma conclusion. Balzac a créé un monde, non pas sans le vouloir, mais sans savoir au juste quelle serait l'action formidable de ce monde. Un détail amusant, et qui prouve combien il était inconscient parfois, ce sont ses prétentions de catholique et de légitimiste. Il soutenait Dieu et le roi, sinon en croyant, du moins en politique qui croit à la nécessité d'une police humaine de direction et de répression. Or, il a écrit l'œuvre la plus révolutionnaire, une œuvre où, sur les ruines d'une société pourrie, la démocratie grandit et s'affirme. Cela démolit le roi, démolit Dieu, démolit tout le vieux monde, sans qu'il paraisse s'en douter ; et une seule chose reste chez lui, l'affirmation moderne, la croyance au travail, l'évolution scientifique qui est en train de transformer l'humanité. Sans doute, cette chose est confuse encore dans la *Comédie humaine;* mais il est certain que Balzac, bon gré mal gré, a conclu pour le peuple contre le roi, et pour la science contre la foi.

Cette confusion dans ses idées générales, nous la trouvons très visible dans l'avant-propos qu'il a écrit après coup pour la *Comédie humaine.* On sait que l'idée d'un lien commun entre ses romans ne lui vint qu'assez tard. Alors, il voulut s'appuyer sur la science.

« Il n'y a qu'un animal, dit-il. Le créateur ne s'est servi que d'un seul et même patron pour tous les êtres organisés. L'animal est un principe qui prend sa forme extérieure, ou, pour parler plus exactement, les différences de sa forme, dans les milieux où il est appelé à se développer. Les espèces zoologiques résultent de ses différences. » Et il cite Geoffroy-Saint-Hilaire. Voilà donc son plan : il croit à un homme unique, modifié par les milieux, et ses romans vont donc porter sur les différences que les milieux détermineront parmi ses personnages. Mais il ne pousse pas les choses à ces conséquences rigides ; il a touché à la science en passant, et il se perd tout de suite dans des considérations secondaires, il poursuit une comparaison entre les hommes et les animaux, qui, au lieu d'éclaircir, obscurcit la question. « Quand Buffon peignait le lion, il achevait la lionne en quelques phrases ; tandis que dans la société la femme ne se trouve pas toujours être la femelle du mâle... L'état social a des hasards que ne se permet pas la nature, car il est la nature plus la société. La description des espèces sociales était donc au moins double de celle des espèces animales, à ne considérer que les deux sexes. » Eh ! oui, mais voilà la netteté du plan scientifique par terre. L'avant-propos continue, avec un perpétuel afflux d'idées, et les vues générales s'étouffent, et la confusion augmente. Il semble que Balzac ne puisse s'en tenir à une vue large et simple ; son cerveau produit sans cesse, les pensées s'entassent, souvent contraires ; c'est, comme je l'ai dit, la vision colossale d'un homme toujours en enfantement, incapable de synthèse.

Tel a été son génie. Il a fondé notre roman actuel,

dans la plus superbe, mais dans la plus fumante des
productions. Nous ne devons lui demander ni sens
critique, ni vues générales complètes et précises. Il a
flotté à tous les extrêmes, de la foi à la science, du
romantisme au naturalisme. Peut-être, s'il pouvait
nous lire, nous renierait-il, nous ses enfants ; car on
trouverait dans ses œuvres des armes pour nous combattre, au milieu du tohu-bohu incroyable de ses
opinions. Mais il suffit qu'il soit notre véritable père,
qu'il ait le premier affirmé l'action décisive du milieu
sur le personnage, qu'il ait porté dans le roman les
méthodes d'observation et d'expérimentation. C'est
là ce qui fait de lui le génie du siècle. S'il n'a pas été,
comme il le dit, « dans le secret du monument », il
n'en reste pas moins l'ouvrier prodigieux qui a jeté
les bases de ce monument des lettres modernes.

STENDHAL

I

Stendhal est certainement le romancier le moins lu, le plus admiré et le plus nié sur parole. On n'a rien écrit sur lui de définitif, et il reste un peu à l'état de légende. Très préoccupé par son talent, très désireux de l'étudier, j'ai pourtant hésité longtemps avant de me mettre à ce travail, par crainte de ne pas dresser la figure de l'écrivain sous une lumière franche et limpide. Mais le rôle de Stendhal, dans notre littérature contemporaine, est tellement considérable, que je dois me risquer, quitte à ne pas faire autant de clarté que je le voudrais sur des œuvres complexes, qui ont déterminé, avec celles de Balzac, l'évolution naturaliste actuelle.

Il faut dire que Stendhal lui-même s'est plu, de son vivant, à s'envelopper de mystère. Ce n'était pas un esprit de bonhomie, une nature large et droite, au vieux sang gaulois, produisant tranquillement devant tous. Il compliquait sa besogne de toutes sortes de raisonnements et de finesses, avec des airs de diplomate qui voyage incognito et qui goûte des plaisirs solitaires à se moquer du public. Il inventait des pseudonymes, il rêvait des supercheries, dont il était le seul à comprendre le sel. Cela, naturellement, n'allait pas sans un dédain affecté de la littérature. Né en 1783, homme du siècle dernier par des attaches mondaines et philosophiques, il était blessé de notre grande production littéraire, n'imaginant pas qu'on pût vivre de sa plume, ne faisant d'ailleurs rien pour cela et regardant dès lors les lettres comme un délassement, une récréation de l'esprit, et non comme une carrière. Il tenta tour à tour la peinture, le commerce, l'administration ; puis, après avoir fait la campagne de 1812 à la suite de nos armées, il finit par entrer dans la diplomatie, où l'appelait certainement la structure de son crâne ; mais il y garda une situation modeste, il fut pendant longtemps et mourut simple consul à Civita-Vecchia. Ses contemporains ne nous le représentent pas moins comme plus fier de sa place de fonctionnaire que de son titre d'écrivain ; on raconte que, lorsque le gouvernement de Juillet le décora, il tint à ce que cette croix récompensât le consul, et non le romancier. La pose de Stendhal fut d'être un écrivain amateur. Il se distinguait ainsi de ce pullulement d'hommes de lettres, aux doigts tachés d'encre, dont il avait horreur. Il échappait à l'enrégimentement, montrait pour la rhétorique le dédain de Saint-Simon, restait à ses propres yeux l'homme d'action qu'il avait toujours rêvé d'être. A l'en croire, son œuvre demeurait l'accident dans son existence.

Ce que j'appellerai la légende de Stendhal est partie de là. Malgré ce qu'il a écrit sur lui-même, malgré ce que les contemporains ont pu laisser, l'homme en lui est très peu connu. On se méfie, on craint sans cesse une mystification, avec cet esprit compliqué, qui semble toujours vouloir « rouler » la foule, comme un diplomate « roulerait » un roi, auprès duquel il remplirait une ambassade. J'ai lu tout ce qui a paru sur Stendhal, et je déclare n'en être pas plus avancé. Les contemporains, comme Sainte-Beuve, dont je parlerai tout à l'heure, paraissent l'avoir jugé à fleur d'épiderme. Il ne se livrait guère, et l'on ne faisait pas d'effort pour le pénétrer. Aujourd'hui, la besogne devient plus difficile encore. Je sais bien que le mieux est de prendre les choses naïvement, de ne pas se laisser étourdir par toutes ces finasseries, de se dire qu'en somme les machines les plus chargées de rouages sont souvent celles qui cachent le moteur le plus simple; c'est ce que je vais faire d'ailleurs. Seulement, j'ai voulu d'abord constater l'état de la question, en montrant combien peu, à cette heure, nous possédons Stendhal, par suite des déguisements et des complications où il s'est complu, d'une façon toute naturelle sans doute. Sa nature était là.

Il ne nous reste qu'à le chercher dans ses œuvres. C'est le plus sûr moyen d'arriver à une vérité, car les œuvres sont des témoins que personne ne peut récuser. Cependant, il faut bien dire que les œuvres de Stendhal ont jusqu'ici redoublé l'obscurité autour de lui. Jugées avec passion, et dans des sens contraires, elles sont niées ou acclamées, sans qu'il existe encore sur elles un jugement exact, qui mette définitivement l'auteur en sa place. Nous retrouvons même ici la légende. Dans le camp des artistes, on cite toujours ce mot de Stendhal : « Chaque matin, je lis une page du Code pour prendre le ton » ; et cela suffit à le faire exécrer de la bande romantique, tandis que le mot est applaudi par les rares adversaires de la rhétorique triomphante. La phrase a pu être dite et écrite, mais elle ne suffit vraiment pas pour étiqueter un écrivain. J'estime que l'étude du rôle de Stendhal, dans le mouvement de 1830, éclairerait beaucoup l'histoire de ce mouvement, car Stendhal a commencé par appuyer le romantisme ; il ne s'en est séparé que plus tard, lorsque le coup de folie lyrique des grands poètes de l'époque a définitivement triomphé. Aujourd'hui, on a le tort de croire que Victor Hugo a créé le romantisme de toutes pièces, en l'apportant comme son originalité propre. La vérité est au contraire qu'il l'a trouvé tout formé et qu'il l'a simplement conquis, par ses puissantes facultés de rhétoricien ; il en a fait sa chose, il l'a plié à son despotisme. Aussi a-t-on vu s'écarter les esprits originaux, qui n'entendaient pas être absorbés. Stendhal, qui était de vingt ans l'aîné de Victor Hugo, resta dans les traditions de style du dix-huitième siècle, très choqué de la langue nouvelle, plein de railleries pour ce flot d'épithètes qu'il jugeait inutiles, pour ces festons et ces astragales sous lesquels la vieille phrase française perdait sa netteté et sa vivacité. Ajoutons que l'enflure des sentiments et des caractères, la démence et l'humanitairerie des œuvres le blessaient davantage encore. Il voulait bien l'évolution philosophique, la révolution dans les idées, mais il refusait de toute sa nature cette insurrection de carnaval, déguisant les éternels Grecs et les éternels Romains en chevaliers du Moyen Age. De là son mot sur le Code, qui ameute encore les artistes et qui est demeuré, pour beaucoup de gens, la caractéristique de son talent. En vérité, le document est mince. Je le répète, nous sommes toujours dans la légende.

On a fort peu écrit sur Stendhal, surtout si l'on songe à la masse énorme d'articles et même de livres que nous avons sur Balzac. Je ne connais que trois études consacrées à Stendhal, qui comptent réellement : celles de Balzac, de Sainte-Beuve et de M. Taine. Or, l'entente est loin de se faire. Balzac et M. Taine sont pour, Sainte-Beuve est contre ; j'ajoute que les trois ne me paraissent pas aller au fond du sujet, que chacun voit le romancier par un côté, sans le montrer dans sa véritable place et dans le rôle qu'il a joué. Après avoir lu les trois études, on demeure inquiet, on n'est pas satisfait pleinement, on sent très bien que Stendhal vous échappe encore.

L'étude de Balzac est un élan d'enthousiasme. Il admire tout, il loue son rival en phrases superbes. Et cette admiration était sincère, car on la retrouve dans sa correspondance. Le 29 mars 1839, il écrivait à Stendhal, après avoir lu l'épisode de la bataille de Waterloo, dans le *Constitutionnel :* « C'est fait comme Borgognone et Wouvermans, Salvator Rosa et Walter Scott. » Puis, après avoir lu le livre, le 6 avril, il écrivait de nouveau : « La *Chartreuse* est un grand et beau livre : je vous le dis sans flatterie, sans envie, car je serais incapable de le faire, et l'on peut louer franchement ce qui n'est pas de notre métier. Je fais une fresque et vous avez fait des statues italiennes... Ici, tout est original et neuf... Vous avez expliqué l'âme de l'Italie. » Tout cela est plein de bonne foi et d'élan, mais j'avoue ne pas trop comprendre les statues italiennes opposées à la fresque ; et, d'autre part, le Borgognone et le Wouvermans, le Salvator Rosa et le Walter Scott, cette étrange salade de noms, me surprennent et me dérangent. En critique, je crois qu'il faut des idées nettes. Balzac sentait fortement le génie de Stendhal. Il a tâché de nous communiquer son admiration, sans démonter la personnalité du romancier, sans nous faire toucher du doigt le mécanisme de ce rare esprit, fonctionnant, au début du siècle, dans les lettres françaises.

Si nous passons à Sainte-Beuve, nous trouvons une étude pleine d'aperçus ingénieux, tournant autour du sujet sans jamais conclure. Cela est fin et vide. Pourtant, Sainte-Beuve s'est laissé emporter un jour, à propos de Stendhal, jusqu'à lâcher un jugement décisif, ce qui lui arrivait bien rarement. Il a écrit, dans un article consacré à M. Taine : « Une fois, M. Taine nomme Stendhal ; il le citera surtout dans son livre des *Philosophes*, et le qualifiera dans les termes du plus magnifique éloge (*grand romancier, le plus grand psychologue du siècle*). Dussé-je perdre moi-même à invoquer de la part de M. Taine plus de sévérité dans les jugements contemporains, je dirai qu'ayant connu Stendhal, l'ayant goûté, ayant relu encore assez récemment ou essayé de relire ses romans tant préconisés (romans toujours manqués, malgré de jolies parties, et, somme toute, détestables), il m'est impossible d'en passer par l'admiration qu'on professe aujourd'hui pour cet homme d'esprit, sagace, fin, perçant et excitant, mais décousu, mais affecté, mais dénué d'invention. » Le mot est lâché, les romans de Stendhal sont détestables.

Ailleurs, Sainte-Beuve déclare préférer le *Voyage autour de ma chambre*, de Xavier de Maistre. Il y a évidemment ici un heurt de deux tempéraments différents. Il faut récuser Sainte-Beuve, qui, malgré sa finesse d'analyse habituelle, s'en tient à une appréciation de surface. Sans doute Stendhal est décousu, sans doute il est affecté parfois ; mais conclure que ses romans sont détestables, sans fournir d'autres raisons, sans faire un effort pour aller plus à fond, c'est risquer une condamnation en l'air, c'est tout au moins ne donner que le jugement brutal, en négligeant de nous faire connaître les considérants. L'étude de Sainte-Beuve est la causerie d'un lettré, que révolte une nature opposée à la sienne ; elle n'explique rien et ne peut conclure.

Avec M. Taine, nous rentrons dans une admiration absolue. Je sais que son étude sur Stendhal, publiée en 1866, dans ses *Essais de critique et d'histoire*, n'est pas pour lui complète et définitive ; il aurait voulu la reprendre, l'élargir, car il la considère comme indigne de Stendhal. Mais nous n'y trouvons pas moins les raisons très nettes de son admiration. Il débute par ces lignes : « Je cherche un mot pour exprimer le genre d'esprit de Stendhal ; et ce mot, il me semble, est esprit supérieur. » Dès lors, il part de là, et en employant son procédé systématique, il rapporte tout à ce mot, ou plutôt il fait découler de lui tout ce qu'il trouve dans la personnalité de Stendhal. Je me contenterai de la citation suivante. Après avoir dit que Victor Hugo est un peintre et Balzac un physiologiste du monde moral, il ajoute : « Dans le monde infini, l'artiste se choisit son monde. Celui de Stendhal ne comprend que les sentiments, les traits de caractère, les vicissitudes de passion, bref, la vie de l'âme. » Tout est là, l'admiration de M. Taine est expliquée. Le philosophe qui est en lui, a trouvé son romancier dans l'idéologue Stendhal, comme il le nomme lui-même, dans le psychologue et le logicien auquel nous devons le *Rouge et le Noir* et la *Chartreuse de Parme*. C'est également de ce point que je partirai ; seulement, je ne concluerai pas comme M. Taine, disant, au sujet de Julien Sorel, que « de pareils caractères sont les seuls qui méritent de nous intéresser aujourd'hui ». La formule littéraire actuelle est plus large, et tout en mettant Stendhal à la tête même du mouvement, il faut déterminer strictement son action et ne pas fermer la route derrière lui, par suite d'un pur engouement de philosophe. Après les louanges débordantes de Balzac, la causerie révoltée de Sainte-Beuve et la satisfaction philosophique de M. Taine, il est temps, je crois, qu'on cherche à dire sur Stendhal la vérité exacte, en l'analysant sans parti pris d'aucune sorte, et en lui donnant sa véritable part du siècle.

A leur apparition, les deux principaux romans de Stendhal : le *Rouge et le Noir* (1831) et la *Chartreuse de Parme* (1838), n'eurent aucun succès. L'étude si élogieuse de Balzac ne détermina pas le grand public à les lire ; ils restèrent entre les mains des lettrés, et encore furent-ils peu goûtés. Ce fut vers 1850 seulement qu'une sorte de résurrection se produisit. Elle étonna beaucoup Sainte-Beuve, qui finit par s'en montrer scandalisé. Puis, M. Taine, exprimant sans doute l'opinion du groupe d'amis qu'il avait connus à l'École normale, lança les mots de « grand romancier » et du « plus grand psychologue du siècle ». Dès lors, on fit profession d'admirer beaucoup Stendhal, sans le lire davantage et sans le mieux juger. La question en est là, entre les artistes qui le nient et les logiciens qui l'exaltent.

Je n'étudierai en lui que le romancier, et même je m'en tiendrai à deux de ses romans : *le Rouge et le Noir* et la *Chartreuse de Parme*, en négligeant ses nombreuses nouvelles et en ne m'arrêtant pas à sa première œuvre : *Armance, scènes d'un salon de Paris*, qui fut publiée en 1827.

II

Pour faciliter mon analyse, je définirai d'abord le talent de Stendhal, puis je passerai à l'examen de ses livres et j'appuierai mon jugement sur des exemples. C'est renverser la besogne, car je vais d'abord donner ici une conclusion des notes que j'ai prises, en relisant, la plume à la main, *le Rouge et le Noir* et la *Chartreuse de Parme*. Mais j'estime que c'est la seule façon d'être clair.

Stendhal est avant tout un psychologue. M. Taine a fort bien défini son domaine, en disant qu'il s'intéressait uniquement à la vie de l'âme. Pour Stendhal, l'homme est uniquement composé d'un cerveau, les autres organes ne comptent pas. Je place bien entendu les sentiments, les passions, les caractères, dans le cerveau, dans la matière pensante et agissante. Il n'admet pas que les autres parties du corps aient une influence sur cet organe noble, ou du moins cette influence ne lui paraît point assez forte ni assez digne pour qu'il s'en inquiète. En outre, il tient rarement compte du milieu, j'entends de l'air dans lequel trempe son personnage. Le monde extérieur existe à peine ; il ne se soucie ni de la maison où son héros a grandi, ni de l'horizon où il a vécu. Voilà donc, en résumé, toute sa formule : l'étude du mécanisme de l'âme pour la curiosité de ce mécanisme, une étude purement philosophique et morale de l'homme, considéré simplement dans ses facultés intellectuelles et passionnelles, et pris à part dans la nature.

C'est, en somme, la conception des deux derniers siècles classiques. Sans doute, les idées premières sur l'homme, les dogmes ont pu changer ; mais nous nous retrouvons encore en face d'une métaphysique qui étudie l'âme comme une abstraction, sans vouloir rechercher l'action que les rouages de la machine humaine et que la nature tout entière exercent évidemment sur elle. Aussi, M. Taine a-t-il été amené lui-même à comparer Stendhal à Racine. « Stendhal, dit-il, fut l'élève des idéologues, l'ami de M. de Tracy, et ces maîtres de l'analyse lui ont enseigné la science de l'âme. On loue beaucoup dans Racine la connaissance des mouvements du cœur, de ses contradictions, de sa folie ; et l'on ne remarque pas que l'éloquence et l'élégance soutenues, l'art de développer, l'explication savante et détaillée que chaque personnage donne de ses émotions, leur enlève une partie de leur vérité... Stendhal n'a point ce défaut, et le genre qu'il a choisi aide à l'en préserver. » Le parallèle peut d'abord surprendre, mais il est strictement juste. Chez le poète tragique et chez le romancier, le procédé est le même ; seulement, il est employé avec des rhétoriques différentes. C'est toujours, je le répète, une psychologie pure, dégagée de toute physiologie et de toute science naturelle.

Dans un psychologue, il y a un idéologue et un logicien. C'est là que Stendhal triomphe. Il faut le voir partir d'une idée, pour montrer ensuite l'épanouissement de tout un groupe d'idées, qui naissent les unes des autres, qui se compliquent et se dénouent. Rien de plus fin, de plus pénétrant, de plus imprévu que cette analyse continuelle. Il s'y complaît, il déroule à chaque minute la cervelle de son personnage, pour en faire sentir les moindres replis. Personne n'a possédé à un degré pareil la mécanique de l'âme. Une idée se présente, c'est la roue qui va donner le branle à toutes les autres ; puis, une autre idée naît à droite, une autre à gauche, d'autres en avant, d'autres en arrière ; et il y a des poussées, des retours, un travail qui s'organise peu à peu, qui se complète, qui finit par montrer l'âme entière à la besogne, avec ses facultés, ses sentiments, ses passions. Cela emplit des pages ; on peut même dire que l'œuvre est faite de cette analyse. Le logicien conduit ses personnages avec une rigueur extrême, au milieu des écarts les plus contradictoires en apparence. On le sent toujours là, froidement attentif à la marche de sa machine. Chacun des caractères qu'il crée est une expérience de psychologue qu'il risque sur l'homme. Il invente une âme avec de certains sentiments et de certaines passions, la jette dans une suite de faits, et se contente de noter le fonctionnement de cette âme, au milieu de circonstances données. Stendhal, pour moi, n'est pas un observateur qui part de l'observation pour arriver à la vérité, grâce à la logique; c'est un logicien qui part de la logique et qui arrive souvent à la vérité, en passant par-dessus l'observation.

On nomme très souvent Stendhal à côté de Balzac et l'on ne paraît pas voir l'abîme qu'il y a entre eux. M. Taine, qui les compare, reste vague. Il donne à Stendhal la psychologie, la vie de l'âme, et il ajoute pour Balzac : « Qu'est-ce que Balzac apercevait dans sa *Comédie humaine*? Toutes choses, direz-vous; oui, mais en savant, en physiologiste du monde moral, en docteur « ès-sciences sociales », comme il s'appelait lui-même; d'où il arrive que ses récits sont des théories, que le lecteur, entre deux pages de roman, trouve une leçon de Sorbonne, que la dissertation et le commentaire sont la peste de son style. » Je ne comprends pas du tout la conséquence que le critique établit ici. Un docteur ès-sciences sociales n'a pas besoin de disserter ni de commenter : il lui suffit d'exposer. M. Taine note la nature du tempérament littéraire de Balzac et la donne sans raison comme le défaut fatal de sa formule. Ce qui est vrai, c'est que Balzac partait en savant de l'étude du sujet; tout son travail était basé sur l'observation de la créature humaine, et il se trouvait ainsi amené, comme le zoologiste, à tenir un compte immense de tous les organes et du milieu. Il faut le voir dans une salle de dissection, le scalpel à la main, constatant qu'il n'y a pas seulement un cerveau dans l'homme, devinant que l'homme est une plante tenant au sol, et décidé dès lors, par amour du vrai, à ne rien retrancher de l'homme, à le montrer dans son entier, avec sa vraie fonction, sous l'influence du vaste monde. Pendant ce temps, Stendhal reste dans son cabinet de philosophe, remuant des idées, ne prenant de l'homme que la tête et comptant chaque pulsation du cerveau. Il n'écrit pas un roman pour analyser un coin de réalité, êtres et choses; il écrit un roman pour appliquer ses théories sur l'amour, pour appliquer le système de Condillac sur la formation des idées. Telle est la grande différence qu'il y a entre Stendhal et Balzac. Elle est capitale, elle ne provient pas seulement de deux tempéraments opposés, mais plus encore de deux philosophies différentes.

En somme, Stendhal est le véritable anneau qui relie notre roman actuel au roman du dix-huitième siècle. Il avait seize ans de plus que Balzac, il appartenait à une autre époque. C'est grâce à lui que nous pouvons sauter par-dessus le romantisme et nous rattacher au vieux génie français. Mais ce que je veux surtout retenir, c'est son dédain du corps, son silence sur les éléments physiologiques de l'homme et sur le rôle des milieux ambiants. Nous le verrons bien tenir compte de la race, dans la *Chartreuse de Parme*; il fera ce premier pas de nous donner des Italiens réels, et non des Français déguisés; seulement, jamais le paysage, le climat, l'heure de la journée, le temps qu'il fait, la nature en un mot n'interviendra et n'agira sur les personnages. La science moderne n'a évidemment point encore passé par là. Il reste dans une abstraction voulue, il met l'être humain à part dans la nature et déclare ensuite que l'âme seule étant noble, l'âme seule a droit de cité en littérature. Et c'est pourquoi M. Taine, en logicien, le déclare supérieur. Selon lui, il est au-dessus des autres, parce qu'il reste dans la machine cérébrale, dans l'esprit pur. Cela revient à dire qu'il est d'autant plus élevé qu'il dédaigne davantage la nature, qu'il châtre l'homme et qu'il s'enferme dans une abstraction philosophique. Pour moi, il est moins complet, voilà tout.

Il faut insister, car le point intéressant est là. Prenez un personnage de Stendhal : c'est une machine intellectuelle et passionnelle parfaitement montée. Prenez un personnage de Balzac : c'est un homme en chair et en os, avec son vêtement et l'air qui l'enveloppe. Où est la création la plus complète, où est la vie? Chez Balzac, évidemment. Certes, j'ai la plus grande admiration pour l'esprit si sagace et si personnel de Stendhal. Mais il m'amuse comme un mécanicien de génie qui fait fonctionner devant moi la plus délicate des machines; tandis que Balzac me prend tout entier, par la puissance de la vie qu'il évoque.

Je ne comprends pas le haut et le bas, chez l'homme. On me dit que l'âme est en haut et que le corps est en bas. Pourquoi ça? Je ne puis m'imaginer l'âme sans le corps, et je les mets ensemble. En quoi Julien Sorel, par exemple, qui est une pure création spéculative, est-il supérieur au baron Hulot, qui est une créature vivante? L'un raisonne, l'autre vit. Je préfère ce dernier. Si vous retranchez le corps, si vous ne tenez pas compte de la physiologie, vous n'êtes plus même dans la vérité, car sans descendre dans les problèmes philosophiques, il est certain que tous les organes ont un écho profond dans le cerveau, et que leur jeu, plus ou moins bien réglé, régularise ou détraque la pensée. Il en est de même pour les milieux ; ils existent, ils ont une influence évidente, considérable, et il n'y a aucune supériorité à les supprimer, à ne pas les faire entrer dans le fonctionnement de la machine humaine.

Voilà donc la réponse qu'on doit faire aux adversaires de la formule naturaliste, lorsqu'ils reprochent aux romanciers actuels de s'arrêter à l'animal dans l'homme et de multiplier les descriptions. Notre héros n'est plus le pur esprit, l'homme abstrait du dix-huitième siècle ; il est le sujet physiologique de notre science actuelle, un être qui est un composé d'organes et qui trempe dans un milieu dont il est pénétré à chaque heure. Dès lors, il nous faut bien tenir compte de toute la machine et du monde extérieur. La description n'est qu'un complément nécessaire de l'analyse. Tous les sens vont agir sur l'âme. Dans chacun de ses mouvements, l'âme sera précipitée ou ralentie par la vue, l'odorat, l'ouïe, le goût, le toucher. La conception d'une âme isolée, fonctionnant toute seule dans le vide, devient fausse. C'est de la mécanique psychologique, ce n'est plus de la vie. Sans doute, il peut y avoir abus, dans la description surtout ; la virtuosité emporte souvent les rhétoriciens ; on lutte avec les peintres, pour montrer la souplesse et l'éclat de sa phrase. Mais cet abus n'empêche pas que l'indication nette et précise des milieux et l'étude de leur influence sur les personnages, ne soient des nécessités scientifiques du roman contemporain.

Je prendrai un exemple pour me mieux faire entendre. Il y a un épisode célèbre, dans le *Rouge et le*

Noir, la scène où Julien, assis un soir à côté de madame de Rénal, sous les branches noires d'un arbre, se fait un devoir de lui prendre la main, pendant qu'elle cause avec madame Derville. C'est un petit drame muet d'une grande puissance, et Stendhal y a analysé merveilleusement les états d'âme de ses deux personnages. Or, le milieu n'apparaît pas une seule fois. Nous pourrions être n'importe où, et dans n'importe quelles conditions, la scène resterait la même, pourvu qu'il fît noir. Je comprends parfaitement que Julien, dans la tension de volonté où il se trouve, ne soit pas affecté par le milieu. Il ne voit rien, il n'entend rien, il ne sent rien, il veut simplement prendre la main de madame de Rénal et la garder dans la sienne. Mais madame de Rénal, au contraire, devrait subir toutes les influences extérieures. Donnez l'épisode à un écrivain pour qui les milieux existent, et dans la défaite de cette femme, il fera entrer la nuit, avec ses odeurs, avec ses voix, avec ses voluptés molles. Et cet écrivain sera dans la vérité, son tableau sera plus complet.

Il ne s'agit pas, je le répète, d'écrire des phrases, mais de noter chacune des circonstances qui déterminent ou qui modifient le jeu de la machine humaine. Eh bien! cette remarque, je la ferai partout, dans les œuvres de Stendhal. Preuve de supériorité, répétera-t-on. Pourquoi cela? Il n'est pas rhétoricien, et c'est tant mieux pour lui. Mais il reste dans l'abstraction, et je ne vois pas en quoi cela peut le mettre au-dessus de ceux qui vont aux réalités. Il n'y a aucune raison pour qu'un psychologue soit d'un rang plus élevé qu'un physiologiste.

Maintenant, quel est donc le coup de génie de

Stendhal ? Pour moi, il est dans l'intensité de vérité qu'il obtient souvent avec son outil de psychologue, si incomplet et si systématique qu'il puisse être. J'ai dit que je ne voyais pas en lui un observateur. Il n'observe pas et ne peint pas ensuite la nature en bonhomme. Ses romans sont des œuvres de tête, de l'humanité quintessenciée par un procédé philosophique. Il a bien vu le monde, et beaucoup ; seulement, il ne l'évoque pas dans son train train réel, il le soumet à ses théories et le peint au travers de ses propres conceptions sociales. Or, il arrive que ce psychologue, dédaigneux des réalités et tout entier à sa logique, aboutit, par la pure spéculation intellectuelle, à des vérités audacieuses et superbes que jamais personne n'avaient osées avant lui dans le roman. C'est là ce qui m'enthousiasme. J'avoue être peu touché de ses subtilités d'analyse, du tic-tac d'horloge continuel qu'il fait entendre sous le crâne de ses personnages ; le mouvement m'en paraît discutable parfois, et d'ailleurs ce n'est pas là de la vie pleine et franche. Des philosophes peuvent s'extasier, un esprit amoureux de ce qui est, de ce qui se passe journellement sous ses yeux, éprouvera toujours un malaise, en se sentant engagé dans des théories plus ou moins paradoxales. Mais, brusquement, des scènes s'ouvrent et la vie parle. A ce point de vue, je préfère *le Rouge et le Noir* à la *Chartreuse de Parme*. Je ne connais rien de plus étonnant que la première nuit d'amour de Julien et de mademoiselle de la Môle. Il y a là un embarras, un malaise, une faute à la fois sotte et cruelle, d'une puissance rare, tant les faits paraissent sonner la vérité. Sans doute, cela n'est pas observé, cela est déduit ; seulement, le psychologue s'est dégagé de ses complications laborieuses, pour monter d'un bond à la simplicité, je dirai à la bêtise du vrai. Je pourrais citer ainsi vingt passages, où il arrive à des observations extraordinaires de justesse, par la seule logique. Personne avant lui n'avait peint l'amour avec plus de réalité. Quand il ne s'entortille pas dans son système, il apporte des documents qui dérangent toutes les idées reçues et qui font des clartés subites. Songez aux dissertations sur l'amour, aux poncifs des romans, et mettez en regard l'analyse si nette et si cruelle de Stendhal. Là est sa véritable force. S'il est un de nos maîtres, s'il est à la tête de l'évolution naturaliste, ce n'est pas parce qu'il a été uniquement un psychologue, c'est parce que le psychologue en lui a eu assez de puissance pour arriver à la réalité, par-dessus ses théories, et sans le secours de la physiologie ni de nos sciences naturelles.

Donc, pour conclure, Stendhal est la transition, dans le roman, entre la conception métaphysique du dix-huitième siècle et la conception scientifique du nôtre. Comme les écrivains des deux siècles qu'il a derrière lui, il ne sort pas du domaine de l'âme, il ne voit dans l'homme qu'une noble mécanique à pensées et à passions. Mais, s'il n'en est pas encore à l'homme physiologique, avec le jeu de tous les organes, fonctionnant au milieu et sous l'influence de la nature, il faut ajouter que sa métaphysique n'est plus celle de Racine, ni même celle de Voltaire. Condillac a passé par là, le positivisme apparaît, on se sent au seuil d'un siècle de science. Aucun dogme n'écrase plus les personnages. L'enquête est ouverte, et le romancier part à la conquête de la vérité;

comme il le dit lui-même, il promène un miroir le long d'un chemin ; seulement, ce miroir ne réfléchit que la tête de l'homme, la partie noble, sans nous donner le corps ni les lieux environnants. C'est de la réalité réduite par un tempérament de logicien et de diplomate, que ni la science ni l'art n'ont touché. Ajoutez un esprit qui s'est dépouillé de tous les préjugés pour tomber souvent dans des systèmes, une intelligence libre et pénétrante, que sa supériorité rend ironique, et qui, non contente de plaisanter les autres, se plaisante parfois elle-même.

J'aborde maintenant *le Rouge et le Noir*. Ce n'est pas, d'ailleurs, une analyse régulière que j'entends donner ici. Je viens de relire le roman, un crayon à la main, et voici les réflexions que cette lecture a fait naître en moi.

III

Mais, avant tout, il faut dire le grand rôle que la destinée de Napoléon joue dans l'œuvre de Stendhal. Le *Rouge et le Noir* resterait incompréhensible, si l'on ne se reportait à l'époque où le roman a dû être conçu, et si l'on ne tenait compte de l'état cérébral où la prodigieuse ambition satisfaite de l'empereur avait laissé la génération à laquelle appartenait Stendhal. Ce sceptique, ce railleur à froid, ce moraliste sans préjugés, cet écrivain qui se garde de tout enthousiasme, frémit et s'incline au seul nom de Napoléon. Il ne prend pas directement la parole, mais on le sent toujours vibrant d'une admiration ancienne, et sous le coup des ruines qu'a faites en lui et autour de lui la chute du colosse. A ce point de vue, il faut regarder son Julien Sorel comme la personnification des rêves ambitieux et des regrets de toute une époque.

J'irai plus loin. Selon moi, Stendhal a mis beaucoup de lui-même dans Julien. Je me l'imagine volontiers comme ayant rêvé la gloire militaire, dans un temps où les simples soldats devenaient maréchaux de France. Puis, l'empire s'effondre, et toute la jeunesse dont il faisait partie, tous ces appétits surchauffés, toutes ces ambitions qui croyaient trouver une couronne dans une giberne, tombent d'un coup à une autre époque, à cette Restauration, gouvernement de prêtres et de courtisans ; les sacristies et les salons remplaçaient les champs de bataille, l'hypocrisie allait être l'arme toute-puissante des parvenus. Telle est la clef du caractère de Julien, au début du livre ; et il n'est pas jusqu'à ce titre énigmatique : *le Rouge et le Noir*, qui ne semble indiquer le règne ecclésiastique succédant au règne militaire.

J'insiste, parce que je n'ai jamais vu étudier l'influence très réelle que Napoléon a exercée sur notre littérature. L'empire a été une époque de production littéraire bien médiocre ; mais on ne peut nier de quel coup de marteau la destinée de Napoléon avait fêlé les crânes de son temps. C'est plus tard que l'influence s'est produite et qu'on a pu voir l'ébranlement des intelligences. Chez Victor Hugo, la lésion s'est révélée par tout un flot de lyrisme. Chez Balzac, il y a eu une hypertrophie de la personnalité ; il a voulu évidemment créer un monde dans le roman, comme Napoléon avait rêvé la conquête du vieux monde. Toutes les ambitions s'enflaient, les entreprises tournaient au gigantesque, on ne rêvait, dans les lettres comme ailleurs, que de royauté universelle. Mais ce qui m'étonne le plus, c'est de voir Stendhal atteint, lui aussi. Il ne se moque plus, il semble considérer Napoléon comme un dieu, qui a emporté avec lui la franchise et la noblesse de la France.

Voilà donc Julien, ayant fait en secret son dieu de Napoléon, et forcé de cacher sa dévotion, s'il veut s'élever au-dessus de sa condition. Tout ce caractère, si compliqué et au premier abord si paradoxal, va être bâti sur cette donnée : une nature noble, sensible, délicate, qui, ne pouvant plus satisfaire son ambition au grand jour, se jette dans l'hypocrisie et dans les intrigues les plus compliquées. En effet, supprimez l'ambition, Julien est heureux dans ses montagnes ; ou bien donnez à Julien un champ de bataille digne de lui, il triomphera superbement, sans descendre à de continuelles roueries de diplomate. Il est donc bien l'enfant de cette heure historique, un garçon d'une intelligence supérieure obligé par tempérament de faire une grande fortune, qui est venu trop tard pour être un des maréchaux de Napoléon, et qui se résout à passer par les sacristies et à opérer en valet hypocrite. Dès lors, son caractère s'éclaire, on comprend ses soumissions et ses révoltes, ses tendresses et ses cruautés, ses tromperies et ses franchises. Il va d'ailleurs à tous les extrêmes, il montre autant de naïveté que d'adresse, il est plus ignorant encore qu'il n'est intelligent. Stendhal a voulu montrer l'homme avec ses contrastes, selon les circonstances. Certes, l'analyse est des plus remarquables ; jamais on n'a fouillé un cerveau avec autant de soin. Je me plains seulement de la tension continuelle du personnage ; il ne vit plus, il est toujours et partout un « sujet », sous l'œil de l'auteur, à ce point que ses petits actes arrivent à fournir beaucoup plus de matière que les actes décisifs de son existence.

Le début du roman est très intéressant à étudier. On n'est pas encore pris par l'intérêt, on peut se rendre compte du procédé littéraire de Stendhal. Ce procédé est à peu près celui du bon plaisir. Il n'y a aucune raison pour que l'œuvre ouvre par une description de la petite ville de Verrières et par un portrait de M. de Rénal. Je sais bien qu'il faut toujours commencer ; mais je veux dire que l'auteur ne cède pas à des idées de symétrie, de progression, d'arrangement quelconque. Il écrit au petit bonheur de l'alinéa. Celui qui se présente le premier est le bien-venu. Même, tant que le récit ne s'est pas échauffé, cela met quelque confusion ; on croit à des contradictions et l'on est forcé de revenir en arrière, pour s'assurer que le fil ne s'est pas cassé.

Étudions surtout la façon dont les personnages font leur entrée dans l'œuvre. Ils semblent s'y glisser de biais. Quand Stendhal a besoin d'eux, il les nomme, et ils arrivent, souvent au bout d'une incidente. Aussi sa petite ville de Verrières, à laquelle il revient de temps à autre, reste-t-elle d'une organisation fort embrouillée ; on la sent inventée, on ne la voit pas. En somme, cela manque d'ordre, cela n'a pas de logique. Voilà le grand mot lâché. Oui, ce logicien des idées est un brouillon du style et de la composition littéraire. Il y a là une inconséquence qui m'a frappé et qui pour moi est caractéristique. J'y reviendrai, et longuement.

Madame de Rénal est une des très bonnes figures de Stendhal, parce qu'il n'a pas trop pesé sur elle. Il a laissé à cette âme une certaine liberté. Pourtant, je constate qu'il a encore voulu la pousser à la supériorité. C'est là un des caractères de Stendhal, dont M. Taine croit devoir le louer : il répugne au personnage médiocre, il le hausse toujours, par un idéal d'intelligence. D'abord madame de Rénal ne paraît qu'une bourgeoise assez nulle ; mais bientôt le romancier lui donne de la femme supérieure, et cela à tous propos. Rien n'est joli comme la première entrevue de Julien et de cette belle dame ; leurs amours, avec le lent abandon de la femme et les calculs si froidement naïfs du jeune homme, ont un accent de vérité un peu apprêtée, qui en fait un chapitre des *Confessions*. Seulement, j'avoue être bousculé, lorsque ensuite je les vois tous les deux supérieurs, et lorsque madame de Rénal, à chaque instant, parle du génie de Julien. « Son génie, dit Stendhal, allait jusqu'à l'effrayer ; elle croyait apercevoir plus nettement chaque jour le grand homme futur chez ce jeune abbé. » Réfléchissez que Julien n'a pas vingt ans et qu'il n'a absolument rien fait, qu'il ne fera même jamais rien prouvant ce génie dont on l'accable. Il est un génie pour Stendhal, sans doute parce que Stendhal, qui est l'unique maître de ce cerveau, y met ce qu'il croit être le fonctionnement du génie. C'est là cette lésion dont Napoléon a fêlé les têtes : pour Stendhal, comme pour Balzac, du reste, le génie est l'état ordinaire des personnages. Nous retrouverons cela dans *la Chartreuse de Parme*.

Je citerai cette phrase de Julien sur madame de
Rénal : « Voilà une femme d'un génie supérieur réduite au comble du malheur, parce qu'elle m'a
connu. » Or, le pis est que Julien porte ailleurs sur
cette même femme des jugements d'imbécile. Ainsi,
il fait plus loin cette réflexion : « Dieu sait combien
elle a eu d'amants ! elle ne se décide peut-être en ma
faveur qu'à cause de la facilité des entrevues. » Cela
me blesse, parce qu'il faut vraiment que Julien soit
bien peu clairvoyant pour ne pas connaître madame
de Rénal, et par la petite ville où ils vivent, et par leur
contact de chaque jour. Il y a de la sorte des sautes
d'analyse singulières, souvent à quelques lignes de
distance ; ce sont de continuels crochets, qui dérou-
tent et qui donnent à l'œuvre un caractère voulu. Sans
doute, l'homme est plein d'inconséquences ; seulement, cette danse du personnage, cette vie du cerveau
notée minute à minute, et dans les plus petits détails,
nuit, selon moi, au train plus large et plus bonhomme
de la vie. On est presque toujours là dans l'exception. C'est ainsi que les amours de madame de
Rénal et de Julien, surtout dans le rôle joué par ce
dernier, ont à chaque page des grincements de machine, des raideurs de système dont les rouages
n'obéissent pas suffisamment. Un seul exemple :
Julien est ivre d'avoir tenu dans la sienne la main de
madame de Rénal, et Stendhal ajoute : « Mais cette
émotion était un plaisir et non une passion. En ren-
trant dans sa chambre, il ne songea qu'à un bonheur,
celui de reprendre son livre favori ; à vingt ans, l'idée
du monde et de l'effet à y produire l'emporte sur
tout. » On ne saurait croire combien cette distinction
philosophique de l'auteur sur le plaisir et la passion

me gêne ; et vous voyez que, tout de suite, il a accompagné cette distinction d'un exemple, en faisant préférer par Julien la lecture du *Mémorial de Sainte-Hélène* au souvenir encore brûlant de madame de Rênal. Je ne nie pas le fait, il est possible. Mais il me tracasse, car je le sens mis là, non par suite d'une observation, mais par le désir d'appuyer d'une preuve sa théorie du plaisir et de la passion dans l'amour. Partout l'auteur apparaît de même en démonstrateur, en logicien qui note les états d'âme dans lesquels il place ses personnages. Tous les personnages de Stendhal semblent avoir la migraine, tellement il leur travaille la cervelle. Quand je le lis, je souffre pour eux, j'ai souvent envie de lui crier : « Par grâce, laissez-les donc un peu tranquilles ; laissez-les quelquefois vivre de la bonne vie des bêtes, simplement, dans la poussée de l'instinct, au milieu de la saine nature ; soyez avec eux bête comme un brave homme. »

Où apparaît surtout ce caractère voulu de l'œuvre, c'est dans l'étude de l'hypocrisie de Julien. On peut dire que *le Rouge et le Noir* est le manuel du parfait hypocrite ; et, ce qui est caractéristique, c'est que l'étude de l'hypocrisie est longuement reprise dans *la Chartreuse de Parme*. Une des grosses préoccupations de Stendhal a été l'art de mentir. Comme d'autres naissent policiers, lui semblait né diplomate, avec les complications de mystère, de duplicité savante qui faisaient la gloire légendaire du métier. Nous avons changé cela, nous savons qu'un diplomate est généralement un homme aussi bête qu'un autre. Stendhal n'en mettait pas moins la supériorité humaine dans cet idéal d'un esprit puissant qui se donne le régal de tromper les hommes et d'être le seul à jouir de ses tromperies. Remarquez, comme je l'ai dit, que Julien est au fond le plus noble esprit du monde, désintéressé, tendre, généreux. S'il périt, c'est par excès d'imagination : il est trop poète. Dès lors, Stendhal lui impose uniquement le mensonge comme l'outil nécessaire à sa fortune. Il en fait un fanfaron d'hypocrisie, et on le sent heureux, quand il l'a conduit à quelque bonne duplicité. Par exemple, il s'écriera avec une satisfaction de père : « Il ne faut pas trop mal augurer de Julien ; il inventait correctement les paroles d'une hypocrisie cauteleuse et prudente. Ce n'est pas mal à son âge. » Autre part, comme Julien a une révolte d'honnête homme, l'auteur prendra la parole pour faire cette déclaration : « J'avoue que la faiblesse dont Julien fait preuve en ce moment, me donne une pauvre opinion de lui. » Nous entrons dans le conte philosophique de Voltaire. C'est de l'ironie, Julien devient un symbole. Au fond, il y a une conception sociale ; puis, par dessus, percent un grand mépris des hommes, une adoration des intelligences exceptionnelles qui gouvernent par n'importe quelles armes. Encore une fois, tout cela est tendu, la pente de l'existence est plus aisée. Quand Stendhal écrit : « Julien s'était voué à ne jamais dire que des choses qui lui semblaient fausses à lui-même », il nous met en garde contre le personnage, qui, d'un bout du livre à l'autre, est plus une volonté qu'une créature.

Avec cela, les pages superbes abondent. On trouve partout ce coup de génie de la logique dont j'ai parlé ; la vérité éclate dans des scènes inoubliables, comme la première nuit de Julien et de madame de Rénal. Jamais l'amour, avec ses mensonges et ses générosités, ses misères et ses délices, n'a été analysé plus à fond. Le portrait du mari est surtout une merveille. Je ne connais pas une tempête dans un homme plus magistralement peinte, sans fausse grandeur et avec le son exact de la réalité, que cette terrible lutte qui se livre chez M. de Rénal, lorsqu'il a reçu la lettre anonyme lui dénonçant les amours de sa femme. J'ai insisté sur ce début du roman, parce qu'il est à coup sûr la meilleure partie de l'œuvre, et qu'il m'a permis d'établir nettement les façons de voir et les procédés de Stendhal. Je vais maintenant pouvoir passer avec plus de rapidité sur les autres parties.

La vie de Julien au séminaire est encore un épisode admirable. Ici l'hypocrisie si étudiée du héros ne gêne plus, parce qu'il est dans un milieu où il lutte lui-même contre des hypocrites. D'ailleurs, ce pauvre Julien se sent un bien petit garçon, avec son art du mensonge, devant des gaillards qui apportent le mensonge naturellement, sans un effort. Du coup, il lâcherait l'hypocrisie, si l'ambition ne le talonnait. Stendhal devait se trouver à l'aise dans un séminaire, où règnent l'espionnage et la défiance, de même qu'il s'y est trouvé plus tard à la cour du roi de Parme. Aussi a-t-il laissé une peinture saisissante, sinon d'une grande observation immédiate, du moins d'une déduction extraordinaire de puissance. L'arrivée de Julien, sa première entrevue avec l'abbé Pirard, la vie intérieure du séminaire, sont parmi les meilleures pages du livre.

J'arrive aux amours de Julien avec Mlle de la Môle, qui tiennent une bonne moitié de l'œuvre. C'est pour moi la moitié inférieure, car nous entrons dans l'aventure et dans la singularité.

Il ne suffisait pas à Stendhal d'avoir créé un Julien, cette mécanique cérébrale si exceptionnelle ; il a voulu créer la femelle de ce mâle, il a inventé Mlle de la Môle, autre mécanique cérébrale pour le moins aussi surprenante. C'est un second Julien. Imaginez la fille la plus froidement, la plus cruellement romanesque qui se puisse voir ; encore un esprit supérieur qui a le dédain de son entourage et qui se jette dans les aventures, par une complication et une tension extraordinaires de l'intelligence. « Elle ne donnait le nom d'amour, dit Stendhal, qu'à ce sentiment héroïque que l'on rencontrait en France du temps de Henri III et de Bassompierre. » Et elle part de là pour aimer Julien, dans un coup de tête longuement raisonné. C'est elle qui lui fait une déclaration, et quand il arrive dans sa chambre par la fenêtre, l'idée seule du devoir qu'elle s'est tracé, la décide à se livrer à lui, pleine de malaise et de répugnance. Dès lors, leurs amours deviennent le plus abominable des casse-cou. Julien, qui ne l'aimait pas, se met à l'adorer et à la désirer follement par le souvenir. Mais elle craint de s'être donné un maître, elle l'accable de mépris, jusqu'au jour où elle est reprise de passion, à la suite d'une scène dans laquelle elle s'est imaginée que son amant voulait la tuer. Du reste, les brouilles continuent. Julien, pour la reconquérir, est forcé de la rendre jalouse, en obéissant à une longue tactique. Enfin, Mlle de la Môle devient enceinte et avoue tout à son père, à qui elle déclare qu'elle épousera Julien. Je ne connais pas d'amours plus laborieuses, moins simples et moins sincères. Les deux amants sont parfaitement insupportables, avec leur continuel souci de couper les cheveux en quatre. Stendhal, en analyste de première force, s'est plu à compliquer leurs cervelles à l'infini, comme ces joueurs de billard illustres qui se posent des difficultés, afin de démontrer qu'il n'est pas de position capable de leur empêcher un carambolage. Il n'y a là que des curiosités cérébrales.

Du reste, l'auteur l'a parfaitement compris. Il en fait lui-même la remarque, mais avec cette ironie pincée qui se moque à la fois de ses personnages et du lecteur. Il arrête brusquement son récit, pour écrire : « Cette page nuira de plus d'une façon au malheureux auteur. Les âmes glacées l'accuseront d'indécence. Il ne fait point l'injure aux jeunes personnes qui brillent dans les salons de Paris, de supposer qu'une seule d'entre elles soit susceptible des mouvements de folie qui dégradent le caractère de Mathilde. Ce personnage est tout à fait d'imagination et même imaginé bien en dehors des habitudes sociales qui, parmi tous les siècles, assureront un rang si distingué à la civilisation du dix-neuvième siècle. » Voilà qui est piquant et joli ; mais cela n'empêche pas Mathilde d'être beaucoup plus une expérience d'auteur qu'une créature vivante.

Le procédé de Stendhal est surtout très visible dans les longs monologues qu'il prête à ses personnages. A chaque instant, Julien, Mathilde, d'autres encore, font des examens de conscience, s'écoutent penser, avec la surprise et la joie d'un enfant qui applique son oreille contre une montre. Ils déroulent sans fin le fil de leurs pensées, s'arrêtent à chaque nœud, raisonnent à perte de vue. Tous, à l'exemple de l'auteur, sont des psychologues très distingués. Et cela se comprend, car ils sont tous plus les fils de Stendhal que les fils de la nature. Ainsi, voici une des réflexions que Stendhal prête à Mathilde, parlant des gens qui l'entourent : « S'ils osent aborder un sujet sérieux, au bout de cinq minutes de conversation ils arrivent tout hors d'haleine, et comme faisant une grande découverte, à une chose que je leur répète depuis une heure. » Est-ce Mathilde, est-ce Stendhal qui parle ? Evidemment, c'est ce dernier, et le personnage n'est là qu'un déguisement.

Je laisse de côté le milieu parisien dans lequel Julien se trouve placé. Il y a là d'excellents portraits ; mais, à mon sens, tout ce monde grimace un peu ; Stendhal nous donne rarement la vie, ses femmes du monde, ses grands seigneurs comme ses parvenus, ses conspirateurs comme ses jeunes fats, ont je ne sais quoi de sec et d'inachevé à la fois, qui les laisse à l'état d'ébauche dans les mémoires. Jamais les milieux ne sont reconstruits pleinement. Les têtes restent de simples profils, découpés sur du blanc ou sur du noir. Ce sont des notes d'auteur à peine classées.

Et toujours des scènes éclatantes de vérité, comme dans un jaillissement de la logique. J'ai cité le premier rendez-vous de Julien et de Mathilde. Il faudrait donner ces quatre pages, pour en faire entendre le son juste et profond. Cela ressemble si peu au duo de Roméo et de Juliette, que l'impression première est une secousse désagréable ; puis, on est saisi par la réalité des moindres faits. Lisez ces lignes : « Mathilde faisait effort pour le tutoyer, elle était évidemment plus attentive à cette étrange façon de parler qu'au fond des choses qu'elle disait. Ce tutoiement, dépouillé du ton de la tendresse, ne faisait aucun plaisir à Julien, il s'étonnait de l'absence du bonheur ;

enfin, pour le sentir, il eut recours à sa raison. »
Voilà le bon Stenthal, le psychologue arrivant à la
vérité sur des sujets convenus, par la simple analyse
des mouvements de l'âme. Dans une autre scène,
lorsque le marquis de la Môle sait tout et qu'il
fait venir Julien, j'ai été très frappé de la façon dont
il le reçoit. Donnez la scène à un romancier rhétoricien, et vous aurez le père en cheveux blancs, vous
aurez un sermon, avec un désespoir noble. Écoutez
Stendhal : « Julien trouva le marquis furieux : pour
la première fois de sa vie, peut-être, ce seigneur fut
de mauvais ton : il accabla Julien de toutes les injures
qui lui vinrent à la bouche. Notre héros fut étonné,
impatienté ; mais sa reconnaissance ne fut point
ébranlée. » Et plus loin : « Le marquis était réellement égaré. A la vue de ce mouvement (Julien était
tombé à genoux), il recommença à l'accabler d'injures
atroces et dignes d'un cocher de fiacre. La nouveauté
de ces jurons était peut-être une distraction. » Tel est
le cri humain, la note vraie et nouvelle dans le roman. C'est l'étude de l'homme tel qu'il est, dépouillé
des draperies de la rhétorique et vu en dehors des
conventions littéraires et sociales. Stendhal a osé le
premier cette vérité.

On connaît le bel épisode qui termine *le Rouge et
le Noir*. Madame de Rénal, poussée par son confes-
seur, écrit au marquis de la Môle une lettre qui
rompt le mariage de Mathilde et de Julien. Celui-ci,
cédant à un mouvement de folie, retourne à Verrières
et tire un coup de pistolet sur madame de Rénal, age-
nouillée dans une église. On l'enferme, on le juge et
on le guillotine. Les cinquante dernières pages analysent les idées de Julien dans sa prison, en face

de la mort prochaine. Stendhal s'est donné là un régal, une débauche de raisonnements, et rien ne serait plus curieux que de comparer l'épisode au *Dernier jour d'un condamné*, de Victor Hugo. C'est très pénétrant, très original ; je n'ose ajouter très vrai, car un cerveau comme Julien est tellement exceptionnel, que les points de comparaison manquent complètement dans la réalité, les condamnés à mort de cette structure intellectuelle étant fort rares. Il faut lire cela comme un problème de psychologie, posé dans des conditions particulières et brillamment résolu. Dans ce dénouement surtout, on sent combien l'histoire est inventée, combien peu elle est écrite sur l'observation immédiate. M. Taine dit : « L'histoire est presque vraie, c'est celle d'un séminariste de Besançon, nommé Berthet ; l'auteur ne s'occupe qu'à noter les sentiments de ce jeune ambitieux, et à peindre les mœurs des sociétés où il se trouve ; il y a mille faits vrais plus romanesques que ce roman. » Eh bien ! il est certain que, si un procès a fourni à Stendhal l'idée première de son livre, il a repris et inventé tous les caractères. Sans doute le fond de l'œuvre n'est pas romanesque, quoique les aventures d'un petit abbé devenant l'amant de deux grandes dames, assassinant l'une pour l'amour de l'autre, et finalement pleuré par les deux, jusqu'à la folie et jusqu'à la mort, constituent déjà un joli drame ; mais où nous entrons en plein dans le romanesque ou plutôt dans l'exceptionnel, c'est lorsque Stendhal nous explique avec amour et sans arrêt les mouvements d'horloge qni font agir les personnages.

Ceci sort absolument du vrai quotidien, du vrai que nous coudoyons, et nous sommes dans l'extraordinaire aussi bien avec Stendhal psychologue qu'avec Alexandre Dumas conteur. Pour moi, au point de vue de la vérité stricte, Julien me cause les mêmes surprises que d'Artagnan. On verse également dans les fossés de l'invention, soit que l'on appuie trop à gauche en imaginant des faits incroyables, soit que l'on appuie trop à droite en créant des cervelles phénoménales, où l'on entasse tout un cours de logique. Songez que Julien meurt à vingt-trois ans, et que son père intellectuel nous le donne comme un génie qui a l'air d'avoir découvert la pensée humaine. J'estime, pour mon compte, qu'entre le fossé des conteurs et le fossé des psychologues, il y a une voie très large, la vie elle-même, la réalité des êtres et des choses, ni trop basse ni trop haute, avec son train moyen et sa bonhomie puissante, d'un intérêt d'autant plus grand qu'elle nous donne l'homme plus au complet et avec plus d'exactitude.

IV

J'aime moins la *Chartreuse de Parme*, parce que sans doute les personnages s'y agitent dans un milieu qui m'est moins connu. Et, si l'on veut tout de suite ma pensée, j'avouerai que j'ai grand'peine à accepter l'Italie de Stendhal comme une Italie contemporaine ; selon moi, il a plutôt peint l'Italie du quinzième siècle, avec sa débauche de poisons, ses coups d'épée, ses espions et ses bandits masqués, ses aventures extraordinaires, où l'amour pousse gaillardement dans le sang. Je ne sais ce que pense M. Taine du romanesque de cette œuvre, mais pour moi rien n'est plus compliqué comme intrigue, rien ne détonne plus avec l'idée que je me fais de l'Europe en 1820. Je me trouve là en plein Walter Scott, la rhétorique en moins. Peut-être ai-je tort.

J'ai déjà dit, d'ailleurs, que la *Chartreuse de Parme* est certainement le seul roman français écrit sur un peuple étranger, qui ait l'odeur de ce peuple. D'ordinaire, nos romanciers, et les plus grands, se contentent d'un peinturlurage de couleur locale tout à fait grossier, tandis que Stendhal est allé au fond de la race. Il la trouve moins platement bourgeoise, plus voluptueuse, sacrifiant moins à l'argent et à l'amour-propre. Je le soupçonne bien de l'avoir vue au travers de ses goûts et de sa nature. Mais il n'en a pas moins marqué d'un trait définitif les grandes lignes de ces tempéraments vifs et libres, dont la grosse affaire est d'aimer et de jouir de la vie, en se moquant de l'opinion,

Ici encore nous retrouvons des esprits supérieurs, des génies. J'en compte jusqu'à quatre : la duchesse Sanseverina, Fabrice, Mosca et Ferrante Palla. Nous sommes toujours dans l'intelligence pure.

Cette duchesse Sanseverina, qui emplit le livre, est bien la fille de Stendhal. Il a mis en elle tous les charmes et toutes les complications de la passion. Elle touche à l'inceste, elle va jusqu'à l'empoisonnement, et elle n'en reste pas moins l'héroïne sympathique que Stendhal adore. On le sent ravi de ses crimes, je crois même qu'il la pousse à l'atroce, par haine de la banalité. Il est fier d'elle, il dirait volontiers, dans sa joie d'étonner le monde : « En voilà une comme vous n'en voyez pas souvent ! » Écoutez cette biographie. Gina del Dongo épouse le comte

Pietranera, un officier de Napoléon, qu'elle aime passionnément, ce qui ne l'empêche pas de le tromper avec un jeune homme nommé Limercati. Son mari meurt, elle a d'autres amants ; enfin Mosca, le ministre du prince de Parme, tombe amoureux d'elle, et elle devient sa maîtresse. Mais, en même temps, elle est prise d'un coup de passion pour son neveu Fabrice, dont elle pourrait être la mère, ayant seize ans de plus que lui ; et, dès lors, c'est cette passion qui va occuper sa vie, sans l'empêcher de continuer ses relations avec Mosca et de subir d'autres amours. Pour sauver Fabrice de la mort, elle se décide à faire empoisonner le prince de Parme par Ferrante Palla, un fou de génie qui l'adore. Ce n'est pas tout : lorsque le prince est mort, elle doit sauver Fabrice de nouveau, et cette fois elle va jusqu'à se vendre à l'héritier du trône. Enfin, elle vit tranquille avec Mosca, après avoir été torturée de jalousie par les amours de Fabrice et de Clélia. Stendhal a bien voulu lui épargner la chute avec Fabrice. J'oubliais de dire que Mosca, avant de l'épouser, la marie au vieux duc de Sanseverina-Taxis, un ambitieux très riche, qui a le bon goût de mourir et dont elle hérite ; marché qui, en France, suffirait à salir une femme. Telle est l'héroïne. Ajoutez qu'elle est belle, qu'elle a une intelligence extraordinaire, et que le romancier la met dans une continuelle gloire. Je ne suis pas blessé, je ne vois pas la duchesse dans notre époque, voilà tout. Elle a vécu en France, sous la Fronde. C'est une autre mademoiselle de la Môle, avec des différences de nature. Stendhal me semble toujours décrocher des portraits historiques. Il n'a connu ni la femme ni l'homme modernes.

Quant à Fabrice del Dongo, il a beaucoup de Julien Sorel. Au début, nous trouvons encore la passion de Napoléon, et cela nous donne cet épisode si remarquable de la bataille de Waterloo, qui ne tient en rien au roman. Puis, vient également la lutte de l'esprit ecclésiastique et de l'esprit militaire. Comme Julien, Fabrice, qui voudrait être soldat, se trouve forcé de prendre la soutane. Les situations et les idées sont identiques. Ensuite, il est vrai, Fabrice se jette dans la passion ; c'est une âme plus tendre, plus souple, plus méridionale. Un véritable héros, d'ailleurs, à la mode des romans d'aventures. Il court les chemins en distribuant des estocades. M. Taine, qui cite avec admiration la façon sèche dont Stendhal conte en deux lignes le duel de Julien, dans le *Rouge et le Noir*, n'a pas songé à la manière toute romantique dont le romancier a dramatisé les duels de Fabrice, dans la *Chartreuse de Parme*. Il y a d'abord son affaire avec Giletti le comédien, puis l'affaire avec le comte de M...., dans une cour d'auberge. Je passe les lettres anonymes dont l'emploi est très fréquent, les serviteurs déguisés, tout cet étrange milieu qui, pour moi, semble appartenir aux contes de fée ; et j'arrive au délicieux épisode de la tour Farnèse, aux amours de Fabrice prisonnier avec la belle Clélia, fille du gouverneur. La situation est à peu près la même que celle de Julien dans la prison de Besançon, car Fabrice est également sous le coup d'une mort prochaine; seulement, bien que le psychologue ne lâche pas la continuelle analyse des idées, il tourne ici au conteur, et les faits romanesques prennent la plus grande place. Ce sont toutes sortes de détails singuliers et peu vraisemblables : la façon dont Fabrice se voit avec Clélia, sa correspondance avec la duchesse grâce à un système de signaux lumineux, puis des lettres envoyées dans des balles de plomb, puis les cordes introduites, puis cette miraculeuse descente d'une hauteur prodigieuse, sans qu'une sentinelle bouge ; et, au milieu de tout cela, des histoires de poison à chaque page, comme au temps des Borgia. Rien n'est d'un intérêt plus vif; mais nous voilà loin de la simplicité et de la nudité du vrai. Plus tard, Fabrice, qui revient se constituer prisonnier par amour, manquera encore d'être empoisonné. Clélia se marie; lui, devient archevêque, et il la possède pendant plusieurs années, dans une chambre obscure, parce qu'elle a fait vœu de ne pas le voir et qu'elle entend observer la lettre de son serment ; cette casuistique est un trait de mœurs italiennes qui nous fait un peu sourire. Enfin, lorsque Clélia meurt, Fabrice meurt à son tour, et c'est la dernière page du roman.

Le comte Mosca est la figure qui enthousiasmait le plus Balzac. On sait que Stendhal passait pour avoir voulu faire le portrait du prince de Metternich. « Stendhal a tant exalté le sublime caractère du premier ministre de l'État de Parme, écrit Balzac, qu'il est douteux que le prince de Metternich soit aussi grand que Mosca, quoique le cœur de ce célèbre homme d'État offre, à qui sait bien sa vie, un ou deux exemples de passions d'une étendue au moins égale à celle de Mosca... Quant à ce qu'est Mosca dans tout l'ouvrage, quant à la conduite de l'homme que la Gina regarde comme le plus grand diplomate de l'Italie, il a fallu du génie pour créer les incidents, les événements et les trames innombrables et renaissantes, au milieu desquelles cet immense caractère se déploie. Quand on vient à songer que l'auteur a tout inventé, tout brouillé, tout débrouillé, comme les choses se brouillent et se débrouillent dans une cour, l'esprit le plus intrépide et à qui les conceptions sont familières, reste étourdi, stupide devant un pareil travail... Avoir osé mettre en scène un homme de génie de la force de M. de Choiseul, de Potemkin, de M. de Metternich, le créer, prouver la création par l'action même de la créature, le faire mouvoir dans un milieu qui lui soit propre et où ses facultés se déploient, ce n'est pas l'œuvre d'un homme, mais d'une fée, d'un enchanteur. »

J'ai tenu à citer toute cette page, parce qu'elle nous renseigne exactement sur l'idée que nos aînés avaient du génie. J'avoue, pour mon compte, que le génie de Mosca ne m'apparaît pas du tout. Il n'y a pas une page dans l'œuvre où je le trouve véritablement grand. Comme politique, il ne fait rien. Il se trouve simplement mêlé à des intrigues de cour, au milieu desquelles il louvoie, en homme prudent et habile qui veut conserver sa place et ne pas perdre sa maîtresse. Tout cela me semble d'un aimable homme, pas davantage ; même Mosca commet des fautes, par platitude de courtisan. Il est vrai que le génie de M. de Metternich, pas plus que celui de M. de Choiseul et de Potemkin, ne nous touchent aujourd'hui. Mosca est allé rejoindre ses modèles. Maintenant, si l'on veut se contenter de voir dans Mosca un type curieux et merveilleusement fouillé, sans l'écraser des mots d'homme sublime et d'immense caractère, il est certain que Stendhal a déployé le plus grand talent dans la mise en œuvre d'un pareil personnage. Balzac a raison de s'extasier en homme du métier sur la peinture de la cour de Parme, sur cet enchevêtrement d'intrigues qui analyse par les faits eux-mêmes le caractère de Mosca. C'est réellement un prodige d'invention, dans le bon sens du mot. On dirait les annales vraies d'une petite cour. Je ne me risque pas à résumer cette action si multiple, cette sorte de journal tenu heure par heure, où passent des portraits si nettement peints, le prince lui-même avec ses nécessités de cruauté et son fond de vanité sotte, et le terrible Rassi, et la comtesse Reversi, et toute la clique bourdonnante des courtisans. Mais, encore un coup, je proteste contre le sublime, je ne vois rien de sublime là dedans. C'est comme cette étrange appréciation de Balzac, résumant son opinion sur la *Chartreuse de Parme* : « Enfin, il a écrit le *Prince moderne*, le roman que Machiavel écrirait, s'il vivait banni de l'Italie au dix-neuvième siècle » ; je ne la comprends pas davantage, car du diable si l'Ernest IV de Stendhal me représente le prince moderne, avec ses soucis d'un autre âge et son idée fixe de ressembler à Louis XIV ! C'est une piquante caricature de la royauté faite par un homme d'infiniment d'esprit, et rien de plus.

Je m'arrêterai un instant encore à Ferrante Palla, cette figure bizarre dont l'impression reste si vive dans la mémoire du lecteur. Ce Ferrante Palla est un proscrit politique, un tribun condamné à mort, qui en est réduit à voler pour vivre. Voici quelques-unes des phrases qu'il adresse à la duchesse, et qui résument son histoire : « Depuis qu'en remplissant mes devoirs de citoyen, je me suis fait condamner à mort, je vis dans les bois, et je vous suivais, non pour vous demander l'aumône ou pour vous voler, mais comme un sauvage fasciné par une angélique beauté. Il y a si longtemps que je n'ai vu deux belles mains blanches... Je tiens note des gens que je vole, et si jamais j'ai quelque chose, je leur rendrai les sommes volées. J'estime qu'un tribun du peuple tel que moi exécute un travail qui, à raison de son danger, vaut bien cent francs par mois ; ainsi je me garde bien de prendre plus de douze cents francs par an. » Et c'est cet étrange voleur que la duchesse charge d'empoisonner le prince. La scène du pacte est longue. Quand il a accepté, et qu'il se retire, elle le rappelle : « Ferrante ! s'écria-t-elle ; homme sublime ! » Il revient, il repart, et elle le rappelle encore : « Il rentra d'un air inquiet ; la duchesse était debout au milieu du salon ; elle se jeta dans ses bras. Au bout d'un instant, Ferrante s'évanouit presque de bonheur ; la duchesse se dégagea de ses embrassements, et des yeux lui montra la porte. Voilà le seul homme qui m'ait comprise, dit-elle, c'est ainsi qu'eût agi Fabrice, s'il eût pu m'entendre. » Telle est une des scènes sur lesquelles Balzac insiste le plus, pour témoigner son enthousiasme débordant ; il est vrai qu'il revient toujours à la comparaison avec Walter Scott, ce qui aujourd'hui nous gâte un peu la louange. Je crois qu'il ne faut pas trop analyser la scène au point de vue de la valeur exacte des faits. L'homme sublime m'échappe encore dans Ferrante Palla, et ce voleur original qui a l'air d'accomplir une gageure, ce tribun qui se pend au cou des duchesses, appartient beaucoup plus à l'invention qu'à la réalité. Mais ce qui me surprend plus encore, c'est l'admiration qu'il soulève chez la duchesse. Elle est aimée, cela ne devrait pas l'étonner. Bien des républicains, pour un baiser d'elle, iraient tuer le prince, d'autant plus qu'ils sont tout disposés à le tuer, même pour rien. Il est vrai que Balzac voit là l'âme de l'Italie, et je m'incline, car il entre dès lors dans une question que je ne sens plus. Selon moi, Ferrante Palla est une des bonnes figures de Walter Scott. Stendhal n'est même plus ici le grand psychologue ; il devient un conteur, il frappe l'imagination. Aussi Ferrante Palla reste-t-il dans le souvenir comme un héros d'Alexandre Dumas ou de Victor Hugo. Je voulais simplement appuyer cette opinion émise par moi : la *Chartreuse de Parme* est pour le moins autant un roman d'aventures qu'une œuvre d'analyse.

Si je résumais mon jugement, je dirais que, dans ce livre, je vois surtout une application des théories de Stendhal sur l'amour. On sait qu'il avait un système aussi ingénieux que compliqué. Or, dans la *Chartreuse de Parme*, on retrouverait sans peine tous les genres d'amour qu'il a classifiés, depuis l'amour-vanité jusqu'à l'amour-passion. C'est comme une vaste expérience, et l'Italie a été particulièrement choisie, parce que cette expérience pouvait s'y faire avec plus de facilité. Sans doute, on retrouve aussi l'idéologue ; par exemple, il y a des conversations de la Sanseverina et du comte Mosca, où les deux interlocuteurs sont évidemment deux compères qui se renvoient l'un à l'autre les idées de Stendhal lui-même. En outre, les personnages procèdent toujours par longs monologues, c'est encore la même mécanique cérébrale en branle. Seulement, les faits tiennent ici plus de place.

Ce qu'il faut noter aussi, c'est que Stendhal, tout en affectant le dédain du monde extérieur, a été le premier romancier qui ait obéi à la loi des milieux géographiques et sociaux. Il fait cette remarque dans sa préface de la *Chartreuse de Parme*, remarque profondément juste : « Il me semble que toutes les fois qu'on s'avance de deux cents lieues du Midi au Nord, il y a lieu à un nouveau paysage comme à un nouveau roman. » Toute la loi des milieux est là. Comparez, par exemple, les amours de mademoiselle de La Môle à ceux de la duchesse Sanseverina : d'abord les tempéraments ne sont pas les mêmes, mais il est certain ensuite que les ravages différents produits par ces amours, tiennent aux différences des climats et des sociétés où ils se produisent. Il faut analyser les deux œuvres à ce point de vue. Stendhal appliquait en philosophe des théories que nous tâchons aujourd'hui d'appliquer en savants. Sa formule n'est point encore la nôtre, mais la nôtre découle de la sienne.

Il ne faudrait pas croire, d'ailleurs, que Balzac épargnât les critiques à la *Chartreuse de Parme*. Je résume ces critiques. Le livre manque de méthode ; l'auteur aurait dû commencer par sa magnifique esquisse de la bataille de Waterloo ; tout le début du livre, beaucoup trop long, gagnerait à être résumé en un court récit ; faute d'unité, on ne sait trop où est le sujet, s'il porte sur Fabrice ou sur la cour de Parme ; enfin, le dénouement est un autre livre qui commence. Balzac écrit encore cette phrase : « Le côté faible de cette œuvre est le style. » Ces critiques sont justes. Je les résumerai ainsi : la logique manque, et dans la composition de l'œuvre, et dans le style dont elle est écrite. C'est ce qu'il me reste à étudier, avant de conclure.

V

Voyons donc la composition et le style, dans les romans de Stendhal.

Pour nous tous, enfants plus ou moins révoltés du romantisme, cette composition lâchée et ce style incorrect de Stendhal sont de grands tourments. Me permettra-t-on de faire une confession personnelle? En expliquant mon cas, je suis au moins certain de porter la question sur un terrain que je connais. Jamais je n'ai pu lire Stendhal sans être pris de doute sur la forme. La vérité est-elle du côté de cet esprit supérieur qui a le dédain absolu de la rhétorique? ou bien est-elle du côté des artistes qui ont fait à notre époque un instrument si sonore et si riche de la langue française? Et si l'on me répond que la vérité est entre les deux, à quel juste milieu devrai-je donc m'arrêter? Problème troublant pour les jeunes écrivains qui tâchent de se rendre un compte exact de leur époque littéraire, et qui ont la belle ambition de laisser des œuvres durables.

Je sais bien ce qu'on dit dans un camp et dans l'autre. M. Taine, qui est avec Stendhal, passe sous silence la question du style et de la composition. Même il semble faire un éloge au romancier de ne pas s'arrêter à ces vains détails de rhétorique. Pour lui, si Stendhal est supérieur, c'est justement parce qu'il n'est pas un rhétoricien. Dans le camp opposé, de grands écrivains, qu'il est inutile de nommer ici, nient radicalement Stendhal, parce qu'il n'a pas la symétrie latine et qu'il se flatte d'employer le style barbare et incolore du Code; et ils ajoutent, avec quelque raison, qu'il n'y a point d'exemple qu'un livre écrit sans rhétorique se soit transmis d'âge en âge à l'admiration des hommes. Tout cela est excellent. Evidemment, c'est d'un esprit supérieur, que de s'affranchir des mots et de voir simplement dans la langue un interprète docile ; mais, d'autre part, l'art, ou mieux encore la science de la langue existe, la rhétorique nous a légué des chefs-d'œuvre, et il semble impossible de se passer d'elle.

Voilà donc les deux opinions contraires, entre lesquelles nous sommes tiraillés. Que de fois j'ai détesté mes phrases, pris du dégoût de ce métier d'écrivain, que tout le monde possède aujourd'hui ! J'entendais sonner le creux sous les mots, et j'avais honte des queues d'épithètes inutiles, des panaches plantés au bout des tirades, des procédés qui revenaient sans cesse pour introduire dans l'écriture les sons de la musique, les formes et les couleurs des arts plastiques ! Sans doute, il y a là des curiosités littéraires séduisantes, un raffinement d'art qui me charme encore ; mais, il faut bien le dire à la fin, cela n'est ni puissant, ni sain, ni vrai, poussé à l'éréthisme nerveux où nous en sommes venus. Oui, il nous faut de la simplicité dans la langue, si nous voulons en faire l'arme scientifique du siècle. Et pourtant, chaque fois que je me remettais à lire Stendhal, occupé de ces idées, j'étais rebuté presque tout de suite. Je l'acceptais de tête, par théorie, lorsque je ne le lisais pas. Dès que je l'étudiais, je me sentais pris d'un malaise ; en un mot, il ne me satisfaisait point. Je voulais bien une composition simple, une langue nette, quelque chose comme une maison de verre laissant voir les idées à l'intérieur ; je rêvais même le dédain de la rhétorique, les documents humains donnés dans leur nudité sévère. Mais, décidément, Stendhal n'était pas mon homme. Quelque chose me blessait en lui. Je l'admirais dans son principe, et je me refusais, dès qu'il passait à l'application.

Eh bien! j'ai compris d'où venait mon malaise. Stendhal, ce logicien des idées, n'est pas un logicien de la composition ni du style. C'est là le trou chez lui, le défaut qui le rapetisse. N'est-ce pas surprenant? Voilà un psychologue de premier ordre, qui débrouille avec une lucidité extraordinaire l'écheveau des idées, dans le crâne d'un personnage; il montre l'enchaînement des mouvements de l'âme, il en établit l'ordre exact, il a pour expliquer chaque état une méthode d'analyse systématique. Et, dès qu'il passe à la composition, dès qu'il doit écrire, toute cette admirable logique s'en va. Il donne ses notes au petit bonheur, il jette ses phrases au caprice de la plume. Plus de méthode, plus de système, plus d'ordre d'aucune sorte; c'est un pêle-mêle, et un pêle-mêle affecté, dont il paraît tirer vanité. Pourtant, il y a une logique pour la composition et le style, qui n'est, en somme, que la logique même des faits et des idées. La logique de tel fait entraîne la logique de l'ordre dans lequel on doit le présenter; la logique de telle idée, chez un personnage, détermine la logique des mots qui doivent l'exprimer. Remarquez qu'il n'est pas du tout question de rhétorique, de style imagé et brillant. Je dis seulement que, dans cet esprit supérieur de Stendhal, il y avait une lacune, ou pis encore, une contradiction. Il reniait sa méthode, dès qu'il passait des idées à la langue.

Je ne puis m'étendre, et ce sont surtout ici des

notes jetées. D'ailleurs, il est inutile de prouver le manque de composition logique, dans les romans de Stendhal; ce manque de composition saute aux yeux, surtout dans la *Chartreuse de Parme*. Balzac, si enthousiaste, a très bien senti que le roman n'avait pas de centre; le sujet va au gré des épisodes, et le livre, qui a commencé par une entrée en matière interminable, s'achève brusquement, juste à l'heure où l'auteur vient d'entamer une nouvelle histoire. Quant au style, il court de même tous les casse-cou. Le jugement de Balzac est encore très juste. « Le côté faible de cette œuvre est le style, dit-il, en tant qu'arrangement de mots, car la pensée éminemment française soutient la phrase. » Cet arrangement des mots n'est précisément que la logique du style; et, je le répète, je m'étonne de ne pas la trouver chez Stendhal, qui est un maître pour l'arrangement des idées. Je ne lui reproche pas ses négligences, des *qui*, des *que* à la pelle, des répétitions de termes qui reviennent jusqu'à dix fois dans une page, même des fautes grammaticales usuelles; ce que je lui reproche, c'est la structure illogique de ses phrases et de ses alinéas, c'est ce mépris de toute méthode dans l'art d'écrire, c'est en un mot une forme qui n'est pas pour moi la forme de ses idées. Il est logicien, qu'il écrive en logicien; s'il n'écrit pas en logicien, il m'apporte son système d'idéologue en style lâché, il me cause un malaise, parce qu'il n'est pas complet et que quelque chose grince dans son œuvre.

On parle de Saint-Simon. Mais Saint-Simon est un maître de la langue, dans son incorrection superbe. Son style est un torrent qui roule de l'or, à côté du ruisseau de Stendhal, souvent très clair, mais qui se

brise et se trouble à chaque accident du terrain.
D'ailleurs, je ne veux pas le juger en poète. Il se
pique de n'être pas imagé, de n'avoir pas d'épithètes
qui peignent, de ne sacrifier ni à l'éloquence ni à la
fantaisie. Prenons-le donc pour ce qu'il veut être. Or,
ce qui n'est pas correct n'est pas clair, ce qui manque
de logique ne tient plus debout. Faisons bon marché
de la rhétorique, mais dans ce cas gardons la logique.

Voilà donc, pour moi, quel serait le rêve : avoir
cette belle simplicité que M. Taine célèbre, couper
tous nos plumets romantiques, écrire dans une langue sobre, solide, juste ; seulement, écrire cette langue en logiciens et en savants de la forme, du moment où nous prétendons être des savants et des
logiciens de l'idée. Je ne vois aucune supériorité à
patauger dans les mots, lorsqu'on a l'ambition de ne
pas patauger dans les idées. Si Stendhal a écrit incorrectement et sans méthode, pour montrer combien
il était supérieur, combien un psychologue de sa
force se moquait de la langue, il n'est arrivé qu'à ce
beau résultat d'être inconséquent et de se diminuer.
Mais je crois qu'on aurait tort de voir là le mépris
d'un métaphysicien pour la matière ; il obéissait à
ses facultés, rien de plus. Ce que je veux dire, en
somme, à notre jeunesse que les questions littéraires passionnent, c'est que la haine légitime de la
rhétorique romantique ne doit jeter personne dans
ce style illogique de Stendhal. La vérité n'est pas
dans cette réaction. En admettant qu'on puisse se
faire un style, il faut chercher à se le faire par la
méthode scientifique qui triomphe aujourd'hui. De
même qu'un personnage est devenu pour nous un
organisme complexe qui fonctionne sous l'influence

d'un certain milieu, de même la langue a une structure déterminée par des circonstances humaines et sociales. On a dit avec raison qu'une langue était une philosophie; on peut dire aussi qu'une langue est une science. Ce n'est se montrer ni bon philosophe ni bon savant que de mal écrire. Traitons la forme comme nous traitons nos personnages, par l'analyse logique. Un livre de composition boiteuse et de style incorrect est comme un être estropié. Je rêve un chef-d'œuvre, un roman où l'homme se trouverait tout entier, dans une forme solide et claire, qui en serait le vêtement exact.

Avant de finir, je veux faire une remarque qui me tourmente. D'où vient que les personnages de Stendhal ne s'imposent pas davantage à la mémoire? On dit qu'il a écrit pour les gens supérieurs et que de là vient le peu de popularité des types qu'il a laissés. C'est une raison, mais elle ne suffit pas, car Stendhal est aujourd'hui assez lu pour que le public le connaisse. Or, il est certain que ni Julien Sorel, ni Mosca, ni la Sanseverina, ne sont dans notre intimité, comme par exemple le père Goriot et le père Grandet. Cela vient évidemment, comme je l'ai montré, de ce que les personnages de Stendhal sont beaucoup plus des spéculations intellectuelles que des créations vivantes. Julien Sorel ne laisse aucune idée nette; il est compliqué comme une machine dont on finit par ne plus voir clairement la fonction; sans compter qu'il a l'air le plus souvent de se moquer du monde. Ajoutez qu'il n'apporte pas son atmosphère, qu'il se découpe à angle aigu, ainsi qu'un raisonnement. Le père Goriot, au contraire, se meut dans son air propre, nous le voyons vêtu, marchant, parlant; l'analyse, au lieu de le compliquer, le simplifie ; et il est sincère, et il vit pour son compte. Voilà pourquoi il s'impose, pourquoi nous ne l'oublierons plus, après l'avoir rencontré une fois. N'est-il pas singulier que Balzac, si tumultueux et si excessif, soit en somme le génie qui simplifie et qui souffle la vie à ses personnages, tandis que Stendhal, si sec, si clair, n'arrive qu'à compliquer ses personnages, au point d'en faire de purs phénomènes cérébraux, qui semblent en dehors de l'existence ? Cela m'amène à conclure. Stendhal n'a pris que la tête de l'homme, pour y faire des expériences de psychologue. Balzac a pris l'homme tout entier, avec ses organes, avec les milieux naturels et sociaux, et il a complété les expériences du psychologue par celles du physiologiste.

Je termine. Il s'est formé, à la suite de Stendhal et de Balzac, tout un groupe d'étranges admirateurs, qui vont chercher dans les œuvres de ces maîtres les parties fantasmagoriques, les exagérations de système, les enflures du tempérament. Ainsi, de Balzac, ils prendront l'*Histoire des Treize* et la *Femme de trente ans;* ils rêveront du grand monde singulier que le romancier avait créé de toutes pièces, ils voudront être Rastignac ou Rubempré, pour bouleverser la société et goûter des jouissances inconnues. C'est le coup de folie romantique qui a fêlé le talent de M. Barbey d'Aurevilly. Quant à Stendhal, il sera pour eux un alchimiste extraordinaire de la pensée humaine, qui tire des cervelles la quintessence du génie. Julien et Mosca leur apparaîtront comme des puits de profondeur où ils se noieront, et ils aimeront la Sanseverina, pour la séduction de sa naïve perversité. Avec ces dangereux disciples, tout passant devient un homme immense, le sublime court les rues. Ils ne peuvent causer dix minutes avec n'importe qui, sans faire du Balzac et surtout du Stendhal, cherchant sous les mots, manipulant les cervelles, découvrant des abîmes. Ce n'est point ici de la fantaisie; je connais des garçons fort intelligents qui comprennent de la sorte les maîtres du naturalisme moderne. Eh bien! je déclare tout net qu'ils sont dans le cauchemar. Peu m'importe que Balzac ait été le rêveur le plus prodigieux de son temps et que Stendhal ait vécu dans le mirage de la supériorité. Leurs œuvres seules sont en cause, et elles n'ont de bon aujourd'hui que la somme de vérité qu'elles apportent. Le reste peut être d'une étude curieuse, notre admiration ne doit pas y aller, surtout si cette admiration se traduit ensuite en règles d'école. Ce n'est ni comprendre ni aimer Stendhal, que de voir le monde au travers de mademoiselle de la Môle et de prendre Mosca pour un génie extraordinaire. Stendhal est grand toutes les fois que son admirable logique le conduit à un document humain incontestable; mais il n'est plus qu'un précieux de la logique, lorsqu'il torture son personnage pour le singulariser et le rendre supérieur. J'avoue franchement qu'alors je ne puis le suivre; ses allures de mystère diplomatique, son ironie pincée, ces portes qu'il ferme et derrière lesquelles il n'y a souvent qu'un néant laborieux, me donnent sur les nerfs. Il est notre père à tous comme Balzac, il a apporté l'analyse, il a été unique et exquis, mais il a manqué de la bonhomie des romanciers puissants. La vie est plus simple.

GUSTAVE FLAUBERT

L'ÉCRIVAIN

I

Quand *Madame Bovary* parut, il y eut toute une évolution littéraire. Il sembla que la formule du roman moderne, éparse dans l'œuvre colossale de Balzac, venait d'être réduite et clairement énoncée dans les quatre cents pages d'un livre. Le code de l'art nouveau se trouvait écrit. *Madame Bovary* avait une netteté et une perfection qui en faisaient le roman type, le modèle définitif du genre. Il n'y avait plus, pour chaque romancier, qu'à suivre la voie tracée, en affirmant son tempérament particulier et en tâchant de faire des découvertes personnelles. Certes, les conteurs de second ordre continuèrent à battre monnaie avec leurs histoires à dormir debout; les écrivains qui se sont taillé une spécialité en amusant les dames, n'abandonnèrent pas leurs récits à l'eau de rose. Mais tous les débutants de quelque avenir reçurent une profonde secousse ; et il n'en est pas un aujourd'hui, parmi ceux qui ont grandi, qui ne doive reconnaître tout au moins un initiateur en Gustave Flaubert. Il a, je le répète, porté la hache et la lumière dans la forêt parfois inextricable de Balzac. Il a dit le mot vrai et juste que tout le monde attendait.

Je ne veux faire ici aucune comparaison entre Balzac et Gustave Flaubert. Nous sommes trop près encore, nous n'avons pas le recul nécessaire ; puis, les mérites sont trop différents pour qu'un jugement pareil puisse être rendu sans des considérants très compliqués. Mais, tout en évitant de me prononcer autrement, je me trouve forcé de rappeler quels sont les grands traits caractéristiques des œuvres de Balzac, afin de mieux expliquer la nouvelle méthode des romanciers naturalistes.

Le premier caractère du roman naturaliste, dont *Madame Bovary* est le type, est la reproduction exacte de la vie, l'absence de tout élément romanesque. La composition de l'œuvre ne consiste plus que dans le choix des scènes et dans un certain ordre harmonique des développements. Les scènes sont elles-mêmes les premières venues : seulement, l'auteur les a soigneusement triées et équilibrées, de façon à faire de son ouvrage un monument d'art et de science. C'est de la vie exacte donnée dans un cadre admirable de facture. Toute invention extraordinaire en est donc bannie. On n'y rencontre plus des enfants marqués à leur naissance, puis perdus, pour être retrouvés au dénouement. Il n'y est plus question de meubles à secret, de papiers qui servent, au bon moment, à sauver l'innocence persécutée. Même toute intrigue manque, si simple qu'elle soit. Le roman va devant lui, contant les choses au jour le jour, ne ménageant aucune surprise, offrant tout au plus la matière d'un fait divers ; et, quand il est fini, c'est comme si l'on quittait la rue pour rentrer chez soi. Balzac, dans ses chefs-d'œuvre : *Eugénie Grandet*, les *Parents pauvres*, le *Père Goriot*, a donné ainsi des pages d'une nudité magistrale, où son imagination s'est contentée de créer du vrai. Mais, avant d'en arriver à cet unique souci des peintures exactes, il s'était longtemps perdu dans les inventions les plus singulières, dans la recherche d'une terreur et d'une grandeur fausses ; et l'on peut même dire que jamais il ne se débarrassa tout à fait de son amour des aventures extraordinaires, ce qui donne à une bonne moitié de ses œuvres l'air d'un rêve énorme fait tout haut par un homme éveillé.

Où la différence est plus nette à saisir, c'est dans le second caractère du roman naturaliste. Fatalement, le romancier tue les héros, s'il n'accepte que le train ordinaire de l'existence commune. Par héros, j'entends les personnages grandis outre mesure, les pantins changés en colosses. Quand on se soucie peu de la logique, du rapport des choses entre elles, des proportions précises de toutes les parties d'une œuvre, on se trouve bientôt emporté à vouloir faire preuve de force, à donner tout son sang et tous ses muscles au personnage pour lequel on éprouve des tendresses particulières. De là, ces grandes créations, ces types hors nature, debout, et dont les noms restent. Au contraire, les bonshommes se rapetissent et se mettent à leur rang, lorsqu'on éprouve la seule préoccupation d'écrire une œuvre vraie, pondérée, qui soit le procès-verbal fidèle d'une aventure quelconque. Si l'on a l'oreille juste en cette matière, la première page donne le ton des autres pages, une tonalité harmonique s'établit, au-dessus de laquelle il n'est plus permis de s'élever, sans jeter la plus abominable des fausses notes. On a voulu la médiocrité courante de la vie, et il faut y rester. La beauté de l'œuvre n'est plus dans le grandissement d'un personnage, qui cesse d'être un avare, un gourmand, un paillard, pour devenir l'avarice, la gourmandise, la paillardise elles-mêmes ; elle est dans la vérité indiscutable du document humain, dans la réalité absolue des peintures où tous les détails occupent leur place, et rien que cette place. Ce qui tiraille presque toujours les romans de Balzac, c'est le grossissement de ses héros ; il ne croit jamais les faire assez gigantesques ; ses poings puissants de créateur ne savent forger que des géants. Dans la formule naturaliste, cette exubérance de l'artiste, ce caprice de composition promenant un personnage d'une grandeur hors nature au milieu de personnages nains, se trouve forcément condamné. Un égal niveau abaisse toutes les têtes, car les occasions sont rares, où l'on ait vraiment à mettre en scène un homme supérieur.

J'insisterai enfin sur un troisième caractère. Le romancier naturaliste affecte de disparaître complètement derrière l'action qu'il raconte. Il est le metteur en scène caché du drame. Jamais il ne se montre au bout d'une phrase. On ne l'entend ni rire ni pleurer avec ses personnages, pas plus qu'il ne se permet de juger leurs actes. C'est même cet apparent désintéressement qui est le trait le plus distinctif. On chercherait en vain une conclusion, une moralité, une leçon quelconque tirée des faits. Il n'y a d'étalés, de mis en lumière, uniquement que les faits, louables ou condamnables. L'auteur n'est pas un moraliste, mais un anatomiste qui se contente de dire ce qu'il trouve dans le cadavre humain. Les lecteurs concluront, s'ils le veulent, chercheront la vraie moralité, tâcheront de tirer une leçon du livre. Quant au romancier, il se tient à l'écart, surtout par un motif d'art, pour laisser à son œuvre son unité impersonnelle, son caractère de procès-verbal écrit à jamais sur le marbre. Il pense que sa propre émotion gênerait celle de ses personnages, que son jugement atténuerait la hautaine leçon des faits. C'est là toute une poétique nouvelle dont l'application change la face du roman. Il faut se reporter aux romans de Balzac, à sa continuelle intervention dans le récit, à ses réflexions d'auteur qui arrivent à toutes les lignes, aux moralités de toutes sortes qu'il croit devoir tirer de ses œuvres. Il est sans cesse là, à s'expliquer devant les lecteurs. Et je ne parle pas des digressions. Certains de ses romans sont une véritable causerie avec le public, quand on les compare aux romans naturalistes de ces vingt dernières années, d'une composition si sévère et si pondérée.

Balzac est encore pour nous, je le répète, une puissance avec laquelle on ne discute pas. Il s'impose, comme Shakspeare, par un souffle créateur qui a enfanté tout un monde. Ses œuvres, taillées à coups de cognée, à peine dégrossies le plus souvent, offrant le plus étonnant mélange du sublime et du pire, restent quand même l'effort prodigieux du plus vaste cerveau de ce siècle. Mais, sans le diminuer, je puis dire ce que Gustave Flaubert a fait du roman après lui : il l'a assujetti à des règles fixes d'observation, l'a débarrassé de l'enflure fausse des personnages, l'a changé en une œuvre d'art harmonique, impersonnelle, vivant de sa beauté propre, ainsi qu'un beau marbre. Telle est l'évolution accomplie par l'auteur de *Madame Bovary*. Après l'épanouissement littéraire, la féconde production de 1830, il a trouvé moyen d'inventer un genre et de jeter les préceptes d'une école. Son rôle a été surtout de parler au nom de la perfection, du style parfait, de la composition parfaite, de l'œuvre parfaite, défiant les âges. Il semble être venu, après ces années de fécondité fiévreuse, après l'effroyable avalanche de livres écrits au jour le jour, pour rappeler les écrivains au purisme de la forme, à la recherche lente du trait définitif, au livre unique où tient toute une vie d'homme.

II

Gustave Flaubert est né à Rouen. C'est un Normand à larges épaules. Il y a chez lui de l'enfant et du géant. Il vit dans une solitude presque complète, passant quelques mois de l'hiver à Paris, travaillant le reste du temps dans une propriété qu'il possède près de Rouen, au bord de la Seine. Je me reproche même les quelques détails intimes que je donne ici. Gustave Flaubert est tout entier dans ses livres ; il est inutile de le chercher ailleurs. Il n'a pas de passion, ni collectionneur, ni chasseur, ni pêcheur. Il fait ses livres, et rien de plus. Il est entré dans la littérature, comme autrefois on entrait dans un ordre, pour y goûter toutes ses joies et y mourir. C'est ainsi qu'il s'est cloîtré, mettant dix années à écrire un volume, le vivant pendant toutes les heures du jour, ramenant tout à ce livre, respirant, mangeant et buvant par ce livre. Je ne connais pas un homme qui mérite mieux le titre d'écrivain ; celui-là a donné son existence entière à son art.

Il faut donc, je l'ai dit, le chercher uniquement dans ses œuvres. L'homme, qui vit en bourgeois, ne fournirait aucune note, aucune explication intéressante. Les grands travailleurs ont fait de nos jours leur existence la plus plate et la plus simple possible, afin de régler leurs journées et de les consacrer au travail du matin au soir, tout comme des commerçants méthodiques. Le travail à heures réglées est la première condition des besognes de longue haleine, menées fortement jusqu'au bout.

Gustave Flaubert a le travail d'un bénédictin. Il ne procède que sur des notes précises, dont il a pu vérifier lui-même l'exactitude. S'il s'agit d'une recherche dans des ouvrages spéciaux, il se condamnera à fréquenter pendant des semaines les bibliothèques, jusqu'à ce qu'il ait trouvé le renseignement désiré. Pour écrire, par exemple, dix pages, l'épisode d'un roman où il mettra en scène des personnages s'occupant d'agriculture, il ne reculera pas devant l'ennui de lire vingt, trente volumes traitant de la matière ; et il ira en outre interroger des hommes compétents, il poussera les choses jusqu'à visiter des champs en culture, pour n'aborder son épisode qu'en entière connaissance de cause. S'il s'agit d'une description, il se rendra sur les lieux, il y vivra. Ainsi, pour le premier chapitre de l'*Education sentimentale*, qui a, comme cadre, le voyage d'un bateau à vapeur remontant la Seine de Paris à Montereau, il a suivi le fleuve en cabriolet tout du long, le trajet ne se faisant plus en bateau à vapeur depuis longtemps. Même, lorsqu'il choisit, pour placer une scène, un horizon imaginaire, il se met en quête de cet horizon tel qu'il l'a souhaité, et n'est satisfait que lorsqu'il a découvert un coin de pays lui donnant à peu près l'impression rêvée. Et, à chaque détail, c'est ainsi un souci continu du réel. Il consulte les gravures, les journaux du temps, les livres, les hommes, les choses. Chaque page, pour les costumes, les événements historiques, les questions techniques, le décor, lui coûte des journées d'études. Un livre lui fait remuer un monde. Dans *Madame Bovary*, il a mis les observations de sa jeunesse, le coin de Normandie et les hommes qu'il a vus pendant ses trente premières années. Quand il a écrit l'*Education sentimentale*, il a fouillé vingt ans de notre histoire politique et morale, il a résumé les matériaux énormes fournis par toute une génération d'hommes. Enfin, pour *Salammbô* et la *Tentation de saint Antoine*, la besogne a été encore plus considérable : il a voyagé en Afrique et en Orient, il s'est condamné à étudier minutieusement l'antiquité, à secouer la poussière de plusieurs siècles.

Cette conscience est un des traits caractéristiques du talent de Gustave Flaubert. Il semble ne vouloir rien devoir à son imagination. Il ne travaille que sur l'objet qui pose devant lui. Quand il écrit, il ne sacrifie pas un mot à la hâte du moment ; il veut de toutes parts se sentir appuyé, poser les pieds sur un terrain qu'il connaît à fond, s'avancer en maître au milieu d'un pays conquis. Et cette probité littéraire vient de ce désir ardent de perfection, qui est en somme toute sa personnalité. Il refuse une seule erreur, si légère qu'elle soit. Il a besoin de se dire que son œuvre est juste, complète, définitive. Une tache le rendrait très malheureux, le poursuivrait d'un remords, comme s'il avait commis une mauvaise action. Il n'est parfaitement tranquille que lorsqu'il est convaincu de la vérité exacte de tous les détails contenus dans son ouvrage. C'est là une certitude, une perfection, dans laquelle il se repose. En toutes choses, il entend dire le dernier mot.

On comprend les lenteurs fatales d'un pareil procédé. Cela explique comment, en étant un gros travailleur, Gustave Flaubert n'a produit que quatre œuvres, qui ont paru à de longs intervalles : *Madame Bovary*, en 1856 ; *Salammbô*, en 1863 ; l'*Éducation sentimentale*, en 1869 ; la *Tentation de saint Antoine*, en 1874. Il a travaillé à ce dernier ouvrage pendant vingt ans, l'abandonnant, le reprenant, n'arrivant pas à se satisfaire, poussant la conscience jusqu'à refaire quatre et cinq fois des passages entiers.

Quant à son travail de style, il est également laborieux. J'hésite toujours à me pencher sur l'épaule d'un écrivain pour surprendre son enfantement. Pourtant, il y a des révélations instructives, qui sont du domaine de l'histoire littéraire. Gustave Flaubert, avant d'écrire le premier mot d'un livre, a, en notes classées et étiquetées, la valeur de cinq ou six volumes. Souvent toute une page de renseignements ne lui donne qu'une ligne. Il travaille sur un plan mûrement étudié et arrêté dans toutes ses parties, d'une façon très détaillée. Quant au reste, à la méthode même de rédaction, je crois qu'il rédige d'un trait, et relativement assez vite, un certain nombre de pages, un morceau complet; puis, il revient sur les mots laissés en blanc, sur les phrases peu heureuses; et c'est alors qu'il s'attarde aux négligences les plus légères, s'entêtant sur certains tours, s'appliquant à chercher l'expression qui fuit. Le premier jet n'est ainsi qu'une sorte de brouillon, sur lequel il travaille ensuite pendant des semaines. Il veut que la page sorte de ses mains, ainsi qu'une page de marbre, gravée à jamais, d'une pureté absolue, se tenant debout d'elle-même devant les siècles. C'est là le rêve, le tourment, le besoin qui lui fait discuter longuement chaque virgule, qui, durant des mois, l'occupe d'un terme impropre, jusqu'à ce qu'il ait la joie victorieuse de le remplacer par le mot juste.

J'arrive au style de Gustave Flaubert. Il est un des plus châtiés que je connaisse; non que l'auteur ait le moins du monde l'allure classique, figée dans une correction grammaticalement étroite; mais il soigne, je l'ai dit, jusqu'aux virgules, il met des journées, s'il le faut, sur une page pour l'obtenir telle qu'il l'a rêvée. Il poursuit les mots répétés jusqu'à trente et quarante lignes de distance. Il se donne un mal infini pour éviter les consonnances fâcheuses, les redoublements de syllabe offrant quelque dureté. Surtout, il proscrit les rimes, les retours de fin de phrase apportant le même son; rien ne lui semble gâter autant un morceau de style. Je lui ai souvent entendu dire qu'une page de belle prose était deux fois plus difficile à écrire qu'une page de beaux vers. La prose a, par elle-même, une mollesse de contours, une fluidité qui la rend très pénible à couler dans un moule solide. Lui, la voudrait dure comme du bronze, éclatante comme de l'or. Avec Gustave Flaubert, nous revenons toujours à une idée d'immortalité, à l'ambition puissante de faire éternel. Et, seul, il peut s'aventurer dans cette lutte corps à corps avec une langue souple qui menace toujours de couler entre ses doigts. Je connais des jeunes gens qui, poussant cette recherche de la prose marmoréenne jusqu'à la monomanie, en sont arrivés à avoir peur de la langue. Les mots les effraient, ils ne savent plus lesquels employer, et ils reculent devant toutes les expressions ; ils se font des poétiques étranges qui excluent ceci et cela ; ils sont d'une sévérité outrée sur certaines tournures, sans s'apercevoir qu'ils tombent, d'autre part, dans les négligences les plus regrettables. Cette tension continue de l'esprit, cette surveillance sévère sur tous les écarts de la plume, finissent, chez les esprits étroits, par stériliser la production et arrêter l'essor de la personnalité. Gustave Flaubert, qui, en cela, est un modèle bien dangereux à suivre, y a gagné sa haute attitude d'écrivain impeccable. Son rêve a dû être certainement de n'écrire qu'un livre dans sa vie : il l'aurait sans cesse refait, sans cesse amélioré ; il ne se serait décidé à le livrer au public qu'à son heure dernière, lorsque, la plume tombant de ses doigts, il n'aurait plus eu la force de le refaire. Il le répète parfois, un homme n'a qu'un livre en lui.

La qualité maîtresse de Gustave Flaubert, avec un pareil travail, est naturellement la sobriété. Tous ses efforts tendent à faire court et à faire complet. Dans un paysage, il se contentera d'indiquer la ligne et la couleur principales ; mais il voudra que cette ligne dessine, que cette couleur peigne le paysage en entier. De même pour ses personnages, il les plante debout d'un mot, d'un geste. Plus il est allé, et plus il a tendu à algébriser en quelque sorte ses formules littéraires. Il tâche d'escamoter les actions secondaires, va d'un bout à l'autre d'un livre sans revenir sur lui-même. En outre, comme il se désintéresse, n'intervient jamais personnellement, se défend de laisser percer son émotion, il veille à ce que son style marche toujours d'un pas rhythmique, sans une secousse, aussi clair partout qu'une glace, réfléchissant avec netteté sa pensée. Cette comparaison d'une glace est fort juste, car son ambition est à coup sûr de trouver une forme de cristal, montrant derrière elle les êtres et les choses, tels que son esprit les a conçus. Ajoutez que Gustave Flaubert n'a pas que ce souhait de clarté. Il veut le souffle. Il a ce vent puissant qui va du premier mot d'une œuvre au dernier, en faisant entendre, sous chaque ligne, le ronflement superbe des grands styles. La forme limpide, sèche et cassante du dix-huitième siècle n'est point du tout son affaire. Avec la clarté, il a le besoin impérieux de la couleur, et du mouvement, et de la vie. Nous touchons ici à la personnalité du romancier, au secret même de son talent et de la formule nouvelle qu'il a apportée.

Gustave Flaubert est né en pleine période romantique. Il avait quinze ans au moment des grands succès de Victor Hugo. Toute sa jeunesse a été enthousiasmée par l'éclat de la pléiade de 1830. Et il a gardé au front comme une flamme lyrique de l'âge de poésie qu'il a traversé. Même il doit avoir dans ses tiroirs, s'il les a conservés, des vers nombreux où il est sans doute difficile de reconnaître le prosateur exact et minutieux de l'*Éducation sentimentale*. Plus tard, à cette heure où l'on regarde en soi et autour de soi, il a compris quelle était son originalité, il est devenu un grand romancier, un peintre implacable de la bêtise et de la vilenie humaines. Mais la dualité est restée en lui. Le lyrique n'est pas mort; il est demeuré au contraire tout-puissant, vivant côte à côte avec le romancier, réclamant parfois ses droits, assez sage cependant pour savoir parler à ses heures. C'est de cette double nature, de ce besoin d'ardente poésie et de froide observation, qu'a jailli le talent original de Gustave Flaubert. Je le caractériserai en le définissant : un poète qui a le sang-froid de voir juste.

Il faudrait descendre plus avant encore dans le mécanisme de ce tempérament. Gustave Flaubert n'a qu'une haine, la haine de la sottise; mais c'est une haine solide. Il écrit certainement ses romans pour la satisfaire. Les imbéciles sont pour lui des ennemis personnels qu'il cherche à confondre. Chacun de ses livres conclut à l'avortement humain. C'est tout au plus si, parfois, il se montre doux pour une femme; il aime la femme, il la met à part avec une sorte de tendresse paternelle. Quand il braque sa loupe sur un personnage, il ne néglige pas une verrue, il fouille les plus petites plaies, s'arrête aux infirmités entrevues. Pendant des années, il se condamne à voir ainsi le laid de tout près, à vivre avec lui, pour le seul plaisir de le peindre et de le bafouer, de l'étaler en moquerie aux yeux de tous. Et, malgré sa vengeance satisfaite, malgré la joie qu'il goûte à clouer le laid et le bête dans ses œuvres, c'est parfois là une abominable corvée, bien lourde à ses épaules; car le lyrique qui est en lui, l'autre lui-même, pleure de dégoût et de tristesse, d'être ainsi traîné, les ailes coupées, dans la boue de la vie, au milieu d'une foule de bourgeois stupides et ahuris. Quand l'auteur écrit *Madame Bovary* ou l'*Éducation sentimentale*, le lyrique se désole de la petitesse des personnages, de la difficulté qu'il y a à faire grand avec ces bonshommes ridicules ; et il se contente de glisser çà et là un mot de flamme, une phrase qui s'envole largement. Puis, d'autres fois, à certaines heures fatales, le romancier naturaliste consent à passer au second plan. Alors, ce sont des échappées splendides vers les pays de la lumière et de la poésie. L'auteur écrit *Salammbô* ou *la Tentation de saint Antoine;* il est en pleine antiquité, en pleine archéologie d'art, loin du monde moderne, de nos vêtements étroits, de nos chemins de fer et de notre ciel gris, qu'il abomine. Ses mains remuent des étoffes de pourpre et des colliers d'or. Il n'a plus peur de faire trop grand, il ne surveille plus sa phrase, de crainte qu'elle ne mette dans la bouche d'un pharmacien de village les images colorées d'un poète oriental. Pourtant, à côté du lyrique, le romancier naturaliste reste debout, et c'est lui qui tient la bride, qui exige la vérité, même derrière l'éblouissement.

On comprend, dès lors, l'originalité du style de Gustave Flaubert, si sobre et si éclatant. Il est fait d'images justes et d'images superbes. C'est de la vérité habillée par un poète. Avec lui, on marche toujours sur un terrain solide, on se sent sur la terre ; mais on marche largement, sur un rhythme d'une beauté parfaite.

Quand il descend à la familiarité la plus vulgaire, par besoin d'exactitude, il garde je ne sais quelle noblesse qui met de la perfection dans les négligences voulues. Toujours, en le suivant au milieu de plates aventures, on sent un écrivain et un poète à côté de soi ; c'est, à la fin d'un alinéa, au milieu d'une page, une phrase, un seul mot quelquefois, qui jette une lueur, donne brusquement le frisson du grand. Et, d'ailleurs, rien n'est laid dans cette continuelle peinture de la laideur humaine. On peut aller jusqu'au ruisseau, le tableau aura toujours la beauté de la facture. Il suffit qu'un grand artiste ait voulu cela. J'ai dit que Gustave Flaubert avait porté la cognée dans la forêt souvent inextricable de Balzac, pour y tailler une large avenue où l'on pût voir clair. J'ajouterai qu'il a résumé dans sa formule les deux génies de 1830, l'analyse exacte de Balzac et l'éclat de style de Victor Hugo.

III

Je passe aux œuvres de Gustave Flaubert, et je les groupe naturellement deux par deux : *Madame Bovary* et l'*Éducation sentimentale*, *Salammbô* et la *Tentation de saint Antoine*, sans m'arrêter à l'ordre de publication.

Je l'ai dit, la publication de *Madame Bovary* fut un événement considérable. Le sujet du livre pourtant, l'intrigue, était des moins romanesques. Il tient aisément en trente lignes. Charles Bovary, un médecin de campagne médiocre, après un premier mariage, épouse une fille de fermier, Emma, qui a reçu une instruction au-dessus de sa classe ; elle est une dame, joue du piano, lit des romans. Le ménage vient vivre à Yonville, bourg à quelques kilomètres de Rouen. Là, madame Bovary est prise du terrible ennui des femmes déclassées. Elle voit quel pauvre homme est son mari, elle meurt de la vie grise de province, elle a des aspirations vagues, extraordinaires. Naturellement, l'adultère est au bout. Cependant, elle lutte ; elle aime d'abord un jeune homme, Léon Dupuis, le clerc du notaire d'Yonville ; elle l'aime discrètement, sans songer seulement à la faute. Et ce n'est que plus tard, lorsque Léon est parti, qu'elle se livre brusquement à un autre homme, Rodolphe Boulanger, un propriétaire des environs. Alors, elle est comme folle ; elle est toute glorieuse et vengée ; elle devient si exigeante, si embarrassante, rêvant une fuite avec son amant, des aventures, des amours éternelles, que Rodolphe, terrifié dans son égoïsme, la plante là. Sa chute est immense ; elle se traîne, se pose en martyre de ses tendresses, tâte inutilement de la religion, jusqu'au jour où elle retrouve Léon à Rouen. Celui-ci, fatalement, prend la place de Rodolphe, et l'adultère recommence, plus âpre, tout allumé d'une nouvelle sensualité. Cela va ainsi tant que Léon, à son tour, n'est pas effrayé et satisfait. Mais Emma a fait des dettes ; quand elle est abandonnée par son amant, par tout le monde, elle prend une poignée d'arsenic dans le bocal d'un pharmacien, mange à même. Son pauvre homme de mari la pleure. Plus tard, il apprend ses désordres, et il la pleure toujours. Un matin, il rencontre Rodolphe, va boire une bouteille de bière avec lui et lui dit : « Je ne vous en veux pas. »

Et c'est tout. Cela, dans un journal, donnerait dix

lignes de faits divers. Mais il faut lire l'œuvre, toute palpitante de vie. Il y a des morceaux célèbres, des morceaux qui sont devenus classiques : le mariage d'Emma et de Charles, la scène des comices agricoles, pendant lesquels Rodolphe fait sa cour à la jeune femme, la mort et l'enterrement de madame Bovary, d'une si terrible vérité. Toute l'œuvre, d'ailleurs, jusqu'aux moindres incidents, a un intérêt poignant, un intérêt nouveau, inconnu jusqu'à ce livre, l'intérêt du réel, du drame coudoyé tous les jours. Cela vous prend aux entrailles avec une puissance invincible, comme un spectacle vu, une action qui se passe matériellement sous vos yeux. Les faits, vous y avez assisté vingt fois; les personnages, ils sont dans vos connaissances. Vous êtes chez vous, dans cette œuvre, et tout ce qui s'y passe est une dépendance même du milieu qui vous entoure. De là, l'émotion profonde. Il faut ajouter l'art prodigieux de l'écrivain. Partout, le ton est d'une justesse absolue. C'est une mise en scène continuelle de l'action, telle qu'elle doit se passer, sans écart d'imagination, sans invention d'aucune sorte. Le mouvement, la couleur, arrivent à faire illusion. L'écrivain accomplit ce prodige : disparaître complètement, et pourtant faire partout sentir son grand art.

Le personnage de madame Bovary, le type vu certainement et copié par Gustave Flaubert, est passé dans ce monde particulier où s'agitent les grandes figures de création humaine. On dit : « C'est une Bovary », comme on a dû commencer à dire, au dix-septième siècle : « C'est un Tartufe ». Cela vient de ce que madame Bovary, si individuelle pourtant, vivant si ardemment de sa vie propre, est un type général. On la trouve partout en France, dans toutes les classes, dans tous les milieux. Elle est la femme déclassée, mécontente de son sort, gâtée par une sentimentalité vague, sortie de son rôle de mère et d'épouse. Elle est encore la femme promise forcément à l'adultère. Enfin, elle est l'adultère lui-même, la faute d'abord timide, poétique, puis triomphante, grossissante. Gustave Flaubert s'est appliqué à ne pas oublier un trait de cette figure ; il la prend dès l'enfance, étudie ses premières sensualités, montre ses fiertés tournant contre elle ; et que de circonstances atténuantes, en somme ! comme on sent que l'auteur explique et pardonne ! Tout le monde, autour d'Emma, est aussi coupable qu'elle. Elle meurt de la bêtise environnante. Dans la réalité seulement, le drame ne vient pas toujours dénouer ces sortes d'histoires ; l'adultère, le plus souvent, meurt dans son lit, de sa mort paisible et naturelle.

Le personnage de Charles est peut-être d'une exécution plus étonnante encore. Il faut être du métier pour savoir quelle difficulté il y a à camper debout, en pleine lumière, un héros imbécile. La nullité, par elle-même, reste grise, neutre, sans accent aucun. Or, ce pauvre homme, Charles, a un relief incroyable. Il emplit le livre de sa médiocrité ; on le voit à chaque page pauvre médecin, pauvre mari, pauvre et malencontreux en toutes choses. Et cela, sans aucune exagération grotesque. Il reste très vrai et à son plan. Même il est sympathique, ce malheureux. On arrive, pour lui, à de la pitié et à de la tendresse. Il n'est que bête, tandis que les deux amants d'Emma, Rodolphe et Léon, sont d'une vérité d'égoïsme effroyable. Nous sommes loin, avec eux, des amoureux de l'école idéaliste. Voilà l'amour, tel que l'auteur l'a vu, voilà de la jeunesse, du désir, de l'occasion, de tout ce qui fait l'adultère neuf fois sur dix. Combien d'hommes, s'ils étaient francs, avoueraient qu'ils ont eu dans leur vie une ou deux Emma ? Tout, dans ces deux liaisons qui se suivent, est plat et superbe ; c'est un document humain d'une vérité universelle, une page arrachée de l'histoire de notre société. Ce Rodolphe, ce Léon, c'est l'homme, la moyenne de l'homme, si l'on veut. Notre nouvelle école littéraire, lasse des héros et de leurs mensonges, s'est aperçue qu'elle n'avait qu'à se baisser, à déshabiller le premier passant venu, pour faire du terrible et du grand. Je ne connais rien de plus terrible, rien de plus grand, je le déclare, que Rodolphe délibérant s'il couchera ou non avec Emma, puis la plantant là, un jour de satiété ; ou encore que Léon, l'amoureux timide des premiers chapitres, héritant de l'autre, se gorgeant de volupté, jusqu'au jour où la peur de gâter son avenir et une demande d'argent font de lui un homme sérieux. De même, quel mot épouvantable et attendrissant, ce mot de Bovary à Rodolphe, après la mort de sa femme : « Je ne vous en veux pas ! » C'est tout le pauvre homme. Il n'existe pas, dans notre littérature, un mot d'une profondeur pareille, ouvrant sur les lâchetés et les tendresses du cœur humain un tel abîme. L'acceptation franche des faits tels qu'ils se passent, et le relief exact donné à chaque détail, voilà le secret du charme puissant de cette œuvre, bien autrement empoignante que toutes les fictions imaginables.

Je n'ai malheureusement que peu de place à donner à chaque roman. Je reste forcément incomplet.

De tels livres sont des mondes. Il y a, dans *Madame Bovary*, une série de personnages secondaires inoubliables : un curé de village qui résume les vulgarités du prêtre s'endormant dans le métier du sacerdoce ; des maniaques de province, menant des existences de mollusques ; une société extraordinaire, curieuse à étudier comme une famille de cloportes et de cancrelats. Mais la figure qui se détache surtout est celle du pharmacien Homais, une incarnation de notre Joseph Prud'homme. Homais est l'importance provinciale, la science de canton, la bêtise satisfaite de tout un pays. Avec cela, progressiste, libre-penseur, ennemi des jésuites. Il donne à ses enfants des noms célèbres, Napoléon et Athalie. Il a publié une brochure : *Du cidre, de sa fabrication et de ses effets, suivi de quelques réflexions nouvelles à ce sujet.* Il écrit dans le *Fanal de Rouen*. Le type est complet, à ce point que le nom d'Homais passe dans la langue ; il caractérise une certaine classe de sots. Je ne puis, pour ma part, entrer dans une pharmacie de village, sans chercher derrière le comptoir le majestueux M. Homais, en pantoufles, en bonnet grec, manipulant ses drogues avec la gravité complaisante d'un homme qui en sait les noms en latin ou en grec.

Dans le gros public, un incident donna à *Madame Bovary* un retentissement extraordinaire. Le parquet s'avisa de poursuivre l'auteur sous l'inculpation d'outrage à la morale publique et à la religion. On était alors dans la grande pruderie des premières années de l'empire. Il me faut absolument dire un mot de ce procès, qui appartient à notre histoire littéraire. Le bruit des débats a empli les journaux ; et Gustave Flaubert est sorti de cette épreuve acclamé, popu-

laire, reconnu comme chef d'école. Voilà un des
beaux coups de la justice. Le réquisitoire de l'avocat
impérial, M. Ernest Pinard, est un document fort
curieux. Gustave Flaubert l'a publié dans la dernière
édition de son roman, et il est difficile aujourd'hui
de le lire sans une profonde surprise. Un chef-d'œuvre de notre langue y est traité comme une mauvaise
action ; l'avocat impérial en fait une critique bouffonne et lamentable, attaquant les pages les plus
belles, pataugeant dans l'art en magistrat ahuri,
émettant en littérature des idées violentes qu'il aurait dû garder pour les cas de vol et d'assassinat.
Rien n'est plus désastreux qu'un homme grave,
croyant avoir la mission d'accourir au secours des
bonnes mœurs, que personne ne songe à mena-
cer. M. Ernest Pinard, qui plus tard a joué un rôle
politique assez pauvre, s'est rendu là ridicule à
jamais. La postérité ne saura de lui qu'une chose,
c'est qu'il a tenté de supprimer de notre littérature
une des œuvres maîtresses de ce siècle. Gustave
Flaubert, après une superbe plaidoirie de M. Senard,
fut acquitté. L'art sortait triomphant de cette agres-
sion. Mais, tout en acquittant, la sixième chambre du
tribunal correctionnel de Paris crut devoir donner
son opinion sur le naturalisme et le roman moderne.
Voici un des considérants du jugement : « Attendu
« qu'il n'est pas permis, sous prétexte de pein-
« ture de caractère ou de couleur locale, de repro-
« duire dans leurs écarts, les faits, dits et gestes
« des personnages qu'un écrivain s'est donné mis-
« sion de peindre ; qu'un pareil système, appliqué
« aux œuvres de l'esprit aussi bien qu'aux pro-
« ductions des beaux-arts, conduirait à un réalisme

« qui serait la négation du beau et du bon, et
« qui, enfantant des œuvres également offensantes
« pour les regards et pour l'esprit, commettrait
« de continuels outrages à la morale publique et
« aux bonnes mœurs... » Voilà donc le réalisme
condamné par une chambre correctionnelle. Dieu
merci ! toute notre génération d'écrivains a passé
outre. On s'est avancé toujours plus avant dans la
recherche du vrai, l'analyse de l'homme, la peinture
des passions. Les sentences d'un tribunal n'arrêtent
pas la marche de la pensée.

Je me suis attardé à *Madame Bovary*, je donnerai
moins de place à l'*Éducation sentimentale*. Dans ce
second roman, Gustave Flaubert élargissait son cadre.
L'œuvre n'était plus seulement la vie d'une femme
et ne tenait plus dans un coin de la Normandie. L'auteur peignait toute une génération et embrassait une
période historique de douze années, de 1840 à 1852.
Pour cadre, il prenait l'agonie lente et inquiète de la
monarchie de Juillet, l'existence fiévreuse de la République de 1848, que coupaient les coups de feu de
février, de juin et de décembre. Dans ce décor, il
mettait les personnages qu'il avait coudoyés pendant
sa jeunesse, les personnages du temps eux-mêmes,
toute une foule, allant, venant, vivant de la vie de
l'époque. L'ouvrage est le seul roman vraiment historique que je connaisse, le seul, véridique, exact, complet, où la résurrection des heures mortes soit absolue, sans aucune ficelle de métier.

Pour qui connaît le soin que Gustave Flaubert
donne à l'étude des moindres détails, une pareille
tentative était colossale. Mais le plan du livre lui-même rendait la besogne plus difficile encore. Gus-

tave Flaubert refusait toute affabulation romanesque et centrale. Il voulait la vie au jour le jour, telle qu'elle se présente, avec sa suite continue de petits incidents vulgaires, qui finissent par en faire un drame compliqué et redoutable. Pas d'épisodes préparés de longue main, mais l'apparent décousu des faits, le train-train ordinaire des événements, les personnages se rencontrant, puis se perdant et se rencontrant de nouveau, jusqu'à ce qu'ils aient dit leur dernier mot : rien que des figures de passants se bousculant sur un trottoir. C'était là une des conceptions les plus originales, les plus audacieuses, les plus difficiles à réaliser qu'ait tentées notre littérature, à laquelle la hardiesse ne manque pourtant pas. Et Gustave Flaubert a mené son projet largement jusqu'au bout, avec cette unité magistrale, cette volonté dans l'exécution, qui font sa force.

Ce n'est pas tout. La plus grande difficulté qu'offrait l'*Éducation sentimentale* venait du choix des personnages. Gustave Flaubert a voulu y peindre ce qu'il a eu sous les yeux, dans les années dont il parle, le continuel avortement humain, le recommencement sans fin de la bêtise. Le vrai titre du livre était : *les Fruits secs*. Tous ses personnages s'agitent dans le vide, tournent comme des girouettes, lâchent la proie pour l'ombre, s'amoindrissent à chaque nouvelle aventure, marchent au néant : sanglante satire au fond, peinture terrible d'une société effarée, dévoyée, vivant au jour le jour ; livre formidable où la platitude est épique, où l'humanité prend une importance de fourmilière, où le laid, le gris, le petit, trônent et s'étalent. C'est un temple de marbre magnifique élevé à l'impuissance. De tous les ouvrages de Gustave

Flaubert, celui-là est certainement le plus personnel, le plus vastement conçu, celui qui lui a donné le plus de peine et qui restera de longtemps le moins compris.

L'analyse de l'*Éducation sentimentale* est impossible. Il faudrait suivre l'action page à page ; il n'y a là que des faits et des figures. Pourtant, je puis expliquer en quelques lignes ce qui a donné à l'auteur l'idée du titre, fâcheux du reste. Son héros, — si héros il y a, — un jeune homme, Frédéric Moreau, est une nature indécise et faible, qui se découvre de gros appétits, sans avoir une volonté assez forte pour les satisfaire. Quatre femmes travaillent à son éducation sentimentale : une femme honnête qu'il va justement choisir mariée pour perdre à ses pieds les premières énergies de sa vie ; une fille, qui n'arrive pas à le contenter, dans l'alcôve de laquelle il laisse sa virilité ; une grande dame, un rêve de vanité, dont il se réveille avec dégoût et mépris ; une provinciale, une petite sauvage précoce, la fantaisie du livre, qu'un de ses amis lui prend presque dans les bras. Et quand les quatre amours, le vrai, le sensuel, le vaniteux, l'instinctif, ont essayé vainement de faire de lui un homme, il se trouve un soir, vieilli, assis au coin du feu avec son camarade d'enfance Deslauriers. Celui-ci a ambitionné le pouvoir, sans plus le conquérir que Frédéric n'a conquis une tendresse heureuse. Alors, tous deux, pleurant leur jeunesse envolée, se souviennent, comme du meilleur de leurs jours, d'une après-midi de printemps, où, partis ensemble pour voir des filles, ils n'ont point osé passer le seuil de la porte. Le regret du désir et des pudeurs de la seizième année, telle est la conclusion de cette éducation de l'amour.

Il m'est à peine permis, dans la foule des personnages, d'indiquer quelques silhouettes : Arnoux, le faiseur de l'époque, successivement marchand de tableaux, fabricant de faïence, vendeur d'objets de sainteté, un Provençal blond, menteur, charmant, trompant sa femme avec attendrissement, glissant à la ruine au milieu des projets de spéculation les plus ingénieux ; M. Dambreuse, un grand propriétaire, un banquier et un homme politique, qui résume en lui toutes les habiletés et toutes les lâchetés de l'argent ; Martinon, le triomphe de l'imbécillité, la nullité gourmée et blafarde, le futur sénateur peu scrupuleux qui couche avec les tantes pour épouser les nièces ; Regimbart, l'homme politique en chambre, une figure grotesque et inquiétante du monsieur en gros paletot, sorti on ne sait d'où, se promenant dans les mêmes cafés aux mêmes heures, traînant une mauvaise humeur taciturne, ayant acquis une réputation d'homme profond et très fort par les trois ou quatre phrases uniques qu'il prononce parfois sur la situation du pays. Je suis forcé de me borner. Et que de scènes, que de tableaux achevés, peignant un âge, avec son art, sa politique, ses mœurs, ses plaisirs, ses hontes ! Il y a des soirées dans le grand monde et dans le demi-monde, des déjeuners d'amis, un duel, une promenade aux courses, un club de 1848, les barricades, la lutte dans les rues, la prise des Tuileries, un adorable épisode d'amour dans la forêt de Fontainebleau, des intérieurs bourgeois d'une finesse exquise, toute la vie d'un peuple.

C'est dans l'*Éducation sentimentale* que Gustave Flaubert, jusqu'à présent, a affirmé avec le plus de parti pris la formule littéraire qu'il apporte. La négation du romanesque dans l'intrigue, le rapetissement des héros à la taille humaine, les proportions justes observées dans les moindres détails, toute son originalité y atteint un degré extrême d'énergie. Je suis certain que cette œuvre est celle qui lui a coûté le plus grand effort, car jamais il ne s'est enfoncé plus avant dans l'étude de la laide humanité, et jamais le lyrique qui est en lui n'a dû se lamenter et pleurer plus amèrement. Dans ce long ouvrage, le plus long qu'il ait écrit, il n'y a pas un abandon d'une page. Il va imperturbablement son chemin, quel que soit l'ennui de la tâche, ne procédant pas, comme Balzac, par morceaux d'analyse raisonnée, où l'auteur peut encore se soulager, mais par récits toujours dramatisés, toujours mis en scène. Il a été certainement aussi impitoyable pour lui que pour le monde imbécile qu'il a peint.

IV

J'aborde maintenant *Salammbô* et la *Tentation de saint Antoine*, les deux coups d'aile de Gustave Flaubert au-dessus des laideurs du monde bourgeois, l'échappée splendide du lyrique, du coloriste ardent, heureux enfin d'être dans son véritable pays de lumière, de parfum, d'étoffes éclatantes. Gustave Flaubert est un Oriental dépaysé. On le sent soulagé, respirant librement, dès qu'il peut faire puissant et libre, sans mentir. Les œuvres chères à son cœur, celles qu'il a dû écrire sans fatigue, malgré les immenses recherches qu'elles lui ont coûté, sont à coup sûr *Salammbô* et la *Tentation de saint Antoine*.

Dans une lettre qu'il a écrite à Sainte-Beuve, il donne une indication précieuse, au sujet du premier de ces ouvrages. « J'ai voulu fixer un mirage, dit-il, en appliquant à l'antiquité les procédés du roman moderne. » La marche de l'œuvre, en effet, comme dans *Madame Bovary*, consiste en une série de tableaux, des épisodes où les personnages se peignent eux-mêmes par leurs paroles et leurs actions. Seulement, l'étude du milieu déborde davantage, le drame se rétrécit un peu au milieu de la magnificence du cadre, les descriptions s'étalent et laissent moins de place à l'analyse. C'est toujours de l'humanité étudiée jusqu'aux entrailles, mais un coin d'humanité étrange, s'agitant dans une civilisation dont la peinture devait fatalement tenter un peintre tel que Gustave Flaubert.

Il n'y a pas, dans notre littérature, un début comparable au premier chapitre de *Salammbô*. C'est un éblouissement. Les Mercenaires célèbrent par un festin, dans les jardins d'Hamilcar, le jour anniversaire de la bataille d'Eryx. La rudesse et la gloutonnerie des soldats, l'éclat de la table, les mets étranges, le décor du jardin, avec le palais de marbre au fond, élevant ses quatre étages de terrasses, prennent une splendeur extraordinaire dans ce style puissant et coloré, dont chaque mot a la justesse de ton voulue. C'est là que Salammbô apparaît, descendant l'escalier du palais, venant pleurer les poissons sacrés que les Mercenaires ont tués dans les viviers. C'est là aussi que commence la rivalité jalouse du Libyen Mâtho et du chef numide Narr' Havas, tous deux fous d'amour pour la fille d'Hamilcar.

Carthage, affaiblie, a peur des Mercenaires qui l'ont aidée dans les dernières guerres ; elle ne peut

les payer et ne sait comment se débarrasser d'eux.
Hamilcar, leur chef, a disparu. Après le festin qui
ouvre le livre, Carthage les envoie à Sicca, fermant
ses portes sur eux. Et c'est alors que Spendius, un
esclave grec que Mâtho a délivré, jette les Mercenaires contre la ville, par vengeance. Il sert en même
temps la passion du Libyen, que Salammbô a rendu
fou ; il le fait rentrer dans Carthage, en suivant le
canal d'un aqueduc, puis le pousse à voler le manteau sacré de Tanit, le zaïmph qui rend invincible.
Mâtho, enveloppé dans le zaïmph, revoit Salammbô ;
elle le repousse, le maudit, et il traverse la ville couvert du voile, protégé par lui, au milieu des habitants qui regardent s'en aller leur fortune. Les Mercenaires battent le suffète Hannon, la République va
périr, lorsque Hamilcar reparaît. Il gagne sur les
soldats révoltés la bataille du Macar, il tient campagne contre eux. Mais ses efforts resteraient vains
peut-être, si Salammbô, poussée par Schahabarim,
le grand-prêtre eunuque de Tanit, n'allait se livrer à
Mâtho sous sa tente ; pendant qu'il dort, elle se lève,
s'enfuit avec le zaïmph. Cependant, Spendius met encore Carthage à deux doigts de sa perte, en coupant
l'aqueduc et en privant ainsi la ville d'eau. Il y a là
un épisode superbe, le sacrifice humain à Moloch
pour apaiser le dieu ; on vient demander à Hamilcar
son fils Hannibal, qu'il élève secrètement et qu'il parvient à sauver. Heureusement, la pluie tombe, Narr'
Havas trahit Mâtho avec lequel il avait fait alliance,
Carthage est ravitaillée et sauvée. Au dénouement,
Hamilcar a enfermé les Mercenaires dans le défilé de
la Hache et les y laisse mourir de faim ; agonie épouvantable d'une armée, qui est un des morceaux les

plus merveilleux du livre. Mâtho, fait prisonnier, est condamné à traverser la ville, nu, les mains liées derrière le dos, sous les coups des habitants rangés sur son passage, et il vient, horrible, sanglant, la chair en lambeaux, expirer aux pieds de Salammbô, à laquelle Narr'Havas triomphant tend la coupe des fiançailles. Salammbô tombe blême, raidie, les lèvres ouvertes. « Ainsi mourut la fille d'Hamilcar pour avoir touché au manteau de Tanit. »

Cette figure de Salammbô est l'étrangeté du livre. Dans la lettre dont j'ai parlé, Gustave Flaubert écrit à Sainte-Beuve, qui lui reprochait d'avoir refait une madame Bovary carthaginoise : « Mais non ! madame Bovary est agitée par des passions multiples ; Salammbô, au contraire, demeure clouée par l'idée fixe. C'est une maniaque, une espèce de sainte Thérèse. » Et cela est excellemment dit. Salammbô, en effet, n'a qu'une attitude ; on la voit sur sa terrasse, les mains levées vers la Lune, vers cette Tanit qu'elle adore. Si elle va se livrer à Mâtho, c'est sur les conseils de Schahabarim, ce grand prêtre eunuque qui la pousse à cela, avec le regret vague de sa virilité. Elle entend sauver son pays et ses dieux, rien de plus. Il n'entre nul désir dans son acte ; à peine comprend-elle. Plus tard, elle est fidèle à celui qui l'a possédée. Elle est tourmentée par son souvenir, elle se sent devenue à lui, et elle meurt sur son cadavre, d'horreur et de désespoir, échappant ainsi à l'étreinte de Narr'Havas. Cette création demeure donc comme le type du mysticisme païen, de la fatalité et de l'éternité dans l'idée de l'amour. Elle est à qui l'a prise. Elle ne quitte l'adoration de Tanit, que pour rester marquée du premier baiser qu'elle a reçu ; elle n'a pas voulu ce baiser, mais il sera le premier et le dernier, et elle en mourra. D'ailleurs, Gustave Flaubert avoue que cette création lui appartient en propre. « Je ne suis pas sûr de sa réalité ; car ni vous, ni moi, ni personne, aucun ancien et aucun moderne, ne peut connaître la femme orientale, par la raison qu'il est impossible de la fréquenter. »

Les autres personnages, de même, n'ont guère qu'une attitude. Mâtho est une brute, lâchée dans son amour ; il est tout secoué, tout aveuglé de son désir, et ses actes s'y rapportent tous. Spendius a la ruse souple du Grec ; il reste plein d'expédients et de rancune secrète. Hamilcar est une haute figure, un peu sombre ; Narr'Havas ne fait que passer ; le suffète Hannon, atteint de la lèpre, offre un des portraits les plus originaux du livre, lâche, cruel, ignoble. Sainte-Beuve, qui a reproché à Gustave Flaubert le caractère complexe de ses Barbares, a lu vraiment le livre avec d'étranges yeux. Je trouve, au contraire, les personnages tout d'une pièce, allant à leurs instincts, ayant un seul but. Nous ne sommes plus dans les mille petits riens de l'analyse du monde moderne. Mâtho, foudroyé d'amour à la première page, en demeure stupide tout le volume et en meurt à la fin. Les autres ont des mobiles semblables qui les jettent d'un trait à la satisfaction de leurs appétits. D'ailleurs, nous n'avons pas là d'étude suivie sur les différents états d'âme d'un personnage ou de plusieurs. L'œuvre est le vaste tableau d'une situation psychologique et physiologique presque unique. Il ne s'y trouve guère que l'analyse des troubles que l'approche de l'homme a produits chez Salammbô. Gustave Flaubert, ayant à créer ses figures d'après les documents qu'il a fouillés, s'est efforcé de les composer le plus simplement possible, en tâchant seulement de donner à chacune d'elles une individualité qui l'empêchât de tourner au type général.

Et que de scènes magnifiques, que de descriptions prodigieuses! J'ai cité le festin ; j'ajouterai les invocations de Salammbô, blanche sous la lune ; la visite au temple de Tanit par Mâtho et Spendius, quand ils vont voler le zaïmph ; la descente d'Hamilcar dans les souterrains où il cache ses trésors ; la bataille du Macar, dans laquelle il y a une charge d'éléphants restée célèbre ; la scène de la tente, Salammbô tombant aux bras du Libyen ; le sacrifice à Moloch ; l'agonie des Mercenaires dans le défilé de la Hache : enfin la course folle de Mâtho poursuivi par les coups de toute une ville, ne voyant que Salammbô, venant agoniser à ses pieds.

Ces tableaux ne sont pas traités avec l'ivresse lyrique que Victor Hugo y aurait mise. Je l'ai dit, Gustave Flaubert reste l'homme exact, maître de chaque couleur qu'il emploie. Il donne ainsi une solidité d'éclat sans pareille à tout ce qu'il peint. L'or, les bijoux, les manteaux de pourpre, les marbres ruissellent, sans qu'il y ait encombrement; les faits extraordinaires, des allées de lions crucifiés, le suffète Hannon trempant les mains dans le sang des prisonniers égorgés pour guérir sa lèpre, le python s'enroulant autour des membres nus et adorables de Salammbô, toute une armée râlant de faim, se mettent à leur place d'eux-mêmes et ne détonnent point. L'œuvre est d'un tissu serré, d'un art infini, d'une correction admirable. Et on devine des dessous très étudiés, un terrain admirablement connu de l'auteur. Lors de l'apparition de *Salammbô*, ce dernier fut attaqué par un M. Frœhner, un Allemand je crois, qui contesta l'exactitude de la plupart des détails. Gustave Flaubert se fâcha, disant avec raison qu'il abandonnait à la critique le côté littéraire, mais qu'il entendait défendre la partie historique et de pure science. Alors, il cita toutes ses sources. La liste était effrayante. Il a remué l'antiquité entière, les auteurs grecs, les auteurs latins, tout ce qui de près ou de loin touche à Carthage. Il a apporté le même soin, la même minutie, à reconstruire cette civilisation morte, qu'à décrire, dans l'*Education sentimentale*, les journées de février, en 1848, dont il a pu suivre les péripéties de ses yeux.

La *Tentation de saint Antoine* est le dernier livre publié par Gustave Flaubert. C'est le plus étrange et le plus éclatant de ses ouvrages. Il y a mis vingt années de recherches, de retouches, de conscience et de talent. Je vais tâcher, dans une brève analyse, de donner une idée de cette œuvre.

Saint Antoine est sur le seuil de sa cabane, au haut d'une montagne, dans la Thébaïde. Le jour baisse. L'ermite est las d'une journée de privations, de continence et de travail. Alors, dans l'ombre qui vient, il se sent mollir. Le diable qui le guette, l'endort, le pousse aux rêves lâches. C'est toute une nuit d'horrible cauchemar, de tentation brûlante. D'abord saint Antoine regrette son enfance, une fiancée, Ammonaria, qu'il a aimée jadis ; et, peu à peu, il glisse à la plainte, il voudrait être grammairien ou philosophe, soldat, publicain au péage de quelque pont, marchand riche et marié. Des voix venues des ténèbres lui offrent des femmes, des tas d'or, des tables chargées de mets. C'est le commencement de la tentation, les appétits vulgaires, la satisfaction de la bête. Il rêve qu'il est le confident de l'empereur, qu'il a la toute-puissance. Il se trouve ensuite dans un palais resplendissant, au milieu d'un festin de Nabuchodonosor ; et, repu de débordements et d'extermination, il a le besoin d'être une brute, il se met à quatre pattes et beugle comme un taureau. Puis, quand il s'est fouetté pour se punir de cette vision, une autre vision se lève, le reine de Saba venant s'offrir, avec ses trésors, lui tendant sa gorge, le faisant râler de désir. Tout s'efface, le diable prend la figure d'Hilarion, son ancien disciple, pour l'attaquer dans sa foi. Il lui prouve l'obscurité, les contradictions de l'Ancien et du Nouveau Testament. Il l'emmène dans un voyage inouï à travers les religions et les dieux : les religions les premières, les cent hérésies plus monstrueuses les unes que les autres, toutes les formes de la folie et de la fureur de l'homme ; après cela, les dieux, un défilé de dieux abominables et grotesques faisant tous, un à un, le saut dans le néant, depuis les dieux de sang des premiers âges jusqu'aux dieux poétiques et superbes de la Grèce. Le voyage s'achève dans les airs, parmi la poussière des mondes, au milieu de ce ciel de la science moderne, que Satan fait visiter à l'ermite monté sur son dos, et qui terrifie ce dernier par son infini. Satan a grandi démesurément, il est devenu la science. Saint Antoine, retombé sur la terre, entend les terrifiantes querelles de la Luxure et de la Mort, du Sphinx et de la Chimère. Enfin, il s'abîme dans la bande des animaux fabuleux, des monstres de la terre ; il descend encore, il est dans la terre elle-même, dans les végétaux qui sont des êtres, dans les pierres qui sont des végétaux. Et voici son dernier cri : « J'ai envie de voler, de nager, » d'aboyer, de beugler, de hurler. Je voudrais avoir » des ailes, une carapace, une écorce, souffler de la » fumée, porter une trompe, tordre mon corps, me » diviser partout, être en tout, m'émaner avec les » odeurs, me développer comme les plantes, couler » comme l'eau, vibrer comme le son, briller comme » la lumière, me blottir sous toutes les formes, péné- » trer chaque atome, descendre jusqu'au fond de la » matière, être la matière ! » Le poème est fini, la nuit est achevée. Ce n'est qu'un cauchemar de plus évanoui dans l'ombre. Le soleil se lève, et, dans son disque même, rayonne la figure de Jésus-Christ. Antoine fait le signe de la croix et se remet en prière.

Jamais pareil soufflet n'a été donné à l'humanité. Nous sommes loin ici de la satire discrète, du rire caché de *Madame Bovary* et de l'*Education sentimentale*. Ce n'est plus la bêtise d'une société que Gustave Flaubert peint comme pour s'en venger, c'est la bêtise du monde. Prendre l'humanité à son berceau, la montrer à toutes les heures dans le sang et dans l'ordure, noter scrupuleusement chacun de ses faux pas, conclure à son impuissance, à sa misère et à son néant : tel a été le but caressé et longuement mûri de l'auteur. Le chapitre où il fait passer le cortège des hérésiarques est effroyable ; il n'y a pas une abomination, pas une démence, pas une cruauté que ces hommes n'aient inventée et qu'ils ne crient ; la brièveté des transitions, la rapidité du récit, tant d'horreurs et de sottises accumulées en quelques pages, arrivent à donner des nausées et des vertiges. Et le chapitre des dieux est plus terrifiant encore ; la procession ne finit pas, l'homme a tout déifié, les dieux se culbutent dans la boue, les uns poussant les autres ; des milliers d'années de croyances absurdes et sanglantes passent, des idoles toutes en ventre, des idoles à têtes de bête, de bois, de marbre et de carton, se volant leurs dogmes et leurs doctrines, se débattant contre la mort, la mort fatale qui emporte les sociétés avec leurs religions : vaste spectacle, tableau sans précédent de la chute continue de l'homme et de ses conceptions religieuses dans l'inconnu.

Puis, il y a encore le dernier chapitre, cet assouvissement d'Antoine dans la matière, ce cri de désir en face de la terre noire et profonde, cette conclusion à l'universelle douleur, à l'éternelle duperie de la vie. Même quand le saint se remet en prière, c'est comme une ironie de plus, à la suite de la vision du monde vide de dieux ; il courbe les épaules par habitude, il n'inspire qu'une immense pitié. Gustave Flaubert est là tout entier, avec cet esprit révolutionnaire qu'il a en lui, malgré lui. Il cède à un besoin de négation, de doute absolu, condamnant toutes les religions au même degré, ne montrant peut-être quelque tendresse que pour les dieux de beauté de la Grèce. S'il a choisi la légende de saint Antoine pour se soulager et dire aux hommes le cas de folie bête dont ils agonisent, depuis le premier jour de la création, c'est qu'il trouvait là cette antiquité, cet Orient qu'il aime, et où il sent assez d'espace pour faire colossal et lumineux. Dans un cadre moderne, il aurait fallu tout rapetisser et écrire une comédie au lieu d'un poème.

La *Tentation de saint Antoine* contient des morceaux de premier ordre. J'ai cité l'épisode de la reine de Saba, tout parfumé des voluptés orientales, et où les phrases prennent une musique étrange, une cadence de cymbales d'or sonnant sous des rideaux de pourpre. J'ai dit un mot également du festin de Nabuchodonosor, une débauche géante, une salle où les mangeailles ruissellent, où la brute, couverte de pierreries, trône. Il faut ajouter une description d'Alexandrie, d'une reconstruction étonnante d'exactitude ; une page sur l'Egypte, où cette terre renaît avec ses temples, ses parfums, toute sa civilisation morte ; enfin, la querelle du Sphinx et de la Chimère, des deux bêtes qui emportent l'homme et le dévorent à toute heure, l'énigme sombre clouée à terre, la fantaisie ailée se cognant aux étoiles.

Une pareille œuvre, je ne parle que de la conception et de la réalisation artistique, sans m'occuper du côté philosophique qui m'entraînerait trop loin, est d'un grand écrivain, du plus grand écrivain que notre littérature compte en ce moment. Gustave Flaubert, malgré les hésitations des lecteurs et l'ahurissement de la critique, s'y est montré supérieur, plus grand et plus fort, au sommet.

V

Il me reste à indiquer quelle est l'attitude du public à l'égard de Gustave Flaubert.

Je l'ai dit, le succès de *Madame Bovary* fut foudroyant. D'une semaine à l'autre, Gustave Flaubert fut connu, célébré, acclamé. Il n'y a pas d'autre exemple, dans ce siècle, à notre époque où vingt volumes répandent à peine le nom d'un auteur, d'une réputation acquise ainsi du premier coup. Et ce n'était pas seulement de la popularité, mais de la gloire. On le mettait au premier rang, à la tête des romanciers contemporains. Depuis vingt ans, il garde au front l'auréole de ce triomphe.

Mais le public lui a fait payer ensuite cette gloire. Il semble qu'on ait voulu se venger de l'admiration franche, irrésistible, soulevée par *Madame Bovary*. Il n'a plus publié un livre sans être discuté violemment, nié même ; et cette rancune, cette hostilité de la critique est allée en augmentant, à chaque ouvrage nouveau. *Salammbô* a fait encore un bruit énorme, où déjà montaient bien des moqueries. L'*Education sentimentale*, cette œuvre si complexe et si profonde, tombée dans les dernières convulsions de l'empire, a passé presque inaperçue, au milieu d'une indifférence ahurie. Enfin, la *Tentation de saint Antoine*, dernièrement, a été attaquée avec une violence extrême, sans rencontrer un seul critique qui osât analyser l'œuvre sérieusement et en montrer les merveilleuses beautés. La vérité triste est celle-ci : c'est que les livres de Gustave Flaubert sont trop convaincus et trop originaux pour le public parisien. Les lecteurs frivoles des journaux du boulevard n'y voient que des sujets de plaisanterie ; la charge s'empare des situations, la caricature, des personnages ; et c'est bientôt un rire universel, à propos des choses les moins risibles du monde. Il faut connaître cet étrange public, quelques milliers de personnes au plus, qui font le bruit de cent mille, pour se faire une idée des jugements extraordinaires qu'il porte. Un écrivain a travaillé vingt ans à une œuvre ; un monsieur quelconque la parcourt en vingt minutes, la jette en disant : « Elle est ennuyeuse », et c'est fini, le livre est condamné.

Je dois ajouter que le libre développement du talent de Flaubert n'était pas fait pour lui concilier la foule. On lui demande de donner une seconde *Madame Bovary*, sans vouloir comprendre qu'un écrivain se rapetisse en revenant en arrière. Il a obéi à la poussée de son tempérament, il a élargi de plus en plus son analyse. Chacun de ses ouvrages offre une tentative nouvelle, raisonnée, accomplie avec une fermeté admirable. J'ajoute que chacun d'eux a été un pas en avant, une phase de ce talent si net et si consciencieux. On reviendra sur les critiques adressées à l'*Education sentimentale* et à la *Tentation de saint Antoine*. Il faut que ces livres mûrissent.

Gustave Flaubert reste une des personnalités les plus hautes de notre littérature contemporaine. On s'incline respectueusement devant lui. Toute la jeune génération l'accepte comme un maître. Et voyez l'étrange chose, nous touchons ici du doigt l'infirmité française, Gustave Flaubert vit à l'écart, à peine entouré de quelques amis, sans tapage, ne traînant pas derrière lui le troupeau de ses admirateurs. Cependant, le génie français, à cette heure, la langue française dans sa pureté et dans son éclat, est chez cet écrivain solitaire, abandonné, dont les journaux n'impriment pas le nom une fois par mois. C'est devant celui-là que les trompettes de l'enthousiasme public devraient sonner sans relâche, parce que celui-là est réellement l'honneur et la gloire de la France.

L'HOMME

Si j'écrivais jamais mes Mémoires, ceci en serait une des pages les plus émues. Je veux réunir mes souvenirs sur Gustave Flaubert, l'ami illustre et si cher que je viens de perdre. L'ordre manquera peut-être, je n'ai d'autre ambition que d'être exact et complet. Il me semble que nous avons le devoir de dresser dans sa vérité la figure de ce grand écrivain, nous qui avons vécu de sa vie, pendant les dix dernières années de son existence. On l'aimera d'autant plus qu'on le connaîtra davantage, et c'est toujours une bonne besogne que de détruire les légendes. Songez quels trésors nous aurions, si, au lendemain de la mort de Corneille ou de Molière, quelque ami nous avait conté l'homme et expliqué l'écrivain, dans une analyse scrupuleuse, prise aux meilleures sources de l'observation !

I

La mort de Gustave Flaubert a été pour nous tous un coup de foudre. Six semaines auparavant, le dimanche de Pâques, nous avions réalisé un vieux projet, Goncourt, Daudet, Charpentier et moi ; nous étions allés vivre vingt-quatre heures chez lui, à Croisset ; et nous l'avions quitté, heureux de cette escapade, attendris de son hospitalité paternelle, nous donnant tous rendez-vous à Paris pour les premiers jours de mai, époque à laquelle il devait y venir passer deux mois. Le samedi 8 mai, je me trouvais à Médan, où je m'installais depuis trois jours, et je me mettais à table, heureux d'être débarrassé de la poussière de l'emménagement, rêvant pour le lendemain une matinée de travail sérieux, lorsqu'une dépêche m'arriva. A la campagne, chaque fois que je reçois une dépêche, j'éprouve un serrement de cœur, dans la crainte d'une mauvaise nouvelle. Je plaisantais pourtant ; tous les miens étaient là, je dis en riant que la dépêche n'allait toujours pas nous empêcher de dîner. Et, le papier ouvert, je lus ces deux mots : Flaubert mort. C'était Maupassant qui me télégraphiait ces deux mots, sans explications. Un coup de massue en plein crâne.

Nous l'avions laissé si gai, si bien portant, dans la joie du livre qu'il finissait ! Aucune mort ne pouvait m'atteindre ni me bouleverser davantage. Jusqu'au mardi, jour des obsèques, il est resté devant moi ; il me hantait, la nuit surtout ; brusquement, il arrivait au bout de toutes mes pensées, avec l'horreur froide du plus jamais. C'était une stupeur, coupée de révoltes. Le mardi matin, je suis parti pour Rouen, j'ai dû aller prendre un train à la station voisine et traverser la campagne, aux premiers rayons du soleil : une matinée radieuse, de longues flèches d'or qui trouaient les feuillages pleins d'un bavardage d'oiseaux, des haleines fraîches qui se levaient de la Seine et passaient comme des frissons dans la chaleur. J'ai senti des larmes me monter aux yeux, quand je me suis vu tout seul, dans cette campagne souriante, avec le petit bruit de mes pas sur les cailloux du sentier. Je pensais à lui, je me disais que c'était fini, qu'il ne verrait plus le soleil.

A Mantes, j'ai pris l'express. Daudet se trouvait dans le train, avec quelques écrivains et quelques journalistes qui s'étaient dérangés : rares fidèles dont le petit nombre nous a serré le cœur, reporters faisant leur métier avec une âpreté qui nous a blessés parfois. Goncourt et Charpentier, partis la veille, étaient déjà à Rouen. Des voitures nous attendaient à la gare, et nous avons recommencé, Daudet et moi, ce voyage que, six semaines auparavant, nous avions fait si gaiement. Mais nous ne devions pas aller jusqu'à Croisset. A peine quittions-nous la route de Canteleu, que notre cocher s'arrête et se range contre une haie ; c'est le convoi qui arrive à notre rencontre, encore masqué par un bouquet d'arbres, au tournant du chemin. Nous descendons, nous nous découvrons. Dans ma douleur, le coup terrible m'a été porté là. Notre bon et grand Flaubert semblait venir à nous, couché dans son cercueil. Je le voyais encore, à Croisset, sortant de sa maison et nous embrassant sur les deux joues, avec de gros baisers sonores. Et, maintenant, c'était une autre rencontre, la dernière. Il s'avançait de nouveau, comme pour une bienvenue. Quand j'ai vu le corbillard avec ses tentures, ses chevaux marchant au pas, son balancement doux et funèbre, déboucher de derrière les arbres sur la route nue et venir droit à moi, j'ai éprouvé un grand froid et je me suis mis à trembler. A droite, à gauche, des prés s'étendent ; des haies coupent les herbages, des peupliers barrent le ciel ; c'est un coin touffu de la grasse Normandie, qui verdoie dans une nappe du soleil. Et le corbillard avançait toujours, au milieu des verdures, sous le vaste ciel. Dans une prairie, au bord du chemin, une vache étonnée tendait son mufle par-dessus une haie ; lorsque le corps a passé, elle s'est mise à beugler, et ces beuglements doux et prolongés, dans le silence, dans le piétinement des chevaux et du cortège, semblaient comme la voix lointaine, comme le sanglot de cette campagne que le grand mort avait aimée. J'entendrai toujours cette plainte de bête.

Cependant, Daudet et moi, nous nous étions rangés au bord du chemin, sans une parole et très pâles. Nous n'avions pas besoin de parler, notre pensée fut la même, quand les roues du corbillard nous frôlèrent : c'était le « vieux » qui passait ; et nous mettions dans ce mot toute notre tendresse pour lui, tout ce que nous devions à l'ami et au maître. Les dix dernières années de notre vie littéraire se levaient devant nous. Pourtant, le corbillard allait toujours, avec son balancement, le long des prairies et des haies ; et, derrière, nous serrâmes la main de Goncourt et de Charpentier, échangeant des mots insignifiants, nous regardant de l'air surpris et las des grandes catastrophes. Je jetai un coup d'œil sur le cortège ; nous étions au plus deux cents. Dès lors, je marchai perdu dans un piétinement de troupeau.

Cependant, le convoi, arrivé à la route de Canteleu, avait tourné et montait le coteau. Croisset est simplement un groupe de maisons, bâties aubord de la Seine, et qui dépendent de la paroisse de Canteleu, dont la vieille église est plantée tout en haut, dans les arbres. La route est superbe, une large voie qui serpente au flanc des prairies et des champs de blé ; et, à mesure qu'on s'élève, la plaine se creuse, l'immense horizon s'élargit, à perte de vue, avec la coulée énorme de la Seine, au milieu des villages et des bois. A gauche, Rouen étale la mer grise de ses toitures, tandis que des fumées bleuâtres, à droite, fondent les lointains dans le ciel. Le long de cette côte si rude, le cortège s'était un peu débandé. A chaque tournant de la route, le corbillard disparaissait dans les feuillages ; puis, on le revoyait plus loin, au bord d'une pièce d'avoine, d'où ses draperies flottantes faisaient envoler une bande de moineaux. Des nuages traversaient le ciel, si pur le matin. Par moments, passaient des coups de vent qui balayaient de grandes poussières blanches, volantes dans le soleil. Nous étions déjà tout blancs, et la montée ne finissait pas, toujours l'horizon s'élargissait. Ce convoi, à travers cette campagne, en face de cette vallée, prenait une grandeur. A la queue, une trentaine de voitures, presque toutes vides, montaient péniblement.

Ce fut là que Maupassant me donna quelques détails sur les derniers moments de Flaubert. Il était accouru le soir même de la mort, il l'avait encore trouvé sur le divan de son cabinet, où l'apoplexie l'avait foudroyé. Flaubert vivait en garçon, servi simplement par une domestique. La veille, dans un besoin d'expansion, il avait dit à cette femme qu'il était bien content : son livre, *Bouvard et Pécuchet*, était terminé, et il devait partir le dimanche pour Paris. Le samedi matin, il prit un bain, puis remonta dans son cabinet où il ne tarda pas à éprouver un malaise. Comme il était sujet à des crises nerveuses, après lesquelles il tombait en syncope et restait écrasé de lourds sommeils, il crut à un accès, et ne s'effraya nullement. Seulement, il appela la domestique pour qu'elle courût chez le docteur Fortin, qui habitait le voisinage. Puis, il se ravisa, il la retint près de lui, en lui ordonnant de parler; dans ses crises, il avait le besoin d'entendre quelqu'un vivre à son côté. Il n'était toujours pas inquiet, il causait, disant qu'il aurait été beaucoup plus ennuyé, si l'accès l'avait pris le lendemain, en chemin de fer; il se plaignait de voir tout en jaune autour de lui, il s'étonnait d'avoir encore la force de déboucher un flacon d'éther, qu'il était allé prendre dans sa chambre. Puis, revenu dans son cabinet, il poussa un soupir et déclara qu'il se sentait mieux. Pourtant, les jambes comme cassées, il s'était assis sur le divan turc qui occupait un coin de la pièce. Et, tout d'un coup, sans une parole, il se renversa en arrière : il était mort. Certainement, il ne s'est pas vu mourir. Pendant plusieurs heures, on a cru à un état léthargique. Mais le sang s'était porté au cou, l'apoplexie était là, en un collier noir, comme si elle l'avait étranglé. Belle mort, coup de massue enviable, et qui m'a fait souhaiter pour moi et pour tous ceux que j'aime cet anéantissement d'insecte écrasé sous un doigt géant.

Nous arrivions à l'église, une tour romane, dans laquelle une cloche sonnait le glas. Sous le porche, barrant la grande porte, quatre paysans se pendaient à la corde, emportés par le branle. On avait descendu le cercueil, et il était si grand, que les porteurs marchaient les reins cassés. Toujours je me souviendrai des funérailles de notre bon et grand Flaubert, dans cette église de village. J'étais dans le chœur, en face des chantres. Il y en avait cinq, rangés en file devant un lutrin détraqué, montés sur des tabourets, qui les haussaient du sol comme des poupées japonaises enfilées dans des bâtons ; cinq rustres habillés de surplis sales et dont on apercevait les gros souliers ; cinq têtes de canne, couleur brique, taillées à coups de serpe, la bouche de travers hurlant du latin. Et cela ne finissait plus ; ils se trompaient, manquaient leurs répliques comme de mauvais acteurs qui ne savent pas leur rôle. Un jeune, certainement le fils du vieux son voisin, avait une voix aiguë, déchirante, pareille au cri d'un animal qu'on égorge. Peu à peu une colère montait en moi, j'étais furieux et navré de cette égalité dans la mort, de ce grand homme que ces gens enterraient avec leur routine, sans une émotion, crachant sur son cercueil les mêmes notes fausses et les mêmes phrases vides qu'ils auraient crachées sur le cercueil d'un imbécile. Toute cette église froide où nous grelottions en venant du grand soleil, gardait une nudité, une indifférence qui me blessaient. Eh quoi ! est-ce donc vrai que, devant Dieu, nous soyons tous de la même argile et que notre néant commence sous ce latin que l'Église vend à tout le monde ? A Paris, derrière le luxe des tentures, dans la majesté des orgues, cette banalité marchande, cette insouciance née de l'habitude, se dissimulent encore. Mais ici on entendait la pelletée de terre tomber à chaque verset. Pauvre et illustre Flaubert, qui toute sa vie avait rugi contre la bêtise, l'ignorance, les idées toutes faites, les dogmes, les mascarades des religions, et que l'on jetait, enfermé dans quatre planches, au milieu du stupéfiant carnaval de ces chantres braillant du latin qu'ils ne comprenaient même pas !

La sortie de l'église a été pour nous tous un véritable soulagement. Et le cortège a redescendu la côte de Canteleu. Il nous fallait gagner Rouen, traverser la ville et remonter au cimetière Monumental, en tout sept kilomètres environ. Le corbillard avait repris sa marche lente, le cortège s'espaçait davantage sur la route, les voitures suivaient. Mais, en entrant dans la ville, le convoi s'est resserré, des amis de Flaubert se succédaient et tenaient tour à tour les cordons du poêle. Nous pouvions être alors trois cents au plus. Je ne veux nommer personne, mais beaucoup manquaient que tous comptaient trouver là. Des contemporains de Flaubert, Edmond de Goncourt se trouvait seul au triste rendez-vous. Il n'y avait ensuite que des cadets, les amis des dernières années. Encore s'explique-t-on que beaucoup aient hésité à venir de Paris ; trente et quelques lieues peuvent effrayer des santés chancelantes et d'anciennes affections. Mais ce qui est inexplicable, ce qui est impardonnable; c'est que Rouen, Rouen tout entier n'ait pas suivi le corps d'un de ses enfants les plus illustres. On nous a répondu que les Rouennais, tous commerçants, se moquaient de la littérature. Cependant, il doit y avoir dans cette grande ville des professeurs, des avocats, des médecins, enfin une population libérale qui lit des livres, qui connaît au moins *Madame Bovary* ; il doit y avoir des collèges, des jeunes gens, des amoureux, des femmes intelligentes, enfin des esprits cultivés qui avaient appris par les journaux la perte que venait de faire la littérature française. Eh bien ! personne n'a bougé ; on n'aurait peut-être pas compté deux cents Rouennais dans le maigre cortège, au lieu de la foule énorme, de la queue de monde que nous espérions. Jusqu'aux portes de la ville, nous nous sommes imaginé que Rouen attendait là, pour se mettre derrière le corps. Mais nous n'avons trouvé aux portes qu'un piquet de soldats, le piquet réglementaire que l'on doit à tout chevalier de la Légion d'honneur décédé ; hommage banal, pompe médiocre et comme dérisoire, qui nous a paru blessante pour un si grand mort. Le long des quais, puis le long de l'avenue que nous avons suivie, quelques groupes de bourgeois regardaient curieusement. Beaucoup ne savaient même pas quel était ce mort qui passait ; et, quand on leur nommait Flaubert, ils se rappelaient seulement le père et le frère du grand romancier, les deux médecins dont le nom est resté populaire dans la ville. Les mieux informés, ceux qui avaient lu les journaux, étaient venus voir passer des journalistes de Paris. Pas le moindre deuil sur ces physionomies de badauds. Une ville enfoncée dans le lucre, abêtie, d'une ignorance lourde. Je pensais à nos villes du Midi, à Marseille, par exemple, qui, elle aussi, trempe dans le commerce jusqu'au cou ; Marseille entier se serait entassée sur le passage du convoi, si elle avait perdu un citoyen de la taille de Flaubert. La vérité doit être que Flaubert, la veille de sa mort, était inconnu des quatre cinquièmes de Rouen et détesté de l'autre cinquième. Voilà la gloire.

Des boulevards à montée rapide, des rues escarpées conduisent au cimetière Monumental, qui domine la ville. Le corbillard avançait plus lentement, avec son roulis qui s'accentuait encore. Débandés, soufflant de fatigue, couverts de poussière et la gorge sèche, nous arrivions au bout de ce voyage de deuil. En bas, dès la porte, de grosses touffes de lilas embaument le cimetière ; puis, des allées serpentent et se perdent dans des feuillages, tandis que les tombes étagées blanchissent au soleil. Mais, en haut, un spectacle nous avait arrêtés : la ville, à nos pieds, s'étendait sous un grand nuage cuivré, dont les bords, frangés de soleil, laissaient tomber une pluie d'étincelles rouges ; et c'était, sous cet éclairage de drame, l'apparition brusque d'une cité du moyen âge, avec ses flèches et ses pignons, son gothique flamboyant, ses ruelles étranglées coupant de minces fosses noires le pêle-mêle dentelé des toitures. Une même pensée nous était venue à tous : comment Flaubert, enfiévré du romantisme de 1830, n'a-t-il mis nulle part cette ville qui nous apparaissait comme à l'horizon d'une ballade de Victor Hugo? Il existe bien une description du panorama de Rouen, dans *Madame Bovary;* mais cette description est d'une sobriété remarquable, et la vieille cité gothique ne s'y montre aucunement. Nous touchons là à une des contradictions du tempérament littéraire de Flaubert, que je tâcherai d'expliquer.

La tombe de Louis Bouilhet se trouve à côté du tombeau de la famille de Gustave Flaubert, et le corps du romancier a dû passer devant le poète, son ami d'enfance, qui dort là depuis dix ans. Ces deux monuments regardent la ville, du haut de la colline verte. On avait apporté le cercueil, à travers une pelouse ; des curieux, presque tous des gens du peuple, s'étaient précipités, envahissant les étroits sentiers, autour du tombeau ; si bien que le cortège n'a pu approcher que difficilement. D'ailleurs, pour se conformer aux idées souvent exprimées par Flaubert, il n'y a pas eu de discours. Un vieil ami, M. Charles Lapierre, directeur du *Nouvelliste de Rouen*, a seulement dit quelques mots. Et, alors, s'est passé un fait qui nous a tous bouleversés. Quand on a descendu le cercueil dans le caveau, ce cercueil trop grand, un cercueil de géant, n'a jamais pu entrer. Pendant plusieurs minutes, les fossoyeurs, commandés par un homme maigre, à large chapeau noir, une figure sortie de *Han d'Islande*, ont travaillé avec de sourds efforts ; mais le cercueil, la tête en bas, ne voulait ni remonter ni descendre davantage, et l'on entendait les cordes crier et le bois se plaindre. C'était atroce ; la nièce que Flaubert a tant aimée, sanglotait au bord du caveau. Enfin, des voix ont murmuré : « Assez, assez, attendez, plus tard. » Nous sommes partis, abandonnant là notre « vieux », entré de biais dans la terre. Mon cœur éclatait.

En bas, sur le port, lorsque, hébétés de fatigue et de chagrin, Goncourt nous a ramenés, Daudet et moi, à l'hôtel où il était descendu, une musique militaire jouait un pas redoublé, près de la statue de Boieldieu. Les cafés étaient pleins, des bourgeois se promenaient, un air de fête épanouissait la ville. Le soleil de quatre heures qui enfilait les quais, allumait la Seine dont les reflets dansaient sur les façades blanches des restaurants, où les cuisines flambaient déjà, avec des odeurs de mangeaille. Dans un cabaret, toute une tablée de reporters et de poètes affamés se commandaient une sole normande. Ah ! les tristesses des enterrements de grands hommes !

II

J'ai peu de détails biographiques. Flaubert était discret sur ces matières ; puis, je l'ai connu très tard, en 1869. C'est à un ami d'enfance, ou à un confident très intime, qu'il appartient de nous dire sa vie. Pour moi, je me contenterai de noter ici ce que je sais bien, et je tâcherai surtout d'expliquer l'écrivain par l'homme, en me reportant à ce qu'il m'a dit et à ce que j'ai pu observer.

Cependant, il me faut rappeler les grandes lignes de son existence. Il est né à Rouen, en 1821. Son père, Achille Flaubert, était un médecin de talent, dont le large cœur et la stricte honnêteté sont restés légendaires. A cette école, le jeune Gustave dut grandir en bonté, en loyauté, en virilité. Nous le retrouverons plus tard le fils de son père, avec cette nature adorable qui nous le rendait si cher, une nature où il y avait du colosse et de l'enfant. Il fit ses études à Rouen et y rencontra très jeune Louis Bouilhet et le comte d'Osmoy, dans une pension dont il nous racontait parfois de bien amusantes histoires. Son enfance et sa jeunesse paraissent avoir été celles d'un garçon appartenant à une famille aisée et libérale, qui l'élevait fortement sans le contrarier dans ses goûts. Il céda de bonne heure à la passion littéraire, et je ne crois pas qu'il ait jamais eu l'idée d'une profession quelconque; du moins il n'en parlait point. Au sortir du collège, il avait perdu de vue Louis Bouilhet, qu'il ne rencontra que dans l'hiver de 1846; dès lors, se noua entre eux la solide amitié qui ne cessa plus. J'ai toujours pensé que l'*Éducation sentimentale* était dans bien des pages une confession, une sorte d'autobiographie très arrangée, composée de souvenirs pris un peu partout; et il pourrait arriver, en tenant compte des besoins de l'intrigue, que la grande amitié de Frédéric et de Deslauriers fût l'écho de l'amitié de Flaubert et de Bouilhet. Comme Frédéric, d'ailleurs, Flaubert alla faire son droit à Paris, où Bouilhet le retrouva. Mais avant cette année 1846, à peine âgé de dix-neuf ans, pour la première fois il avait voyagé. Je ne puis dire s'il poussa jusqu'à l'Italie, mais je me souviens qu'il m'a souvent raconté son passage à Marseille, où il eut toute une aventure amoureuse. A Paris, il mena une vie d'étude, coupée de quelques plaisirs violents. Sans être mondain, il menait une existence large. Dès cette époque, il eut du reste un pied à Paris et un pied à Rouen; son père avait acheté la maison de campagne de Croisset vers 1842, et il y retournait passer des saisons entières. En relisant dernièrement la vie de Corneille, j'ai été frappé des ressemblances qu'elle offrait avec celle de Flaubert. Deux grands faits marquent seulement son existence: son voyage en Orient, qu'il fit de 1849 à 1851, et le voyage qu'il entreprit plus tard aux ruines de Carthage, pour son livre de *Salammbô.* En dehors de ces échappées, il a toujours eu la vie que nous lui avons vu mener dans ces derniers temps, cette vie d'étude dont j'ai parlé, tantôt s'enfermant pendant des mois à Croisset, tantôt venant se distraire à Paris, acceptant des invitations à dîner, recevant ses amis le dimanche, mais passant quand même ses nuits à sa table de travail. Sa biographie est là tout entière. On pourra préciser des dates et donner des détails ; on ne sortira pas de ces grandes lignes.

La maison de Croisset est une construction très ancienne, réparée et augmentée vers la fin du siècle dernier. La façade blanche est à vingt mètres au plus de la Seine, dont une grille et la route la séparent. A gauche, il y a une maison de jardinier, une petite ferme ; à droite s'étend un parc étroit, ombragé par des arbres magnifiques ; puis, derrière la maison, le coteau monte brusquement, des verdures font un rideau, au delà duquel, tout en haut, se trouvent un potager et des prés plantés d'arbres fruitiers. Flaubert jurait qu'il n'allait pas une fois par an au bout de la propriété. Après la mort de sa mère, il avait même abandonné la maison pour se claquemurer dans les deux uniques pièces où il vivait, son cabinet de travail et sa chambre à coucher. Il n'en sortait que pour manger dans la salle du bas, car il avait fini par abominer la marche, au point qu'il ne pouvait même voir marcher les autres, sans éprouver un agacement nerveux. Lorsque nous avons passé une nuit à Croisset, nous avons trouvé la maison nue, avec l'ancien mobilier bourgeois de la famille. Flaubert avait le dédain des tableaux et des bibelots, toutes ses concessions étaient deux chimères japonaises dans un vestibule, et des reproductions en plâtre de bas-reliefs antiques, pendues aux murs de l'escalier. Dans son cabinet, une vaste pièce qui tenait tout un angle de la maison, il n'y avait guère que des livres rangés sur des rayons de chêne. Et là les objets d'art manquaient également ; on ne voyait, comme curiosités rapportées de l'Orient, qu'un pied de momie, un plat persan en cuivre repoussé où il jetait ses plumes, et quelques autres débris sans valeur. Entre les deux fenêtres, se trouvait le buste en marbre d'une sœur qu'il avait adorée et qui était morte jeune. C'est tout, si l'on ajoute des gravures, des portraits de camarades d'enfance et d'anciennes amies. Mais la pièce, dans son désordre, avec son tapis usé, ses vieux fauteuils, son large divan, sa peau d'ours blanc qui tournait au jaune, sentait bon le travail, la lutte enragée contre les phrases rebelles. Pour nous, tout Flaubert était là. Nous évoquions son existence entière vécue dans cette pièce, au milieu des bouquins si souvent consultés, des cartons où il enfermait ses notes, des objets familiers qu'il n'aimait pas qu'on dérangeât de leur place habituelle, par une manie d'homme sédentaire.

A Paris, je ne l'ai pas connu dans son appartement du boulevard du Temple. La maison était voisine du théâtre du Petit-Lazari. Elle existe encore, dans un enfoncement où sont venues se raccorder les maisons nouvelles. Il l'habita pendant une quinzaine d'années. Ce fut là que sa gloire naquit et qu'il goûta ses grandes joies. Il y publia ses trois premiers ouvrages : *Madame Bovary*, *Salammbô* et l'*Education sentimentale*. Tout un mouvement avait lieu autour de lui, des admirateurs venaient le saluer. Ses familiers d'alors étaient Edmond et Jules de Goncourt, Théophile Gautier, Taine, Feydeau, d'autres encore. Il les réunissait chaque dimanche, l'après-midi ; et c'étaient des débauches de causeries, d'anecdotes grasses et de discussions littéraires. L'Empire, qui voulait avoir ses écrivains, lui avait fait d'aimables avances ; il allait à Compiègne, il était devenu un des hôtes habituels du Palais-Royal, où la princesse Mathilde avait réussi à réunir de grands talents.

Après la guerre, il vint habiter la rue Murillo ; son logement, composé de trois petites pièces, au cinquième étage, donnait sur le parc Monceau, une vue superbe qui l'avait décidé. Il fit tendre les pièces d'une cretonne à grands ramages ; mais ce fut son seul luxe, et comme à Croisset les bibelots manquaient, il n'y avait guère qu'une selle arabe, rapportée d'Afrique, et un Bouddha de carton doré, acheté chez un revendeur de Rouen. C'est là que je suis entré dans son intimité. Il était alors très seul, très découragé. L'insuccès de l'*Education sentimentale* lui avait porté un coup terrible. D'autre part, bien qu'il n'eût aucune conviction politique, la chute de l'empire lui semblait la fin du monde. Il achevait alors la *Tentation de saint Antoine*, péniblement et sans joie. Le dimanche, je ne trouvais guère là qu'Edmond de Goncourt, frappé lui aussi par la mort de son frère, n'osant plus toucher une plume et très triste. C'est rue Murillo qu'Alphonse Daudet est, comme moi, devenu un des fidèles de Flaubert. Avec Maupassant, nous étions les seuls intimes. J'oublie Tourgueneff, qui était l'ami le plus solide et le plus cher. Un jour, Tourgueneff nous traduisit à livre ouvert des pages de Gœthe, en phrases comme tremblées, d'un charme pénétrant. C'étaient des après-midi délicieux, avec un grand fond de tristesse. Je me souviens surtout d'un dimanche gras, où, pendant que les cornets à bouquin sonnaient dans les rues, j'écoutai jusqu'à la nuit Flaubert et Goncourt regretter le passé.

Puis, Flaubert déménagea une fois encore, et alla habiter le 240 de la rue du Faubourg Saint-Honoré. Il voulait se rapprocher de sa nièce, pris de l'ennui des vieux garçons ; un soir même, lui le célibataire endurci, il m'avait dit son regret de ne s'être pas marié ; un autre jour, on le trouva pleurant devant un enfant. L'appartement de la rue du Faubourg Saint-Honoré était plus vaste ; mais les fenêtres donnaient sur une mer de toits, hérissés de cheminées. Flaubert ne prit même pas le soin de le faire décorer. Il coupa simplement des portières dans son ancienne tenture à ramages. Le Bouddha fut posé sur la cheminée, et les après-midi recommencèrent dans le salon blanc et or, où l'on sentait le vide, une installation provisoire, une sorte de campement. Il faut dire que, vers cette époque, une débâcle d'argent accabla Flaubert. Il avait donné sa fortune à sa nièce, dont le mari se trouvait engagé dans des affaires difficiles ; tout son grand cœur était là, mais le don dépassait peut-être ses forces, il chancelait devant la misère menaçante, lui qui n'avait jamais eu à gagner son pain. Il craignit un instant de ne plus pouvoir venir à Paris ; et, pendant les deux derniers hivers, il n'y vint pas en effet. Cependant, ce fut rue du Faubourg Saint-Honoré que je le vis renaître avec sa voix tonnante et ses grands gestes. Peu à peu, il s'était habitué au nouvel état de choses, il tapait sur tous les partis avec le dédain d'un poète. Puis, *les Trois Contes*, auxquels ils travaillait, l'amusaient beaucoup. Son cercle s'était élargi, des jeunes gens venaient, nous étions parfois une vingtaine, le dimanche. Quand Flaubert se dresse devant notre souvenir, à nous ses intimes des dernières années, c'est dans ce salon blanc et or que nous le voyons, se plantant devant nous d'un mouvement de talons qui lui était familier, énorme, muet, avec ses gros yeux bleus, ou bien éclatant en paradoxes terribles, en lançant les deux poings au plafond.

Je voudrais donner ici une physionomie de ces réunions du dimanche. Mais c'est bien difficile, car on y parlait souvent une langue grasse, condamnée en France depuis le seizième siècle. Flaubert, qui portait l'hiver une calotte et une douillette de curé, s'était fait faire pour l'été une vaste culotte rayée, blanche et rouge, et une sorte de tunique qui lui donnait un faux air de Turc en négligé. C'était pour être à son aise, disait-il; j'incline à croire qu'il y avait aussi là un reste des anciennes modes romantiques, car je l'ai connu avec des pantalons à grands carreaux, des redingotes plissées à la taille, et le chapeau aux larges ailes, crânement posé sur l'oreille. Quand des dames se présentaient le dimanche, ce qui était rare, et qu'elles le trouvaient en Turc, elles restaient assez effrayées. A Croisset, lorsqu'il se promenait dans de semblables costumes, les passants s'arrêtaient sur la route, pour le regarder à travers la grille; une légende prétend même que les bourgeois de Rouen, allant à la Bouille par le bateau, amenaient leurs enfants, en promettant de leur montrer monsieur Flaubert, s'ils étaient sages. A Paris, il venait souvent ouvrir lui-même, au coup de timbre; il vous embrassait, si vous lui teniez au cœur et qu'il ne vous eût pas vu depuis quelque temps; et l'on entrait avec lui dans la fumée du salon. On y fumait terriblement. Il faisait fabriquer pour son usage des petites pipes qu'il culottait avec un soin extrême; on le trouvait parfois les nettoyant, les classant à un râtelier; puis, quand il vous aimait bien, il les tenait à votre disposition et même vous en donnait une. C'était, de trois heures à six heures, un galop à travers les sujets ; la littérature revenait toujours, le livre ou la pièce du moment, les questions générales, les théories les plus risquées ; mais on poussait des pointes dans toutes les matières, n'épargnant ni les hommes ni les choses. Flaubert tonnait, Tourgueneff avait des histoires d'une originalité et d'une saveur exquises, Goncourt jugeait avec sa finesse et son tour de phrase si personnel, Daudet jouait ses anecdotes avec ce charme qui en fait un des compagnons les plus adorables que je connaisse. Quant à moi, je ne brillais guère, car je suis un bien médiocre causeur. Je ne suis bon que lorsque j'ai une conviction et que je me fâche. Quelles heureuses après-midi nous avons passées, et quelle tristesse à se dire que ces heures ne reviendront jamais plus ! car Flaubert était notre lien à tous, ses deux grands bras paternels nous rassemblaient.

Ce fut lui qui eut l'idée de notre dîner des auteurs sifflés. C'était après le *Candidat*. Nos titres étaient : à Goncourt, *Henriette Maréchal* ; à Daudet, *Lise Tavernier* ; à moi, toutes mes pièces. Quant à Tourgueneff, il nous jura qu'on l'avait sifflé en Russie. Tous les cinq, nous nous réunissions donc chaque mois dans un restaurant ; mais le choix de ce restaurant était une grosse affaire, et nous sommes allés un peu partout, passant du poulet au kari à la bouillabaisse. Dès le potage, les discussions et les anecdotes commençaient. Je me rappelle une terrible discussion sur Chateaubriand, qui dura de sept heures du soir à une heure du matin ; Flaubert et Daudet le défendaient, Tourgueneff et moi l'attaquions, Goncourt restait neutre. D'autres fois, on entamait le chapitre des passions, on parlait de l'amour et des femmes ; et, ces soirs-là, les garçons nous regardaient d'un air épouvanté. Puis, comme Flaubert détestait de rentrer seul, je l'accompagnais à travers les rues noires, je me couchais à trois heures du matin, après avoir philosophé à l'angle de chaque carrefour.

Les femmes avaient tenu peu de place dans l'existence de Flaubert. A vingt ans, il les avait aimées en troubadour. Il me racontait qu'autrefois il faisait deux lieues pour aller mettre un baiser sur la tête d'un Terre-Neuve, qu'une dame caressait. Son idée de l'amour se trouve dans l'*Éducation sentimentale :* une passion qui emplit l'existence et qui ne se contente jamais. Sans doute, il avait ses coups de désirs ; c'était un gaillard solide dans sa jeunesse et qui tirait des bordées de matelot. Mais cela n'allait pas plus loin, il se remettait ensuite tranquillement au travail. Il avait pour les filles une véritable paternité ; une fois, sur les boulevards extérieurs, comme nous rentrions, il en vit une très laide qui l'apitoya et à laquelle il voulut donner cent sous : elle nous accabla d'injures, en disant qu'elle ne demandait pas l'aumône et qu'elle gagnait son pain. Le vice bon enfant lui semblait comique, l'épanouissait d'un rire à la Rabelais ; il était plein de sollicitude pour les beaux mâles, il adorait leurs histoires, et déclarait qu'elles le rafraîchissaient. Il répétait : « Voilà de la santé, cela vous donne de l'air. » Arrangez ce goût des dames gaies et faciles, avec son idéal d'un amour sans fin pour une femme que l'on verrait une fois tous les ans, sans espoir. Du reste, je le répète, les femmes ne l'entamaient guère. C'était tout de suite fini. Il le disait lui-même, il avait porté comme un fardeau les quelques liaisons de son existence. Nous nous entendions en ces matières, il m'avouait souvent que ses amis lui avaient toujours plus tenu au cœur, et que ses meilleurs souvenirs étaient des nuits passées avec Bouilhet, à fumer des pipes et à causer. Les femmes, d'ailleurs, sentaient bien qu'il n'était pas un féminin ; elles le plaisantaient et le traitaient en camarade. Cela juge un homme. Étudiez le féminin chez Sainte-Beuve, et comparez.

Je donne ici mes notes sur Flaubert un peu au hasard. Ce sont autant de traits qui doivent compléter sa physionomie. Tout à l'heure, je parlais de la secousse qu'il reçut à la chute de l'empire. Il avait pourtant la haine de la politique, il professait dans ses livres le néant de l'homme, l'imbécillité universelle. Mais, dans la pratique, il croyait à la hiérarchie, il avait du respect, ce qui nous surprenait, nous qui sommes d'une génération sceptique; une princesse, un ministre, sortaient à ses yeux du commun, et il s'inclinait, il « gobait », comme nous nous permettions de le dire entre nous. Il est donc aisé de comprendre son effarement, à la désorganisation brusque d'un régime, dont la pompe l'avait ébloui. Dans une lettre écrite à Ernest Feydeau, après la mort de Théophile Gautier, il parle de « l'infection moderne », il déclare que, depuis le Quatre Septembre, tout est fini pour eux. Lors de mes premières visites, il m'interrogeait curieusement sur les démagogues, qu'il croyait de mes amis. Le triomphe des idées démocratiques lui semblait être l'agonie des lettres. En somme, il n'aimait pas son temps, et je reparlerai de cette haine qui influait beaucoup sur son tempérament littéraire. Bientôt, d'ailleurs, le spectacle de nos luttes politiques l'emplit de dégoût, ses anciens amis, les bonapartistes, lui parurent aussi bêtes et aussi maladroits que les républicains. J'insiste, parce qu'il faut bien établir qu'aucun parti ne saurait le réclamer. En dehors de ses instincts autoritaires et de sa croyance au pouvoir, même dans ses représentants les plus médiocres, il avait un trop large mépris de l'humanité. Je trouve en lui un exemple assez fréquent, chez les grands écrivains, d'un révolutionnaire qui démolit tout, sans avoir la conscience de sa terrible besogne, et malgré une bonhomie qui le fait croire aux conventions sociales et aux mensonges dont il est entouré.

Il faut noter ici un autre trait caractéristique : Flaubert était un provincial. Un de ses vieux amis disait un peu méchamment : « Ce diable de Flaubert, plus il vient à Paris, et plus il devient provincial. » Entendez par là qu'il gardait des naïvetés, des ignorances, des préjugés, des lourdeurs d'homme qui, tout en connaissant fort bien son Paris, n'en avait jamais été pénétré par l'esprit de blague et de légèreté spirituelle. Je l'ai comparé à Corneille, et ici la ressemblance s'affirme encore. C'était le même esprit épique, auquel le papotage et les fines nuances échappaient. On a fait remarquer avec raison que *Madame Bovary* était son œuvre la plus vécue, et que, dans l'*Éducation sentimentale*, le côté parisien offrait parfois une touche lourde et embarrassée ; le salon de Mme Dambreuse, par exemple, ressemble plus à un sérail qu'à une réunion de jeunes femmes poussées sur le pavé de Paris. Il voyait humain, il perdait pied dans l'esprit et dans la mode. Ce côté provincial se trouvait chez l'homme, disposé à tout croire, manquant de ce scepticisme qui met en défiance ; jamais personne n'a été plus trompé que lui par les apparences, il fallait des catastrophes pour lui ouvrir les yeux. Sans aimer le monde, souffrant beaucoup de la chaleur des salons, il se croyait forcé à des visites, il passait son habit noir avec une certaine solennité, tout en le plaisantant ; et, quand il était habillé, cravaté et ganté de blanc, il se posait devant vous avec son : « Voilà, mon bon ! » accoutumé, où il entrait un peu de la joie enfantine d'un simple romancier qui va chez les grands. Tout cela était plein de bonhomie et nous attendrissait, mais le bourgeois de province apparaissait au fond.

Oui, le grand mot est lâché : Flaubert était un bourgeois, et le plus digne, le plus scrupuleux, le plus rangé qu'on pût voir. Il le disait souvent lui-même, fier de la considération dont il jouissait, de sa vie entière donnée au travail ; ce qui ne l'empêchait pas d'égorger les bourgeois, de les foudroyer à chaque occasion, avec ses emportements lyriques. Cette contradiction s'explique aisément. D'abord, Flaubert avait grandi en plein romantisme, au milieu des terribles paradoxes de Théophile Gautier, qui a eu sur lui une influence dont nous étions tous frappés ; je parle ici d'une influence toute d'extérieur, car le seul homme qui ait influé véritablement sur ses œuvres a été Louis Bouilhet. Puis, il faut distinguer, l'injure de bourgeois était dans sa bouche un anathème généralisé et lancé à la tête de l'humanité bête ; par bourgeois, il entendait les sots, les éclopés, ceux qui nient le soleil, et non les braves gens qui vivent sans tapage, au coin de leur feu. J'ajouterai que ses grandes colères tombaient comme des soupes au lait. Il criait très fort, gesticulant, le sang au visage ; puis, il se calmait brusquement, c'était comme des airs de bravoure que, dans son intimité avec les hommes de 1830, il avait appris à se jouer à lui-même. A ce propos, on m'a raconté qu'un écrivain russe, avec qui Tourgueneff nous avait fait dîner, a été tellement surpris de cette violence un peu théâtrale de Flaubert, que, dans un article où il a parlé de lui plus tard, il l'a accusé de « 'fatuité ». Ce mot me paraît si impropre, que je proteste de toute mon énergie. Flaubert était d'une absolue bonne foi dans ses emportements, à ce point qu'il risquait souvent l'apoplexie et qu'on devait ouvrir les fenêtres pour lui faire prendre l'air ; mais j'accorde qu'il y avait eu sans doute un entraînement antérieur, que la littérature, l'amour de la force et de l'éclat était pour beaucoup dans son attitude. Ce que je constate, d'ailleurs, c'est que cet homme si violent en paroles, n'a jamais eu une violence d'action. Il était d'une douceur de père avec ses amis, et ne se fâchait que contre les imbéciles. Encore, avec sa bonhomie, avec un manque de sens critique sur lequel je reviendrai, ne traitait-il pas tous les imbéciles aussi sévèrement. Un lieu commun échappé par hasard le jetait hors de lui, lorsqu'il tolérait des médiocrités et allait jusqu'à les défendre. La bêtise courante, la platitude quotidienne et dont personne n'est entièrement dégagé, l'exaspérait plus encore que ce néant douloureux de l'homme qu'il a si largement peint dans ses œuvres. Ces deux traits le caractérisent très fidèlement : il criait autant qu'il croyait, sa facilité à se tromper sur les hommes et les choses égalait sa facilité à se mettre en colère. C'était un cœur très bon, plein d'enfantillages et d'innocences, un cœur très chaud, qui éclatait en indignations à la plus légère blessure Son charme puissant se trouvait là, et voilà pourquoi nous l'adorions tous comme un père.

III

Mes premières visites à Flaubert furent une grande désillusion, presque une souffrance. J'arrivais avec tout un Flaubert bâti dans ma tête, d'après ses œuvres, un Flaubert qui était le pionnier du siècle, le le peintre et le philosophe de notre monde moderne. Je me le représentais comme ouvrant une voie nouvelle, fondant un État régulier dans la province conquise par le romantisme, marchant à l'avenir avec force et confiance. En un mot, j'allais chercher l'homme de ses livres, et je tombais sur un terrible gaillard, esprit paradoxal, romantique impénitent, qui m'étourdissait pendant des heures sous un déluge de théories stupéfiantes. Le soir, je rentrais malade chez moi, moulu, ahuri, en me disant que l'homme était chez Flaubert inférieur à l'écrivain. Depuis, je suis revenu sur ce jugement, j'ai goûté la saveur d'un tempérament si plein de contradictions, je me suis habitué, et pour rien au monde je n'aurais voulu qu'on me changeât mon Flaubert. Mais l'impression première n'en avait pas moins été une déception, déception que j'ai vu se reproduire chez tous les jeunes gens qui l'ont approché.

Par exemple, comment voulez-vous qu'on écoutât

sans surprise ce qu'il disait de *Madame Bovary*. Il jurait n'avoir écrit ce livre que pour « embêter » les réalistes, Champfleury et ses amis ; il voulait leur montrer qu'on pouvait être à la fois un peintre exact du monde moderne et un grand styliste. Et cela était dit si carrément, qu'on en venait à se demander s'il avait eu conscience de son œuvre, s'il avait prévu l'évolution qu'elle allait produire dans les lettres. En vérité, j'en doute aujourd'hui ; beaucoup de génies créateurs en sont là, ils ignorent le siècle nouveau qu'ils apportent. Toutes ses théories concluaient contre la formule que nous, ses cadets, avons prise dans *Madame Bovary*. Ainsi, il déclarait de sa voix tonnante que le moderne n'existe pas, qu'il n'y a pas de sujets modernes ; et lorsque, effaré par cette affirmation, on le poussait pour comprendre, il ajoutait qu'Homère était tout aussi moderne que Balzac. S'il avait dit humain, on se serait entendu ; mais moderne restait inacceptable. Du reste, il semblait nier les évolutions en littérature. J'ai discuté vingt fois avec lui à ce propos, sans arriver à lui faire confesser, l'histoire de notre littérature à la main, que les écrivains ne poussaient pas comme des phénomènes isolés ; ils se tiennent les uns les autres, ils forment une chaîne affectant certaines courbes, selon les mœurs et les époques historiques. Lui, en individualiste forcené, me criait des mots énormes : il s'en fichait (mettez un autre terme), ça n'existait pas, chaque écrivain était indépendant, la société n'avait rien à voir dans la littérature, il fallait écrire en beau style, et pas davantage. Certes, je tombais d'accord qu'il serait imbécile de vouloir fonder une école ; mais j'ajoutais que les écoles se fondent d'elles-mêmes, et qu'il faut bien les subir. Le malentendu n'en a pas moins continué entre nous jusqu'à la fin ; sans doute il croyait que je rêvais de réglementer les tempéraments, lorsque je faisais simplement une besogne de critique, en constatant les périodes qui s'étaient développées dans le passé et qui se développent encore sous nos yeux. Les jours où il s'emportait contre les étiquettes, les mots en *isme*, je lui répondais qu'il faut pourtant des mots pour constater des faits ; souvent même ces mots sont forgés et imposés par le public, qui a besoin de se reconnaître, au milieu du travail de son temps. En somme, nous nous entendions sur le libre développement de l'originalité, nous avions la même philosophie et la même esthétique, les mêmes haines et les mêmes tendresses littéraires ; notre désaccord ne commençait que si je tâchais de le pousser plus avant, en remontant de l'écrivain au groupe, en cherchant à savoir d'où venait notre littérature et où elle allait.

Si je ne suis pas très clair ici, c'est qu'à la vérité je n'ai jamais bien saisi l'ensemble de ses idées sur la littérature. Elles me semblaient fort décousues, elles partaient brusquement dans la conversation avec une raideur de paradoxe et un éclat de tonnerre, le plus souvent pleines de contradictions et d'imprévu. Peut-être était-ce moi qui voulais mettre un peu trop de logique entre le penseur et l'écrivain chez Flaubert. J'aurais désiré que l'auteur de *Madame Bovary* aimât le monde moderne, qu'il se rendît compte de l'évolution dont il était un des agents les plus puissants ; et cela me chagrinait de tomber sur un romantique qui « gueulait » contre les chemins de fer, les journaux et la démocratie, sur un individualiste pour qui un écrivain était un absolu, un simple phénomène de rhétorique. Le jour de notre terrible discussion sur Chateaubriand, comme il prétendait qu'en littérature la phrase bien faite seule importait, je l'exaspérais en disant : « Il y a autre chose que des phrases bien faites dans *Madame Bovary*, et c'est par cette autre chose que cette œuvre vivra. Dites ce que vous voudrez, vous n'en avez pas moins porté le premier coup au romantisme. » Alors, il cria que *Madame Bovary* était de la m..., qu'on finissait par l'assommer avec ce bouquin-là, qu'il le donnerait volontiers pour une phrase de Chateaubriand ou d'Hugo. Il se refusait absolument à voir autre chose que de la littérature dans les romans des autres et même dans les siens ; il y niait, je ne dirai pas le progrès, mais jusqu'au mouvement des idées ; de la belle langue, rien de plus. Et son individualisme, son horreur des groupes, venait d'un grand orgueil. Un de ses mots favoris, quand on exposait ses principes dans une préface, et qu'on s'y rattachait à un mouvement quelconque, était : « Soyez donc plus fier ! » Faire des phrases correctes et superbes, et les faire dans son coin, en bénédictin qui donne sa vie entière à sa tâche, tel était son idéal littéraire.

J'ai dit un mot de sa haine du monde moderne. Elle éclatait dans toutes ses paroles. Il avait pris cette haine dans son intimité avec Théophile Gautier ; car, l'année dernière, lorsque j'ai lu le volume de souvenirs publié par M. Bergerat sur son beau-père, je suis resté stupéfait de retrouver tout mon Flaubert dans les paradoxes à jet continu de l'auteur de *Mademoiselle de Maupin*. C'était le même amour de l'Orient, la passion des voyages, loin de cet abominable Paris, bourgeois et étriqué. Flaubert se disait né pour vivre là-bas, sous une tente ; l'odeur du café lui causait des hallucinations de caravanes en marche ; il mangeait des mets les plus abominables avec religion, pourvu que ces mets eussent un nom d'une belle allure exotique. C'était les mêmes diatribes contre toutes nos inventions ; la vue seule d'une machine le jetait hors de lui, dans une crise d'antipathie nerveuse. Il prenait bien le chemin de fer pour aller à Rouen, simplement pour économiser le temps, disait-il ; mais il ne cessait de gronder pendant tout le voyage. C'était encore les mêmes railleries devant les mœurs et les arts nouveaux, un regret continuel de la vieille France, selon son expression, une sorte d'aveuglement volontaire et de peur sourde devant l'avenir ; à l'entendre, demain allait nous manquer, nous marchions à un abîme noir ; et, quand j'affirmais mes croyances au vingtième siècle, quand je disais que notre vaste mouvement scientifique et social devait aboutir à un épanouissement de l'humanité, il me regardait fixement de ses gros yeux bleus, puis haussait les épaules. Du reste, c'étaient là des questions générales qu'il n'abordait pas ; il préférait rester dans la technique littéraire. Mais il réservait surtout ses colères pour la presse ; le tapage des journaux, l'importance qu'ils se donnent, les sottises qu'ils impriment fatalement dans la hâte avec laquelle ils sont faits, le soulevaient de fureur. Il parlait de les tous supprimer d'un coup. Ce qui le blessait particulièrement, c'étaient les détails qu'on donnait parfois sur sa personne. Il trouvait cela inconvenant, il disait que l'écrivain seul appartenait au public. Je fus fort mal reçu un jour que je me hasardai à lui dire qu'en somme le critique qui s'occupait de son vêtement et de sa nourriture, faisait sur lui le même travail d'analyse que lui-même, romancier, faisait sur les personnages dont il observait les figures dans la vie. Cette logique le bouleversa, jamais il ne voulut convenir que tout marche à la fois et que la presse à informations est la petite sœur, fort mal soignée si l'on veut, de *Madame Bovary*. D'ailleurs, cet homme si féroce qui parlait de pendre tous les journalistes, était ému aux larmes, dès que le dernier des plumitifs faisait sur lui un bout d'article. Il lui trouvait du talent, il promenait le journal dans sa poche. A dix années de distance, il répétait de mémoire des phrases écrites sur ses livres, encore touché des éloges et frémissant des critiques. Il est toujours resté un débutant, par cette fraîcheur d'impression. Riche et travaillant à ses heures, n'ayant pas traversé la presse, il l'ignorait, la méprisant trop parfois et croyant parfois trop à elle. Bien qu'il s'emportât contre toute publicité, souvent une réclame, une simple annonce le ravissait. Il avait, comme nous tous, hélas! ce besoin maladif d'occuper le monde de sa personne. Seulement, il y mettait une naïveté de grand enfant. Quelques semaines avant sa mort, comme la *Vie moderne* publiait sa féerie : *le Château des cœurs*, il fut enchanté parce que le journal se trouvait étalé aux vitrines des libraires de Rouen, où sa vieille bonne de Croisset l'avait vu. « Je deviens un grand homme, » écrivait-il. N'est-ce pas là une note exquise?

Cette bonhomie si charmante venait d'un manque de critique absolu. Il faut s'entendre, il était un très

bon juge pour lui-même, et il avait une très large
érudition ; mais, dans ses opinions sur les autres, les
proportions manquaient, ses facilités à croire le por-
taient à de singulières indulgences, tandis que son
entêtement à ne jamais généraliser, à ne pas tenir
compte de l'histoire des idées, l'enfonçait dans des
sévérités de pur rhétoricien. Parfois il témoignait
ainsi des admirations qui nous surprenaient, d'au
tant plus qu'il se montrait d'une injustice révoltante
à l'égard des talents qui lui étaient antipathiques.
Pour me faire nettement comprendre, il faut que je
revienne encore à son idéal littéraire. Souvent, il
répétait : « Tout a été dit avant nous, nous n'avons
qu'à redire les mêmes choses, dans une forme plus
belle, si c'est possible. » Ajoutez que, lorsqu'il
s'échauffait dans une discussion, il en arrivait à nier
tout ce qui n'était pas le style ; et c'était alors des
affirmations qui nous consternaient : les bonshommes
n'existaient pas dans un livre, la vérité était une blague, les notes ne servaient à rien, une seule phrase
bien faite suffisait à l'immortalité d'un homme ; paroles d'autant plus troublantes, qu'il reconnaissait
lui-même avoir la bêtise de perdre son temps à ra-
masser des documents et à ne vouloir planter debout
que des figures exactes et vivantes. Quel cas étrange
et profond, l'auteur de *Madame Bovary* et de l'*Éducation sentimentale* méprisant la vie, méprisant la
vérité, et finissant par se tuer dans le tourment de
plus en plus aigu de la seule perfection du style ! On
comprendra dès lors ses engouements et ses haines
littéraires. Il savait par cœur des phrases de Chateaubriand et de Victor Hugo, qu'il déclamait avec une
emphase extraordinaire. Goncourt disait en riant que

des annonces chantées sur ce ton auraient paru sublimes. Et Flaubert ne sortait pas de ses phrases, à ses yeux tout Chateaubriand et tout Hugo semblaient être là. Naturellement, pour les mêmes raisons, il tenait en petite estime Mérimée, et il exécrait Stendhal. Il appelait ce dernier : monsieur Beyle, comme il appelait Musset : monsieur de Musset. Pour lui, le poète n'était qu'un amateur qui avait eu le mauvais goût de se moquer de la langue et de lâcher la prosodie. Quant à Stendhal, n'était-ce pas ce railleur pincé qui s'était vanté de lire chaque matin une page du Code pour prendre le ton? Nous savions ce grand psychologue, selon le mot de M. Taine, si antipathique à Flaubert, que nous évitions même de prononcer son nom. J'ajouterai ici qu'il devenait très difficile de discuter avec Flaubert, quand on n'était pas de son avis ; car il ne discutait pas posément, en homme qui a des arguments à faire valoir et qui consent à écouter ceux de son adversaire, avec le désir de s'éclairer ; il procédait par affirmations violentes et perdait presque aussitôt la tête, si l'on ne pliait pas devant lui. Alors, pour lui éviter un chagrin, pour ne pas lui faire courir le risque d'un coup de sang, nous disions comme lui ou bien nous gardions le silence. Il était absolument inutile de vouloir le convaincre.

Heureusement, à côté du styliste impeccable, de ce rhétoricien affolé de perfection, il y a un philosophe dans Flaubert. C'est le négateur le plus large que nous ayons eu dans notre littérature. Il professe le véritable nihilisme, — un mot en *isme* qui l'aurait mis hors de lui, — il n'a pas écrit une page où il n'ait creusé notre néant. Le plus étrange est, je le

répète, que ce peintre de l'avortement humain, que
ce sceptique amer, était un homme si tendre et
si naïf au fond. On se tromperait fort, si l'on
se le représentait comme un Jérémie se lamentant sur l'effondrement continu du monde ; dans
l'intimité, il ne soulevait guère ces questions, il sacrait quelquefois contre les petites misères de l'existence, mais sans lyrisme. Un brave homme, voilà
son signalement. Son comique si particulier demanderait aussi à être étudié. La bêtise l'attirait par une
sorte de fascination. Quand il avait découvert un document de grosse sottise, c'était pour lui un épanouissement, il en parlait pendant des semaines. Je
me souviens qu'il s'était procuré un recueil de pièces
de vers uniquement écrites par des médecins ; il
nous forçait à en écouter des morceaux, qu'il lisait
de sa voix la plus retentissante, et il s'étonnait quand
nous n'éclations pas comme lui d'un rire énorme.
Un jour, il eut cette parole triste : « C'est singulier,
je ris maintenant de choses dont personne ne rit
plus. » A Croisset, il avait d'étranges collections dans
des cartables, des procès-verbaux de gardes-champêtres, des pièces de procès curieux, des images enfantines et stupides, tous les documents de l'imbécillité humaine qu'il avait pu rassembler. Remarquez
que ses livres sont là tout entiers, qu'il n'a jamais
fait qu'étudier cette imbécillité, même dans les visions
splendides de la *Tentation de saint Antoine*. Il jetait
simplement son admirable style sur la sottise humaine, et je dis la plus basse, la plus terre à terre,
avec parfois de grandes échappées de poète blessé.
Son comique n'est pas l'esprit léger du dernier siècle, le rire fin et malicieux, le coup de griffe qui cin-

gle; mais un comique qui remonte au seizième siècle, de sang plus épais et de patte plus lourde, bonhomme et brutal à la fois, faisant un trou. Cela explique encore son manque de succès dans les salons et auprès des femmes. On lui trouvait une gaieté de commis-voyageur. Dans l'intimité, il était terrible, quand il se déboutonnait.

Voilà donc des traits de sa physionomie, qui pourront aider à la reconstruire. Pour moi, je me résume en disant qu'il n'avait pas voulu l'évolution apportée dans le roman par *Madame Bovary*, et qu'il a toujours refusé d'en voir et d'en mesurer les conséquences. Ce livre a été simplement un produit de son tempérament qui s'est rencontré au confluent de Balzac et de Victor Hugo. Il a mis sa gloire à être un rhétoricien, lorsqu'il a été plus encore un observateur et un expérimentateur. En étudiant en lui l'écrivain, on voit aisément comment ses facultés diverses, les contradictions apparentes qu'il apportait, ont fait de lui le romancier qu'il a été, sans qu'il ait résolu de l'être.

IV

Je passe maintenant aux livres de Gustave Flaubert.

Il faut se rappeler qu'il débuta seulement à trente-cinq ans, en 1856. Ses amis semblaient même avoir une assez médiocre confiance en son avenir. Cela indiquerait que, jusque-là, il avait hésité, échoué dans des tentatives, montrant les indécisions et les avortements de son Frédéric Moreau; on m'a en effet affirmé qu'avant *Madame Bovary*, il avait écrit

trois ouvrages considérables, dont les manuscrits
n'existent même plus. Pourtant, il ne parlait jamais
de ses premiers essais ; il ne citait guère en plaisantant qu'une sorte de tragédie comique sur la vaccine.
Sans doute il avait rimé beaucoup de vers médiocres, qu'on retrouvera peut-être dans ses papiers.
Louis Bouilhet était alors le grand homme du
groupe, et M. Maxime Ducamp avait déjà un nom
presque célèbre, lorsque Flaubert se débattait encore dans les incertitudes d'un début pénible. Je
suis certain que, malgré son large cœur, il souffrit
de cette situation, de cette première impuissance où
son génie restait paralysé, tandis que des talents
inférieurs se produisaient si aisément et paraissaient le tenir en dédain. J'explique ainsi l'admiration exagérée qu'il a toujours professée pour
Bouilhet, en homme qui avait vu autrefois un
maître dans ce poëte de second ordre.

L'apparition de *Madame Bovary* fut donc une
surprise. Ce livre, écrit après le voyage en Orient,
aurait été inspiré, dit-on, par la lecture d'un simple
fait divers, le suicide de la femme d'un médecin que
Flaubert connaissait. D'autre part, M. Maxime Ducamp m'a écrit : « *Madame Bovary* est un livre qu'on
lui a imposé, qu'il s'est imposé à lui-même et qui est
sorti de circonstances toutes spéciales, fort douloureuses pour lui ; » et je crois savoir que M. Ducamp
se réserve d'expliquer cette phrase mystérieuse dans
une étude qu'il compte écrire sur Flaubert. Peu importe, d'ailleurs ; l'auteur inconnu, travaillant dans
son coin, arrivait avec cette note puissamment originale qui allait transformer le roman : voilà la
grande affaire. Je ne crois pas que les amis de Flau-

bert aient même alors senti la portée d'une telle œuvre. Il leur en lisait des morceaux, et l'on prétend qu'ils lui faisaient faire de nombreuses corrections, ce dont je doute fort, car le Flaubert des dernières années n'était pas un homme à changer une virgule. Du reste, tous lancés dans le mouvement romantique, ils devaient, ainsi que lui, regarder *Madame Bovary* comme une bonne plaisanterie lyrique faite aux réalistes de l'époque. On connaît le procès ridicule intenté à l'auteur et le succès retentissant du roman. A ce propos, je note que Flaubert, malgré sa bonhomie, n'oubliait pas facilement les injures; il a toujours gardé rancune à M. Pinard, qui lança contre lui son réquisitoire fameux, devenu aujourd'hui un monument de drôlerie. Le livre rapporta très peu au romancier, huit cents francs, je crois; il faudrait raconter cette histoire tout au long, car elle est une page curieuse de notre librairie. Il est vrai que, plus tard, il vendit assez cher au même éditeur *Salammbô* et l'*Éducation sentimentale*. Mais ce que je veux nettement établir, c'est la singulière haine que Flaubert conçut peu à peu contre *Madame Bovary*. Après ses autres œuvres, comme on lui jetait toujours son premier roman à la tête, comme on lui répétait : « Donnez-nous une autre *Madame Bovary* », il se prit à maudire cette fille aînée qui faisait un pareil tort à ses sœurs cadettes. Cela alla si loin qu'un jour il nous déclara sérieusement que, s'il n'avait pas eu besoin d'argent, il l'aurait retirée absolument du commerce, en empêchant qu'on en tirât des éditions nouvelles. Peut-être aussi éprouvait-il, dans son cœur de romantique, un sourd chagrin, à voir la terrible poussée naturaliste que son œuvre avait produite dans notre littérature. Je retrouve là l'inconscience dont j'ai parlé.

J'ai peu de notes sur *Salammbô*. Le succès fut encore très retentissant ; je me souviens des plaisanteries de la petite presse, des caricatures, des parodies. Le bruit devint surtout énorme, après qu'une grande dame se fut risquée en costume de Salammbô dans un bal des Tuileries. Le livre avait paru en 1863. Il avait coûté à Flaubert un travail considérable de recherches, sans parler du voyage qu'il, avait fait à Tunis. Aussi doit-on se rappeler la polémique violente qu'il eut avec un savant, M. Frœhner, qui contestait l'exactitude de ses documents. Il regimba de même, mais avec cordialité, contre l'article où Sainte-Beuve parlait d'une « pointe sadique ». Ce sont les deux seules occasions où il se laissa entraîner à la polémique. Il était alors très intime avec Sainte-Beuve, qu'il rencontrait chez la princesse Mathilde et à leur dîner de Magny, dont on a tant parlé. Ce fut aussi chez Magny qu'il se lia avec les autres convives, MM. Taine, Renan, Paul de Saint-Victor, le prince Napoléon, sans parler de Théophile Gautier et des Goncourt. George Sand, je crois, y parut à plusieurs reprises. Elle aimait beaucoup Flaubert, elle le tutoyait et lui écrivait de longues lettres, bien qu'ils ne s'entendissent guère ensemble sur la littérature ; je me rappelle une discussion entre eux, à propos de Sedaine, qu'elle lui vantait et qu'il déclarait être de l'eau claire ; quand elle mourut, il éprouva un très grand chagrin. Pour en finir avec *Salammbô*, je le trouvai triste, un jour qu'il achevait de revoir les épreuves de l'édition définitive qui a paru dernièrement ; et il me dit que l'ouvrage venait de lui paraître d'un bon tiers trop long. Plus il allait, et plus il avait un besoin de sobriété. La sobriété, c'est la perfection.

En somme, le livre dont il a le plus souffert est l'*Education sentimentale*. Il avait mis tout son effort dans cette œuvre, remuant les bibliothèques, consultant les journaux et les gravures, se donnant un mal énorme pour reconstituer les lieux, qui ont singulièrement changé depuis quarante ans. Lorsqu'un écrivain passe six ou sept années sur un ouvrage, et qu'il y emploie une pareille somme de travail et de volonté, il donne naturellement à cet ouvrage une importance considérable. Flaubert était donc persuadé qu'il lançait une œuvre bien supérieure à *Madame Bovary*, et dont l'apparition devait porter un formidable coup dans le public. Du reste, il n'a jamais publié un livre, sans croire fortement au succès, avec une confiance d'enfant et une ignorance des conditions de la vente en librairie, qui rappelaient les beaux rêves de Balzac. On le plaisanta beaucoup, à l'époque, sur la prétendue caisse en bois des îles, dans laquelle il avait apporté l'*Education sentimentale* de Croisset à Paris ; cette caisse était en bois blanc, et Flaubert expliquait qu'il l'avait fait faire par le menuisier de son village, pour transporter avec plus de facilité et de sûreté son manuscrit, qui était énorme ; ajoutez qu'il devait en lire des passages chez la princesse Mathilde, et qu'il n'aurait pas su comment se présenter, avec un tel paquet de papier entre les bras. Le roman parut à la fin de 1869. Le succès de vente fut médiocre, les journaux attaquèrent l'œuvre avec violence, et

Flaubert tomba brusquement du haut de son rêve. La chute fut si douloureuse, qu'il s'en ressentit jusqu'à la fin. Ce qui lui fut le plus sensible, ce fut le silence qui enterra bientôt l'*Education sentimentale;* on la déclara ennuyeuse à mourir, et personne n'en parla plus. Il courut s'enfermer à Croisset ; c'était son refuge, dans les gros chagrins. Lorsque nous allâmes le voir dernièrement, il nous disait en montrant son cabinet : « Voici une pièce où j'ai beaucoup travaillé et où j'ai souffert plus encore. » Cela m'avait vivement ému, car je connais cette souffrance du cerveau qui se dévore dans la solitude. Là-bas, il cachait toutes ses plaies ; il sanglotait sur ce divan où il est mort, il agonisait à cette table où il a raturé tant de phrases rebelles. Il faut savoir ce que lui coûtait une bonne page, lui qui s'était stérilisé volontairement, dans son désir toujours inassouvi de la perfection. C'était un arrachement continu, des couches douloureuses à hurler, des doutes sans cesse renaissants, jusqu'à se traiter de brute, à se croire idiot. Il nous le répétait souvent : « Toutes les nuits, j'ai envie de me casser la margoulette. » Songez alors quelle dut être la torture de cet homme, lorsqu'il se trouva seul, avec l'écroulement de son œuvre derrière lui ! Il voyait par terre sept années de travail, il était ébranlé dans toutes ses convictions. Les grands producteurs se consolent vite, mais lui devait attendre des années pour se remettre à croire. Puis, les temps étaient sombres, l'invasion arriva et acheva de le bouleverser. Ce romancier dont on blâme le scepticisme et l'indifférence, qui n'a jamais écrit les mots de patrie et de drapeau, souffrit abominablement de l'occupation étrangère. Quand je le

revis, il en était absorbé, tout pâle et tout tremblant.
Ce furent ses années mauvaises, celles dont j'ai
parlé, et qu'il passa rue Murillo. La blessure de l'*E-
ducation sentimentale* était toujours au fond. Souvent,
il s'arrêtait brusquement devant un de nous, en s'é-
criant : « Mais expliquez-moi donc pourquoi ce
bouquin n'a pas eu de succès ! » L'année dernière, à
la suite d'un article que je fis à propos d'une nouvelle édition du roman, il m'écrivit une lettre où il
le définissait d'une phrase bien juste. « C'est un livre
honnête », disait-il. Puis, il ajoutait que peut-être
avait-il eu le tort de sortir du cadre fatal de tout
roman, en écrivant ce journal de la vie telle qu'elle
est. Ainsi, il en était arrivé à douter de lui-même, ce
qui annonçait un terrible travail en lui, pour qui le
connaissait.

Quant à la *Tentation de saint Antoine*, elle l'a
occupé plus de vingt ans. Avant *Madame Bovary*
il y avait travaillé ; un fragment, la visite de la
reine de Saba, parut même dans l'*Artiste*. Mais
toujours il remettait l'ouvrage sur le chantier, sans
pouvoir se contenter. Le premier texte du morceau
de la reine de Saba serait, dit-on, meilleur que celui
qu'il a refait depuis, ce qui prouve le côté presque
maladif de son besoin de perfection. En 1874, lorsqu'il eut enfin terminé l'œuvre, ce fut pour lui un
grand soulagement; non pas qu'il fût absolument satisfait, mais il n'y voyait plus clair, selon son expression, et il avait peur de tout recommencer de nouveau, s'il ne se décidait pas à publier. Le succès fut
encore moindre que pour l'*Education sentimentale*.
Flaubert s'en étonna, car il s'était imaginé qu'une
telle œuvre de science et d'art pouvait aisément de-

venir populaire; mais il n'en souffrit pas autant que nous le craignions. La *Tentation de saint Antoine* est restée jusqu'à la fin son œuvre favorite.

Des *Trois contes*, je parlerai peu. Flaubert les regardait comme une distraction. Il avait commencé *Bouvard et Pécuchet*, le livre posthume qu'il a laissé, lorsque, terrifié de la besogne, accablé par la perte de sa fortune, il lâcha ce gros travail et s'amusa à écrire les trois nouvelles : *la Légende de saint Julien l'Hospitalier, Un cœur simple* et *Hérodias*. Chacune lui coûta six mois environ. C'était là ce qu'il appelait se reposer. Maintenant, je devrais dire ce que je sais de *Bouvard et Pécuchet;* mais je serai bref, le livre n'a pas paru, et je préfère ne pas le déflorer. *Bouvard et Pécuchet*, dans l'idée de l'auteur, doit être pour le monde moderne ce que la *Tentation de saint Antoine* est pour le monde antique : une négation de tout, ou plutôt une affirmation de la sottise universelle. Seulement, la *Tentation de saint Antoine* est une épopée poussée au lyrisme, tandis que *Bouvard et Pécuchet* est une comédie poussée presque jusqu'à la caricature. Flaubert a pris deux bonshommes, deux anciens employés de ministère, qu'il a fait se retirer à la campagne où ils tentent toutes les connaissances humaines, par manière de distraction et dans le but plus noble de se rendre utiles; naturellement, leurs tentatives échouent, ils sont un continuel avortement, et lorsqu'ils ont passé stérilement de l'agriculture à l'histoire et de la littérature à la religion, ils ne trouvent plus qu'une occupation intéressante, celle de copier tous les papiers imprimés qui leur tombent sous la main. Cette copie des deux bonshommes devait former un second volume, dans lequel Flaubert aurait publié les âneries échappées aux plumes les plus médiocres et les plus illustres, en commençant par lui-même; j'ignore si ce second volume était assez complet avant sa mort, pour qu'il puisse paraître. Ce que je sais, c'est que *Bouvard et Pécuchet* a donné une peine atroce à Flaubert; plusieurs fois, il a été sur le point de tout lâcher, tellement cette revue monotone des connaissances humaines présentait de difficultés, et tellement il se perdait dans des recherches compliquées. Le seul chapitre de l'agriculture, à peine trente pages, l'a forcé à lire cent sept ouvrages sur la matière. Il s'entêtait pourtant; l'œuvre était une vieille idée de jeunesse à laquelle il croyait. Je me permettrai ici une anecdote qui montre quelle importance il donnait aux moindres détails. Il nous faisait d'abord à nous-mêmes un mystère du titre de son livre; il disait: « Mes bonshommes »; plus tard, quand il nous le confia, il ne le désignait encore que par les initiales B et P, dans ses lettres. Un jour donc, comme nous déjeunions chez Charpentier, nous parlions des noms, et je dis que j'en avais trouvé un excellent, Bouvard, pour un personnage de *Son Excellence Eugène Rougon*, le roman auquel je travaillais alors. Je vis Flaubert devenir singulier. Quand nous quittâmes la table, il m'emmena au fond du jardin, et là, avec une grosse émotion, il me supplia de lui abandonner ce nom de Bouvard. Je le lui abandonnai en riant. Mais il restait sérieux, très touché, et il répétait qu'il n'aurait pas continué son livre, si j'avais gardé le nom. Pour lui, toute l'œuvre était dans ces deux noms : *Bouvard* et *Pécuchet*. Il ne la voyait plus sans eux.

Je ne puis me dispenser de dire aussi un mot du *Candidat*, cette pièce malheureuse qui n'eut aucun succès au Vaudeville. La passion du théâtre l'avait toujours tourmenté, mais sans le déranger trop de ses romans. C'était surtout l'exemple de Bouilhet qui l'enflammait. Il avait fait avec lui une pièce : le *Sexe faible*, qui fut d'abord reçue au Vaudeville. Puis, M. Carvalho, alors directeur, préféra avoir une pièce de lui tout seul, et ce fut ainsi que Flaubert écrivit le *Candidat*. Il crut d'abord à sa pièce, mais à la répétition générale, qui nous consterna, il sentit la chute fatale. Son attitude fut très belle, très crâne, dans cette occasion. Il assista à sa défaite sans émotion apparente ; la salle fut froidement respectueuse, à peine y eut-il deux ou trois coups de sifflet. Dehors, il neigeait. Je le retrouvai à la sortie, fumant un cigare sur le trottoir, et il rentra à pied, en causant avec des amis. A la quatrième représentation, il retirait la pièce. Il était simplement étonné que le comique qu'il y avait mis, n'eût pas porté davantage. S'il a souffert de cet écroulement, nous n'en avons rien su. Et, à ce propos, je veux montrer ici par un exemple le grand cœur qu'il était, exempt de toute jalousie, même de tout retour personnel, devant le succès d'un ami. Peu de temps après le *Candidat*, dans cette même salle du Vaudeville qui lui rappelait un si cruel souvenir, il vint applaudir furieusement *Fromont jeune et Risler aîné*, d'Alphonse Daudet. Aux premières représentations de ceux qu'il aimait, il dominait ses voisins de sa haute taille, violent et superbe, jetant des regards de défi aux adversaires, gardant sa canne, enfonçant le plancher à grands coups, pour appuyer la claque. Jamais je n'ai vu sur son visage l'ombre la plus légère, lorsque nous avions un triomphe, nous ses cadets heureux; il nous embrassait et pleurait de tendresse. C'est bien rare et bien beau dans notre monde, où les meilleurs sont ravagés par l'humanité souffrante qui est en eux.

Plus tard, il nous lut le *Sexe faible*, qu'il allait faire jouer au théâtre Cluny. L'idée était ingénieuse, il y avait d'excellentes scènes; mais l'agencement général nous parut très faible, et devant notre silence embarrassé, il comprit et arrêta la pièce. Je n'assurerais pas qu'il ne perdit pas, ce jour-là, une illusion encore chère; car, pendant les répétitions du *Candidat*, il nous parlait de cinq ou six sujets de pièces qui lui étaient venus et qu'il voulait mettre à la scène, si le public mordait. Il ne nous en a jamais reparlé, il avait renoncé au théâtre. La seule tendresse qu'il eût gardée était pour sa féerie : *le Château des cœurs*, faite en collaboration avec Louis Bouilhet et d'Osmoy, et que la *Vie moderne* a publiée dernièrement. Il disait toujours qu'il voudrait, avant de mourir, voir à la scène les tableaux du Cabaret et du Royaume du Pot-au-Feu. Il ne les y a pas vus, et ses amis pensent que cela vaut mieux.

Gustave Flaubert ne laisse, comme œuvre posthume, que *Bouvard et Pécuchet*. Peut-être pourra-t-on trouver dans ses papiers de quoi faire un volume de mélanges. Lors de son voyage en Orient, il avait pris des notes en Égypte, en Nubie, en Grèce, et certaines de ces notes sont fort curieuses; les autres notes qu'on a dû trouver dans ses papiers sur la Palestine, la Syrie, la Caramanie, la Lydie, la Turquie d'Europe, auraient été copiées sur celles de M. Maxime Du Camp, après son retour à Paris. En outre, il y aurait des morceaux de la *Tentation de saint Antoine*, condamnés par lui, et qui présenteraient un vif intérêt. Je ne parle pas de sa correspondance qu'on réunira sans doute un jour, avec quelque peine à la vérité, car pour éviter justement qu'on publiât ses lettres, il y glissait par théorie des mots énormes, difficiles à imprimer; je parle bien entendu des lettres à ses intimes, les plus intéressantes.

Certainement, Flaubert croyait vivre longtemps encore. Il parlait de la mort, y songeait et la redoutait; mais cela ne l'empêchait pas de faire souvent devant nous des projets littéraires, qui, pour être réalisés, lui auraient demandé une nouvelle existence, à lui qui mettait en moyenne sept ans à un volume. Notre désir était de lui voir refaire un roman de passion; nous sentions qu'il avait besoin d'un grand succès, nous le poussions à placer une histoire d'amour dans le cadre du second Empire, qu'il avait vu de très près et sur lequel il avait des notes excellentes. Il ne disait pas non, mais il restait hésitant; la besogne l'effrayait, car avec son système il lui aurait fallu fouiller les documents de toute l'époque; peut-être aussi ne se sentait-il pas très libre, après ses séjours à Compiègne; ajoutez enfin que l'affabulation le préoccupait dans ses romans, dont l'action paraît si simple, et qu'il avait beaucoup de peine à se contenter. Cependant, il avait fini par trouver un sujet, il nous l'indiquait d'une façon trop confuse pour que j'en parle nettement ici; c'était l'histoire d'une passion réglementée, le vice embourgeoisé et se satisfaisant sous des apparences très honnêtes. Il voulait que ce fût « bonhomme ». Mais, il faut bien le dire, ce roman du second Empire, comme nous l'appelions, ne mordait guère sur son esprit. D'autres idées venaient toujours en travers, et je doute qu'il l'eût jamais écrit. Une de ces idées, celle qui a occupé ses deux dernières années, était une nouvelle sur Léonidas aux Thermopyles. Je le trouvai un jour très allumé, comme pris de fièvre. Il n'avait pas dormi de la nuit, bouleversé par ce sujet qu'une lecture lui avait inspiré la veille. « J'en fume ! » me disait-il. Il voyait Léonidas partir pour les Thermopyles, avec ses trois cents compagnons; et il parlait d'eux comme de gardes nationaux qu'il aurait connus : c'étaient de bons bourgeois, qui s'en étaient allés, les mains dans les poches. Puis, il les suivait le long de la route, qu'il avait faite lui-même, lors de son voyage en Orient; ce qui l'arrêtait un peu, c'était son désir de revoir la Grèce, mais à la rigueur il se serait contenté de ses notes anciennes. Je suis certain qu'après *Bouvard et Pécuchet*, s'il avait vécu, il se serait mis à son Léonidas; il aurait écrit deux autres nouvelles, et aurait ainsi donné un pendant aux *Trois Contes*. Les sujets de ces nouvelles étaient trouvés, un entre autres d'une physiologie amoureuse bien hardie.

V

Il me reste à dire comment Gustave Flaubert travaillait et quelle était pour lui cette perfection qui a fait la joie et le tourment de son existence.

Je prends un de ses livres au début, lorsque le sujet était à peu près arrêté dans sa tête, et qu'il avait jeté un plan sommaire sur le papier. Dès lors, il établissait des cases, et la chasse aux documents commençait avec le plus d'ordre possible. Il lisait surtout un nombre considérable d'ouvrages; seulement, il faut dire qu'il les feuilletait plutôt, allant avec un flair dont il se flattait à la page, à la phrase qui seule lui était utile. Souvent un ouvrage de cinq cents pages ne lui donnait qu'une note, qu'il écrivait soigneusement; souvent même l'ouvrage ne lui donnait rien du tout. On trouve ici une explication des sept années qu'il mettait en moyenne à chacun de ses livres; car il en perdait bien quatre dans des lectures préparatoires. Il était entraîné, un volume le poussait à un autre, une note au bas d'une page le renvoyait à des traités spéciaux, à des sources qu'il voulait dès lors connaître, si bien qu'une bibliothèque finissait par y passer; et le tout parfois à propos d'un fait douteux, d'un simple mot dont il n'était pas sûr. D'ailleurs, je crois aussi qu'il lui arrivait d'oublier son roman et d'élargir ainsi ses lectures par un plaisir d'érudit. Son érudition s'était en effet formée de cette manière, dans les fouilles continuelles qu'il faisait en vue de ses œuvres; il avait dû se remettre au latin, il avait remué toute l'antiquité et toutes nos sciences modernes pour *Salammbô* et la *Tentation de saint Antoine*, pour l'*Education sentimentale* et *Bouvard et Pécuchet*. Donc, peu à peu, les notes prises dans des livres s'entassaient de la sorte et formaient bientôt d'énormes cahiers. Il questionnait également les hommes spéciaux, allait consulter des estampes à la Bibliothèque, courait la campagne et en revenait avec des documents sur les lieux où il plaçait ses personnages. Tout cela grossissait le tas des notes. Pour donner une idée de sa conscience, il suffit de conter qu'avant d'écrire l'*Education sentimentale*, il a feuilleté toute la collection du *Charivari*, afin de se pénétrer de l'esprit du petit journalisme, sous Louis-Philippe ; et c'est avec les mots trouvés dans cette collection qu'il a créé son personnage d'Hussonnet. Je citerai vingt exemples de cette conscience poussée jusqu'à la manie. Enfin, le tas des notes débordait, il avait tous ses documents, ou du moins il s'arrêtait de lassitude et d'impatience ; car, avec ses scrupules, les recherches auraient pu durer toujours ; il venait une heure, disait-il, où il se sentait le besoin d'écrire. Et il se mettait à sa dure besogne. C'était alors que commençait sa torture.

Je rappelle ici que, lorsqu'il avait pris toutes ses notes, il affectait pour elles un grand mépris. Les notes de *Bouvard et Pécuchet*, par exemple, faisaient un paquet considérable, une montagne de papiers que nous avons vue sur sa table pendant les dernières années. Il y aurait eu la matière d'au moins dix volumes in-octavo. Chaque page de notes devait souvent se résumer en une phrase. C'était simplement de la matière exacte, dont il devait tirer la quintessence. On comprend alors quelle terrible besogne, quel effort il avait à faire pour arriver à ce résumé, d'autant plus qu'il le voulait dans une langue parfaite. Et la langue devenait tout, et les notes n'étaient plus rien. Il méprisait même l'humanité des personnages, il s'enfonçait dans la cruelle rhétorique qu'il s'était faite. Comme il le répétait, être exact, ne pas laisser passer une erreur, c'est simplement de l'honnêteté envers le public. Cela va de soi. Il n'y a que les mauvais esprits qui parlent de ce qu'ils ignorent. Puis, si on le poussait, il criait qu'il se fichait au fond de la vérité, qu'il fallait être un malade comme lui pour avoir le besoin bête de l'exactitude, et que la seule chose importante et éternelle sous le soleil était une phrase bien faite.

Quand il se mettait à rédiger, il commençait par écrire assez rapidement un morceau, tout un épisode, cinq ou six pages au plus. Parfois, lorsque le mot ne venait pas, il le laissait en blanc. Puis, il reprenait le morceau, et c'était alors deux ou trois semaines, quelquefois plus, d'un travail passionné sur ces cinq ou six pages. Il les voulait parfaites, et je vous assure que sa perfection n'était pas commode. Il pesait chaque mot, n'en examinait pas seulement le sens, mais encore la conformation. Eviter les répétitions, les rimes, les duretés, ce n'était encore que le gros de la besogne. Il en arrivait à ne pas vouloir que les mêmes syllabes se rencontrassent dans une phrase; souvent, une lettre l'agaçait, il cherchait des termes où elle ne fût pas; ou bien il avait besoin d'un certain nombre de *r*, pour donner du roulement à la période. Il n'écrivait pas pour les yeux, pour le lecteur qui lit du regard, au coin de son feu; il écrivait pour le lecteur qui déclame, qui lance les phrases à voix haute; même tout son système de travail se trouvait là. Pour éprouver ses phrases, il les « gueulait », seul à sa table, et il n'en était content que lorsqu'elles avaient passé par son « gueuloir », avec la musique qu'il leur voulait. A Croisset, cette méthode était bien connue, les domestiques avaient ordre de ne pas se déranger, quand ils entendaient monsieur crier; seuls, des bourgeois s'arrêtaient sur la route par curiosité, et beaucoup l'appelaient : « l'avocat », croyant sans doute qu'il s'exerçait à l'éloquence. Rien n'est, selon moi, plus caractéristique que ce besoin d'harmonie. On ne connaît pas le style de Flaubert, si l'on n'a pas « gueulé » comme lui ses phrases. C'est un style fait pour être déclamé. La sonorité des mots, la largeur du rhythme, donnent alors des puissances étonnantes à l'idée, parfois par l'ampleur lyrique, parfois par l'opposition comique. Il a ainsi excellé à parler des imbéciles, avec un roulement d'orgues qui les écrase.

Je ne puis même ici donner une idée de ses scrupules en matière de style. Il faudrait descendre dans l'infiniment petit de la langue. La ponctuation prenait une importance capitale. Il voulait le mouvement, la couleur, la musique, et tout cela avec ces mots inertes du dictionnaire qu'il devait faire vivre. Ce n'était pourtant pas un grammairien, car il ne reculait pas devant une incorrection, lorsqu'elle rendait une phrase plus sobre et plus tonnante. D'autre part, il tendait davantage chaque jour à la sobriété, au mot définitif, car la perfection est l'ennemie de l'abondance. Souvent, j'ai pensé, sans le lui dire, qu'il reprenait la besogne de Boileau sur la langue du romantisme, si encombrée d'expressions et de tournures nouvelles. Il se châtrait, il se stérilisait, il finissait par avoir peur des mots, les tournant de cent façons, les rejetant, lorsqu'ils n'entraient pas à son idée dans sa page. Un dimanche, nous le trouvâmes somnolent, brisé de fatigue. La veille, dans l'après-midi, il avait terminé une page de *Bouvard et Pécuchet*, dont il se sentait très content, et il était allé dîner en ville, après l'avoir copiée sur une feuille du grand papier de Hollande dont il se servait. Lorsqu'il rentra vers minuit, au lieu de se coucher tout de suite, il voulut se donner le plaisir de relire sa page. Mais il resta tout émotionné, une répétition lui avait échappé, à deux lignes de distance. Bien qu'il n'y eût pas de feu dans son cabinet, et qu'il fît très froid, il s'acharna à ôter cette répétition. Puis, il vit d'autres mots qui lui déplaisaient, il ne put tous les changer et alla se mettre au lit, désespéré. Dans le lit, impossible de dormir; il se retournait, il songeait toujours à ces diables de mots. Brusquement, il trouva une heureuse correction, sauta par terre, ralluma la bougie et retourna en chemise dans son cabinet écrire la nouvelle phrase. Ensuite, il se refourra grelottant sous la couverture. Trois fois, il sauta et ralluma ainsi sa bougie, pour déplacer un mot ou ajouter une virgule. Enfin, n'y tenant plus, possédé du démon de la perfection, il apporta sa page, enfonça son foulard sur ses oreilles, se tamponna de tous les côtés dans le lit, et jusqu'au jour éplucha sa page, en la criblant de coups de crayon. Voilà comment il travaillait. Nous avons tous de ces rages; mais lui avait ces rages d'un bout à l'autre de ses livres.

Quand il était à sa table, devant une page de sa première rédaction, il se prenait la tête entre les deux mains, et pendant de longues minutes regardait la page, comme s'il l'avait magnétisée. Il lâchait sa plume, il ne parlait pas, restait absorbé, perdu dans la recherche d'un mot qui fuyait ou d'une tournure dont le mécanisme lui échappait. Tourgueneff, qui l'avait vu ainsi, déclarait que c'était attendrissant.

Et il ne fallait pas le troubler, et il avait une patience d'ange, lui si peu endurant d'ordinaire. Il était très doux devant la langue, ne jurait pas, attendait qu'elle voulût bien se montrer commode. Il disait avoir cherché des mots pendant des mois.

Je viens de nommer Tourgueneff. Un jour, j'assistai à une scène bien typique. Tourgueneff, qui gardait de l'amitié et de l'admiration pour Mérimée, voulut ce dimanche-là que Flaubert lui expliquât pourquoi il trouvait que l'auteur de *Colomba* écrivait mal. Flaubert en lut donc une page ; et il s'arrêtait à chaque ligne, blâmant les *qui* et les *que*, s'emportant contre les expressions toutes faites, comme « prendre les armes » ou « prodiguer des baisers ». La cacophonie de certaines rencontres de syllabes, la sécheresse des fins de phrase, la ponctuation illogique, tout y passa. Cependant, Tourgueneff ouvrait des yeux énormes. Il ne comprenait évidemment pas, il déclarait qu'aucun écrivain, dans aucune langue, n'avait raffiné de la sorte. Chez lui, en Russie, rien de pareil n'existait. Depuis ce jour, quand il nous entendait maudire les *qui* et les *que*, je l'ai vu souvent sourire ; et il disait que nous avions bien tort de ne pas nous servir plus franchement de notre langue, qui est une des plus nettes et des plus simples. Je suis de son avis, j'ai toujours été frappé de la justesse de son jugement ; c'est peut-être parce que, à titre d'étranger, il nous voit avec le recul et le désintéressement nécessaires.

Je citerai encore une phrase que Flaubert écrivait dernièrement à un ami : « J'ai beaucoup aimé Balzac, mais le désir de la perfection m'en a détaché peu à peu. » Voilà tout Flaubert. Je réunis ici des notes, je ne discute pas une théorie littéraire. Mais je veux pourtant ajouter que ce désir de la perfection a été, chez le romancier, une véritable maladie, qui l'épuisait et l'immobilisait. Qu'on le suive attentivement, à ce point de vue, depuis *Madame Bovary* jusqu'à *Bouvard et Pécuchet :* on le verra peu à peu s'absorber dans la forme, réduire son dictionnaire, se donner de plus en plus au procédé, restreindre davantage l'humanité de ses personnages. Certes, cela a doté la littérature française de chefs-d'œuvre parfaits. Mais il y avait un sentiment de tristesse, à voir ce talent si puissant renouveler la fable antique des nymphes changées en pierre. Lentement, des jambes à la taille, puis à la tête, Flaubert devenait un marbre.

Parfois, je soulevais cette question devant lui, avec prudence, car je craignais de l'affliger. Une critique le bouleversait. Quand il nous lisait un morceau, il n'y avait pas à discuter, sous peine de le rendre malade. Pour moi, dès qu'il poursuivait les *qui* et les *que*, il négligeait par exemple les *et;* et c'est ainsi qu'on trouvera des pages de lui où les *et* abondent, lorsque les *qui* et les *que* y sont complètement évités. Je veux dire que l'esprit, occupé à proscrire une tournure qui est dans le génie de la langue, se rejette dans une autre tournure, dont il ne se méfie pas et que dès lors il prodigue. Dans ce purisme, il entre toujours beaucoup de caprice personnel. Seulement, je le dis encore, il était inutile de vouloir convaincre Flaubert. Un homme qui avait souvent passé une journée sur une phrase, qui était convaincu d'y avoir mis tout ce qu'il croyait bon, ne pouvait lâcher sa phrase sur une simple observation. Il refusait donc de corriger, d'autant plus que changer un mot était pour lui faire crouler toute la page. Chaque syllabe avait son importance, sa couleur et sa musique. Il s'effarait, à la seule idée de déplacer une virgule. Ce n'était pas possible, sa phrase n'existait plus. Lorsque il nous lut *Un cœur simple*, nous lui demandâmes d'enlever la phrase sur le perroquet, que Félicité prend pour le Saint-Esprit : « Le Père, pour l'énoncer, n'avait pu choisir une colombe, puisque ces bêtes-là n'ont pas de voix, mais plutôt un des ancêtres de Loulou. » Cela nous semblait, pour la vieille bonne, d'une subtilité d'observation qui frisait la charge. Flaubert parut très ému, il nous promit d'examiner le cas ; il s'agissait simplement de couper la phrase ; mais il ne le fit pas, il aurait cru l'œuvre détraquée.

Naturellement, après un tel labeur, le manuscrit terminé prenait à ses yeux une importance considérable. Ce n'était pas vanité, c'était respect et croyance pour un travail qui lui avait donné tant de mal, et où il s'était mis tout entier. Il en faisait faire une copie, qu'il revoyait une dernière fois avec soin ; et c'était cette copie qui allait à l'imprimerie. On trouvera certainement dans ses papiers tous ses manuscrits originaux, écrits de sa main ; il en choisissait même le papier, un papier solide et durable, avec la pensée de laisser un texte exact pour la postérité. Quant à la copie, elle le détachait de son œuvre, disait-il ; il la lisait en étranger, son livre ne lui paraissait plus à lui, et il s'en séparait sans souffrance ; tandis que, s'il avait donné son manuscrit, ce manuscrit sur lequel il se passionnait depuis si longtemps, il lui aurait semblé qu'il s'arrachait un morceau de sa chair. Avant de remettre le texte à l'imprimerie, il aimait à en lire des morceaux, dans des maisons amies. C'étaient des solennités. Il lisait très bien, d'une voix sonore et rhythmée, lançant les phrases comme dans un récitatif, faisant valoir admirablement la musique des mots, mais ne les jouant pas, ne leur donnant ni nuances ni intentions ; j'appellerai cela une déclamation lyrique, et il avait toute une théorie là-dessus. Dans les passages de force, lorsqu'il arrivait à un effet final, il enflait la voix, il montait jusqu'à un éclat de tonnerre, les plafonds tremblaient. Je lui ai entendu achever ainsi *la Légende de saint Julien l'Hospitalier*, dans un véritable coup de foudre du plus grand effet. Puis, l'impression de son livre était toute une grosse affaire. Il se montrait extrêmement difficile pour le choix d'une imprimerie, déclarant que pas un imprimeur de Paris n'avait de la bonne encre. La question du papier aussi le préoccupait fort ; il voulait qu'on lui montrât des échantillons, il élevait toutes sortes de difficultés, très inquiet également de la couleur de la couverture et rêvant même parfois des formats inusités. Ensuite, il choisissait lui-même le caractère. Pour la *Tentation de saint Antoine*, il a exigé une typographie compliquée, trois sortes de caractères, et s'est donné un mal énorme pour se contenter. Tous ces soins méticuleux venaient, je le répète, du respect qu'il avait pour la littérature et pour son propre travail. Pendant l'impression, il restait agité, non qu'il corrigeât beaucoup les épreuves ; il se contentait simplement de les revoir au point de vue typographique, car il n'aurait pas changé un mot, l'œuvre était désormais pour lui solide comme du bronze, poussée à la plus grande perfection possible.

Il continuait simplement à s'inquiéter du côté matériel, il écrivait jusqu'à deux lettres par jour à l'imprimeur et à l'éditeur, tremblait qu'une correction n'échappât, saisi parfois d'un doute qui lui faisait brusquement prendre une voiture pour s'assurer si telle virgule était bien à sa place. Enfin le volume paraissait, et il l'envoyait à ses amis, d'après des listes tenues très exactement, dont il rayait les personnes qui ne le remerciaient pas. La littérature, à ses yeux, était une fonction supérieure, la seule fonction importante du monde. Aussi voulait-il qu'on fût respectueux pour elle. Sa grande rancune contre les hommes venait beaucoup de leur indifférence en art, de leur sourde défiance, de leur peur vague devant le style travaillé et éclatant. Il avait un mot qu'il répétait souvent de sa voix terrible : « La haine de la littérature ! la haine de la littérature » ; et, cette haine, il la retrouvait partout, chez les hommes politiques plus encore que chez les bourgeois.

Tel est le Gustave Flaubert que je retrouve dans mes souvenirs, le merveilleux écrivain, le logicien si plein de contradictions. Il s'était donné tout entier aux lettres, à ce point qu'il en était injuste pour les autres arts, la peinture et la musique par exemple, qu'il appelait avec dédain : « les arts inférieurs ». En peinture, il n'avait certainement pas la moindre idée critique ; il ne parlait jamais tableaux, il avouait son ignorance ; je ne l'ai vu se passionner un peu que pour les toiles de M. Gustave Moreau, dont le talent si travaillé avait une grande parenté avec le sien. Quand on lui parlait de faire illustrer un de ses livres, il entrait dans une violente colère, disant qu'il ne faut pas respecter sa prose pour y laisser mettre des images qui salissent et détruisent le texte. Une seule fois, et dans un cas particulier, il finit par céder : on se souvient que la *Vie Moderne* publia sa féerie avec des dessins ; mais il regretta ce qu'il appelait sa lâcheté, il écrivit des lettres furieuses, mécontent de cette publication, qui fut un de ses derniers chagrins. Il ne voulait pas davantage qu'on fît son portrait, et, tant qu'il a vécu, il s'est entêté ; pourtant, s'il n'existe de lui aucun portrait à l'huile, on a quelques photographies, qu'il avait fait faire pour une dame, dans un moment de faiblesse. Le dessin publié par la *Vie Moderne*, un dessin de M. Liphart, d'après une de ces photographies, est d'ailleurs d'une ressemblance parfaite. Les vieux amis de Flaubert disaient, en plaisantant, que c'était pure coquetterie, s'il refusait de se laisser peindre. Il avait eu, paraît-il, une tête fort belle ; mais, devenu chauve de bonne heure, il regrettait ses cheveux, il se traitait de vieillard, avec cette passion de la beauté qui a marqué la génération de 1830. Cette passion nous touche si peu aujourd'hui, que nous ne comprenions guère. Gustave Flaubert, avec sa grande taille, son front large, sa longue moustache qui barrait sa mâchoire puissante, était pour nous une figure superbe de penseur et d'écrivain.

Avant de finir, je dirai un mot d'un fait délicat, que des adversaires pourraient exploiter plus tard. Lorsque Flaubert se fut dépouillé grandement de sa fortune, pour venir au secours du mari de sa nièce, ses amis le virent si inquiet et si bouleversé, que tous cherchèrent un moyen de le tranquilliser, en lui trouvant des ressources. On avait songé à une place de conservateur de bibliothèque. D'abord, il refusa hautement. Pendant de longues semaines, on le travailla ;

il était alors au lit, la jambe cassée, et l'on dut aller le voir à Croisset pour le décider. A Paris, le ministre tenait la nomination prête. C'est ainsi que Gustave Flaubert, pendant les derniers dix-huit mois de son existence, a reçu de l'État une pension déguisée de trois mille francs.

Du reste, il ne doit rien de plus au pays. Il n'était pas de l'Académie et n'en aurait jamais été, par la simple raison qu'il refusait absolument de s'y présenter. Toute idée d'enrégimentement lui faisait horreur. En 1866, l'empire l'avait décoré. Mais, plus tard, vers 1874, il retira son ruban et ne le porta plus. Quand nous l'interrogeâmes, il nous répondit qu'on venait de décorer X..., un coquin, et qu'il ne voulait plus de la croix, du moment qu'un coquin la portait (1). Selon moi, Flaubert, dans son orgueil lé-

(1) A ce propos, M. Maurice Sand m'a écrit une lettre, dont je détache ces lignes intéressantes : « Ce que vous racontez de la décoration est tellement vrai, que la suppression de son ruban rouge s'est passée à Nohant, devant nous, en 1874, à déjeuner, en recevant la nouvelle de la nomination dans la Légion d'honneur de M. X... Il a tout fichu dans son café, cigare, ruban et bouton, en se laissant aller à une de ses colères dont vous parlez. Le lendemain, il n'y pensait plus. Mais le ruban est resté au fond de la tasse et je ne l'ai plus revu. » Je dois ajouter qu'un vieil ami de Flaubert m'a affirmé tenir de lui qu'il avait retiré son ruban en apprenant la mort de Napoléon III, par des raisons sentimentales et compliquées dont il était très capable. Pour qui l'a connu, les deux anecdotes sont vraisemblables, et d'ailleurs elles peuvent aller ensemble. On m'a même dit qu'il n'avait accepté la croix que sur les prières de sa mère, qui venait de mourir lorsqu'il cessa de la porter. Tout cela s'accorde : sa colère de Nohant, la mort de l'homme qui l'avait décoré, et de sa mère qui n'était plus là pour souffrir de son coup de tête. Mais, quelles que soient les causes, je continue à croire que, s'il s'est obstiné ensuite, il l'a fait par un sentiment de légitime orgueil.

gitime, souffrait surtout de n'être que chevalier, lorsque tant d'autres, qui n'étaient pas de son rang en littérature, avaient le grade d'officier et même de commandeur ; et il aimait mieux se mettre à part que d'accepter une pareille hiérarchie. Pourtant, il sentait le côté faible de sa situation. Dans un dîner, chez un de nos amis communs, la conversation étant tombée sur son entêtement à ne plus porter le ruban rouge, un bourgeois lui dit nettement que, puisqu'il n'en voulait pas, il n'aurait pas dû l'accepter ; ce qui le jeta dans une de ces colères dont il ne semblait pas le maître, et qui gênaient le monde, lorsqu'elles éclataient ainsi à table ou dans une soirée. Mais n'est-ce pas un fait étrange et plein d'enseignements ? Voilà un illustre écrivain qui restera la gloire de la littérature française ; il s'est donné tout entier à la grandeur de son pays, et son pays n'a su l'en récompenser que par une croix, dont la banalité et l'injustice hiérarchique devaient finir par le blesser dans la conscience de son génie. Aussi a-t-il préféré redevenir un simple citoyen, et quand il est mort, il n'était rien, ni de rien, il était Gustave Flaubert.

EDMOND ET JULES DE GONCOURT

I

Il est utile, avant tout, d'examiner ce qu'était le roman chez nous, il y a vingt ans. Cette forme littéraire essentiellement moderne, si souple et si large, se pliant à tous les génies, venait alors de recevoir un éclat incomparable, grâce aux œuvres de toute une poussée d'écrivains. Nous avions Victor Hugo, un poëte épique qui modelait la prose de son pouce puissant de sculpteur; il apportait des préoccupations d'archéologue, d'historien, d'homme politique, et du pêle-mêle de ses conceptions faisait jaillir quand même des pages superbes; son roman restait énorme, tenait à la fois du poëme, du traité d'économie politique et sociale, de l'histoire et de la fantaisie. Nous avions George Sand, un esprit d'une lucidité parfaite, écrivant sans fatigue dans une langue heureuse et correcte, soutenant des thèses, vivant dans le pays de l'imagination et de l'idéal ; cet écrivain a passionné trois générations de femmes, et ses mensonges seuls ont vieilli. Nous avions Alexandre Dumas, le conteur inépuisable, dont la verve ne s'est jamais lassée ; il était le géant des récits vivement troussés, un géant bon enfant qui semblait s'être donné la mission d'amuser simplement ses millions de lecteurs ; il sacrifiait à la quantité, faisait bon marché des qualités littéraires, disait ce qu'il avait à dire comme il l'aurait dit à un ami, au coin du feu, avec le laisser-aller de la conversation ; mais il conservait une telle ampleur, une telle abondance de vie, qu'il demeurait grand, malgré son imperfection. Nous avions Mérimée, sceptique jusqu'aux moelles, se contentant, de loin en loin, d'écrire une douzaine de pages sèches et fines, où chaque mot était comme une pointe d'acier longuement aiguisée. Nous avions Stendhal, qui affectait le dédain du style, qui disait : « Je lis chaque matin une page du Code pour prendre le ton » ; Stendhal, dont les œuvres donnaient un frisson, par toutes les choses obscures et effrayantes qu'on voulait y voir ; il était l'observateur, le psychologue dégagé du souci de la composition, affichant une haine de l'art ; aujourd'hui, on ne tremble plus devant lui, et on le regarde comme le père de Balzac. Et nous avions Balzac, le maître du roman moderne ; je le nomme le dernier, pour fermer la liste après lui ; celui-là s'était emparé de l'espace et du temps, il avait pris toute la place au soleil, si bien que ses successeurs, ceux qui ont marché dans l'empreinte large de ses pas, ont dû chercher longtemps avant de trouver quelques épis à glaner. Balzac a bouché les routes de son énorme personnalité ; le roman a été comme sa conquête ; ce qu'il n'a pu faire, il l'a indiqué, de façon qu'on l'imite malgré tout, même lorsqu'on croit échapper à son impulsion. Il n'y a pas actuellement un romancier français qui n'ait dans les veines quelques gouttes du sang de Balzac.

Tels étaient les maîtres. Ils se trouvaient si nombreux, ils se partageaient à un tel point l'empire des lettres, le souffle épique, l'idéal, l'imagination, l'observation, la réalité, qu'il semblait impossible de tracer un nouveau sentier à côté des leurs. Le roman paraissait avoir tout donné. Forcément, les romanciers allaient se répéter. Et, en effet, les imitateurs pullulaient, aucun écrivain n'avait la force, même dans le champ retourné et fécondé par Balzac, de conquérir un coin de terre et d'y moissonner à sa guise. C'est alors, à l'heure où l'espoir d'une renaissance s'en allait, que se produisit un groupe de romanciers d'une originalité imprévue, et dont les œuvres ont été comme la floraison des vingt dernières années de notre littérature. Sans doute, ces écrivains sont les fils immédiats des auteurs que j'ai cités plus haut. Ils procèdent directement de Balzac dont ils tiennent leur outil d'analyse ; et, d'autre part, ils empruntent à Victor Hugo le sentiment révolutionnaire de la couleur. Si leurs devanciers n'avaient pas vécu, peut-être ne seraient-ils pas nés ; ils sont nécessairement une continuation. Mais ils n'en demeurent pas moins un épanouissement ; l'arbre, qu'on croyait épuisé, gardait, tout en haut, des bourgeons et des fleurs. Il y a eu ainsi un regain d'une saveur exquise. Ce ne sont pas des fruits bâtards, venus hors de saison, appauvris de sève ; c'est, au contraire, comme un raffinement de couleur, d'odeur et de goût. En face de ce prodige de production, toutes les espérances, désormais, paraissent permises.

Les romanciers dont je parle forment un petit groupe très compact. Je ne veux établir entre eux aucune comparaison. Il me suffit de constater qu'ils sont parvenus, dans des conditions d'appauvrissement exceptionnelles, à conserver au roman une vie intense. On les a nommés réalistes, naturalistes, analystes, physiologistes, sans qu'aucun de ces mots indique nettement leur méthode littéraire; d'autant plus que chacun d'eux a une physionomie parfaitement tranchée. D'ailleurs, j'entends uniquement aujourd'hui détacher MM. de Goncourt du groupe, les étudier à part, prendre leur cas personnel pour peindre le moment littéraire tout entier.

MM. de Goncourt, pour leur part, ont apporté une sensation nouvelle de la nature. C'est là leur trait caractéristique. Ils ne sentent pas comme on a senti avant eux. Ils ont des nerfs d'une délicatesse excessive, qui décuplent les moindres impressions. Ce qu'ils ont vu, ils le rendent en peinture, en musique, vibrant, éclatant, plein d'une vie personnelle. Un paysage n'est plus une description; sous les mots, les objets naissent; tout se reconstruit. Il y a, entre les lignes, une continuelle évocation, un mirage qui lève devant le lecteur la réalité des images. Et même la réalité est ici dépassée; la passion des deux écrivains la laisse frissonnante d'une fièvre d'art. Ils donnent à la vérité un peu de leur émotion nerveuse. Les moindres détails s'animent comme d'un tremblement intérieur. Les pages deviennent de véritables créatures, toutes pantelantes de leur outrance à vivre.

Aussi la science d'écrire se trouve-t-elle transposée; les romanciers tiennent un pinceau, un ciseau, ou bien encore ils jouent de quelque instrument. Le but à atteindre n'est plus de conter, de mettre des idées ou des faits au bout les uns des autres, mais de rendre chaque objet qu'on présente au lecteur, dans son dessin, sa couleur, son odeur, l'ensemble complet de son existence. De là, une magie extraordinaire, une intensité de rendu inconnue jusqu'ici, une méthode qui tient du spectacle et qui fait toucher du doigt toutes les matérialités du récit. On dirait la nature racontée par deux voyants, animée, exaltée, les cailloux ayant des sentiments d'êtres vivants, les personnages donnant de leur tristesse ou de leur joie aux horizons. L'œuvre entière devenait une sorte de vaste névrose. C'est de la vérité exacte ressentie et peinte par des artistes malades de leur art.

Pour me mieux faire entendre, j'ajouterai que MM. de Goncourt ne comptent en aucune façon sur l'imagination du lecteur. Autrefois, un écrivain indiquait, par exemple, que son héros se promenait, le soir, dans un jardin ; et c'était au lecteur à s'imaginer le jardin, le crépuscule tombant sur les ombrages. MM. de Goncourt montrent le jardin, en jouissent, sont trempés par les fraîcheurs du soir. Et ce n'est pas, pour eux, le plaisir que devaient éprouver les anciens poëtes descriptifs à aligner de belles phrases bien faites. La rhétorique n'entre pour rien dans l'aventure. Les romanciers obéissent simplement à cette fatalité qui ne leur permet pas d'abstraire un personnage des objets qui l'environnent ; ils le voient dans son milieu, dans l'air où il trempe, avec ses vêtements, le rire de son visage, le coup de

soleil qui le frappe, le fond de verdure sur lequel il se
détache, tout ce qui le circonstancie et lui sert de cadre. L'art nouveau est là : on n'étudie plus les hommes comme de simples curiosités intellectuelles, dégagées de la nature ambiante; on croit au contraire
que les hommes n'existent pas seuls, qu'ils tiennent
aux paysages, que les paysages dans lesquels ils marchent les complètent et les expliquent. Certainement,
pour reprendre ma comparaison de tantôt, si MM. de
Goncourt constataient sèchement que leur héros
se promène dans un jardin, ils craindraient d'être
incomplets ; leurs sensations sont trop multiples pour
qu'ils acceptent cette pauvreté de rendu ; et ils garderaient la contrariété de n'avoir pas tout dit, d'être
restés en deçà de ce qu'ils ont éprouvé eux-mêmes à
se promener dans un jardin, un soir, par un crépuscule tiède. Ils ont, avant tout, le besoin de satisfaire
l'artiste qui est en eux. Alors, en quelques phrases,
ils indiquent l'heure, les ombres allongées des arbres,
le parfum des herbes ; et leur personnage est réellement un homme qui marche et dont nous entendons
le pas sur le sable de l'allée. Les lecteurs se souviennent; toute la scène est évoquée devant eux ; ils
n'ont plus la peine de créer un décor derrière les actes
du personnage. A ce propos, j'ai fait une remarque
assez curieuse. Les lecteurs qui se plaignent de la
longueur des descriptions sont justement ceux qui
ont les sens lourds et l'imagination paresseuse ; ceux-
là n'ont jamais rien ressenti, sont incapables de reconstruire par le souvenir les spectacles devant lesquels ils ont passé ; aussi trouvent-ils les poëtes
menteurs. Est-ce que la nuit a cette douceur mélancolique ? est-ce que les berges d'une rivière déroulent

des coins d'ombre si adorables? Ce sont des aveugles qui nient les couleurs. Plus un écrivain a une sensibilité nerveuse, une façon à lui de sentir et de rendre, et plus il court le risque de n'être pas compris. Pour l'être, il faut qu'il rencontre des tempéraments pareils au sien. La grande foule, habituée à des sensations beaucoup moins complexes, crie à l'excentricité, à la recherche. Cependant, l'écrivain a, le plus souvent, obéi très naïvement à l'organisme nerveux qui fait son originalité. MM. de Goncourt sont ainsi de ceux que le public juge mal, parce qu'il y a peu de personnes dans le public qui sentent comme eux.

Ce qui me frappe donc avant tout, dans leurs œuvres, c'est cette façon particulière de sentir. Elle ouvre un monde nouveau. Mais, à cette notation originale de la vie, il fallait une expression originale. J'arrive à leur style, qu'ils ont créé. C'est par leur style surtout qu'ils ont acquis une grande place dans la littérature contemporaine. Leur idéal n'est pas la perfection de la phrase. En ce moment, il y a en France, j'entends parmi les écrivains de haut vol, une tendance à un purisme extraordinaire. On proscrit les « que », les « qui »; on écrit en prose avec plus de difficulté qu'en vers; on cherche la musique de la phrase, on sculpte chaque mot; et cela, pour certains jeunes gens, imitateurs des maîtres, va jusqu'à une sorte de folie raisonnée. MM. de Goncourt, eux, se moquent des répétitions de mots; j'ai trouvé le mot « petit » jusqu'à six fois dans une de leurs pages. Ils se soucient peu de l'euphonie, ils entassent les génitifs à la suite les uns des autres, ils procèdent par longues énumérations, ce qui produit un balancement monotone. Mais ils ont la vie du style. Tous leurs efforts tendent à faire de la phrase comme l'image exacte et instantanée de leur sensation. Rendre ce qu'ils sentent, et le rendre avec le frémissement, le premier heurt de la vision, voilà leur but. Ils l'atteignent admirablement.

Je ne connais dans aucune langue un style plus personnel, une évocation plus heureuse des choses et des êtres. Sans doute, on peut leur reprocher parfois un peu de maniérisme; dans leur recherche continuelle de l'expression neuve et précise, il n'est pas étonnant que la phrase, de temps à autre, s'entortille et perde de sa santé robuste. Mais quels bonheurs d'expressions! et comme presque toujours la phrase a la couleur du ciel dont elle parle, l'odeur de la fleur qu'elle nomme! MM. de Goncourt arrivent à ce prodige de rendu par des renversements de tournures, des adjectifs mis à la place de substantifs, des procédés à eux qui sont la marque inoubliable de leur facture. Eux seuls, à cette heure, ont ces dessous de phrase où persiste l'impression des objets. Ils peignent jusqu'aux plus fugitives tiédeurs qui courent sur la peau; ils notent d'une façon définitive, en trois coups de plume, les paysages les plus compliqués, une averse qui tombe, une rue encombrée de passants, un atelier de peintre plein jusqu'aux solives de bibelots. Tout ce qui est entré dans leurs yeux s'y anime et y prend de leur émotion. De là ce style vécu, amusant comme un album qu'on feuillette, tout chaud de la flamme qui court dans ses membres, et dont on peut dire qu'il est la langue inventée pour traduire un monde de sensations nouvellement découvertes.

MM. de Goncourt tout entiers sont là. Certes, ils ont des qualités dramatiques de romancier, leurs œuvres sont pleines de documents humains pris dans la vérité de la vie moderne, plusieurs de leurs créations sont fouillées par des mains d'analystes puissants. Mais, en ces matières, ils ont des égaux. Où personne ne les surpasse, où ils sont des maîtres indiscutables, c'est, je le dis une fois encore, dans la nervosité de leur sensation et dans la langue inventée par eux pour traduire les impressions les plus légères, qu'ils ont notées les premiers. S'ils tiennent à leurs devanciers, ils ne ressemblent à aucun d'eux. Ils leur doivent simplement l'élargissement de l'art, qui a rendu toutes les tentatives possibles. Ils sont les romanciers artistes, les peintres du vrai pittoresque, les stylistes élégants qui s'encanaillent par amour de l'art, les instrumentistes les plus remarquables dans le groupe des créateurs du roman naturaliste contemporain.

II

Il est nécessaire de connaître leur histoire littéraire, pour se faire une idée juste de leurs œuvres et de leur rôle.

Ils étaient deux frères, Edmond l'aîné, et Jules le cadet, à une dizaine d'années l'un de l'autre. Aujourd'hui, Jules est mort, Edmond a dépassé la cinquantaine. Jamais ils ne se sont quittés, que le jour abominable où le cadet est parti, en emportant avec lui la moitié de l'aîné. Pendant vingt ans, ils ont travaillé à la même table. C'était une collaboration comme naturelle, dont il est impossible de retrouver dans leurs livres l'effort et la trace. Le public les avait acceptés comme un être unique. Il n'existait pas une seule ligne signée d'Edmond ou de Jules seul; toujours ils apparaissaient côte à côte, nécessaires l'un à l'autre, ayant fait de leurs deux talents un seul talent. La critique s'arrêtait avec respect devant le secret de cette collaboration; elle ne cherchait pas à faire la part de chacun des deux frères. D'ailleurs, la collaboration n'entraînait pas pour eux les défaillances qu'elle produit souvent. Les qualités de l'écrivain en deux personnes se développaient naturellement, dans le même sens, sans confusion aucune, comme si une unique volonté eût présidé à la besogne. De la première ligne qu'ils ont écrite à la dernière, il y a le même tempérament, la même passion; bien des œuvres qui ont passé par un seul cerveau, n'ont pas cette admirable unité, cette originalité signant chaque page d'un trait inoubliable. Le jour où la mort est venue, elle a emporté plus qu'un homme, elle en a foudroyé un autre, dans son talent et dans sa gloire.

C'est une histoire affreuse. Les deux frères désertant les quartiers populeux de Paris, où ils souffraient du bruit de la rue, venaient de se réfugier à Auteuil, dans un petit hôtel charmant et silencieux, dont ils s'étaient plu à faire un trou de bonheur et de travail. La fortune leur souriait, non qu'ils fussent très riches, mais ils avaient cette aisance large qui permet à l'artiste de suivre son rêve, de travailler à son heure, sans attendre le succès d'argent d'un livre. Leur petit hôtel était leur folie. Ils y avaient mis une grosse part de leur capital. Ils l'embellissaient, en faisaient l'asile longtemps rêvé, avec un jardin planté d'un bouquet de grands arbres, fleuri de roses, des roses jaunes dont un pied superbe s'enroulait à la porte du salon. Ils y étaient au large, à deux pas du bois de Boulogne, dans des pièces claires, toutes pleines d'objets d'art, vivant au seuil de Paris, comme retirés des premières fièvres du métier et prêts à l'éclosion des chefs-d'œuvre. Et c'est là, leur installation à peine terminée, lorsqu'ils avaient enfin satisfait ce désir de mettre du silence autour de leur table de travail, que la mort est venue jeter son suaire entre eux. L'écroulement a été effroyable. Depuis huit années, Edmond traîne sa blessure au flanc.

J'entre maintenant dans les particularités qui expliquent, à mon sens, certains côtés du talent de MM. de Goncourt. Ils ont commencé par être tellement sensibles au monde visible, aux formes et aux couleurs, qu'ils ont failli être peintres. Jules gravait, faisait de l'eau-forte. Tous deux dessinaient, lavaient leurs dessins à l'aquarelle. Ils ont gardé de ces premiers travaux le souci du coup de pinceau exact, la finesse et le pittoresque du trait, l'ensemble technique des tons et de leur valeur. Même, plus tard, quand ils ont eu à faire une description capitale, ils sont allés prendre une vue de l'horizon, ils ont rapporté, dans leur cabinet, une aquarelle, comme d'autres rapportent des notes manuscrites sur un agenda. On comprend toute la fidélité qu'un pareil procédé leur donnait. A chaque page, on retrouvera ainsi la touche vive et sentie, le croquis de l'artiste. Et ce ne sont pas des peintres, dans le sens un peu lourd et complet du mot, mais des graveurs dont la pointe reste libre, des aquarellistes qui se contentent avec raison de deux ou trois tons posés crânement pour donner de la vie à un paysage ou à une figure.

Autre trait caractéristique. MM. de Goncourt, avant d'aborder le roman, ont fouillé en tous sens le xviii° siècle. Ils étaient attirés vers cette époque d'élégance, de grâce libre, d'enfantement extraordinaire, par des analogies de tempérament, des regrets vagues de n'être pas nés cent ans plus tôt. Ils ont publié des études historiques, de la facture la plus originale et de l'intérêt le plus vif, dont voici quelques titres : *La Femme au dix-huitième siècle, Portraits intimes du dix-huitième siècle, Les Maîtresses de Louis XV, Histoire de Marie-Antoinette, Histoire de la société française pendant la Révolution, Histoire de la société française pendant le Directoire.* Je ne veux juger en eux que le romancier, et je constate simplement ces grands travaux, les années qu'ils ont vécues dans la préoccupation du siècle dernier. En même temps, ils étudiaient les artistes de cette époque, les maîtres, Watteau, Prudhon, Greuze, Chardin, Fragonard. Longue cohabitation avec un monde disparu, dont leur art d'écrivains a gardé quelque chose, un ragoût exquis, une façon de dire leste et un peu entortillée, une distinction persistante, même dans les tableaux hardis du pavé parisien. Il faut chercher leurs racines dans ce xviii° siècle qu'ils ont aimé; ils en descendent, ils en sont les fils. Aussi, rien de classique en eux : ils sont de pure tradition française. C'est dans Diderot qu'ils ont appris à lire. On retrouve leur talent tout entier dans les jupes bouffantes de l'époque, les jupes de satin aux cassures miroitantes, parfumées à l'iris, animées du balancement adorable des hanches. Ajoutez que, comme observateurs, ils voient le monde moderne, ils sentent en curieux qui connaissent la rue, jusqu'à la boue noire des ruisseaux, et vous aurez la musique de leurs livres, cette musique si fine sur des thèmes si brutaux. C'est avec les débris du XVIIIe siècle qu'ils se sont fabriqué un style ; pour rendre le pêle-mêle des idées contemporaines, le débraillé de notre société, la vie parisienne remuante, allumée, toute de légèreté et de tapage, ils n'ont trouvé rien de mieux que de puiser à la source française par excellence, dans un siècle où le génie de la nation était en enfantement.

Enfin, et ceci est le dernier trait, MM. de Goncourt sont des collectionneurs. Pendant qu'ils étudiaient le XVIIIe siècle, ils ont réuni des documents de toutes sortes ; il ne leur suffisait pas de voir, ils voulaient posséder, pris de cette passion du bric-à-brac qui est comme une des formes de l'art, et ils achetaient des tapisseries, des faïences, des dessins, surtout. Leur collection de dessins est une des plus complètes qui existent. Cependant, ils avaient les flâneries des collectionneurs. Ils rôdaient durant des journées entières, ils fouillaient les magasins des revendeurs, ils tombaient amoureux de quelque gravure qui complétait leurs cartons. On ne fait pas impunément un pareil métier. Il reste dans le cerveau une curiosité de brocanteur, un amour du bibelot. Puis, cela passe dans la conception d'une œuvre et dans le style. MM. de Goncourt avouent çà et là leur passion ; ils ont des descriptions toutes chaudes de tendresse pour des tas de vieilleries ; et même cela va plus loin, le goût de l'antiquaille se trahit jusque dans la peinture des choses et des faits modernes, par un certain pittoresque de la phrase, un tour particulier qui sent la recherche du détail minutieux. Ce ne sont point ici des critiques, mais des explications. Je crois utile de pénétrer toutes les sources de ce style qui a mis MM. de Goncourt au premier rang de nos écrivains.

C'est vers 1860 que MM. de Goncourt ont publié leur premier roman. En une dizaine d'années, ils en ont écrit six. L'attitude du public à l'égard de ces œuvres a été pleine d'enseignements amers. Je ne connais pas un exemple plus navrant de la parfaite insouciance de la foule pour les œuvres d'art. Et remarquez que MM. de Goncourt n'étaient pas des inconnus. On montrait une grande sympathie pour leurs personnes. La critique s'occupait beaucoup d'eux, de véritables tapages se sont même produits autour de certains de leurs romans. Puis, ces romans tombaient dans l'indifférence des lecteurs. En dix ans, on n'a vendu que deux éditions de leur *Germinie Lacerteux*, celui de leurs livres qui a fait le plus de bruit. Les lecteurs ne comprenaient pas ; ils s'ennuyaient devant ces pages si curieusement fouillées et animées d'une vie si intense. Cela les dérangeait dans leurs habitudes. En outre, il y avait la grande raison : c'étaient des livres immoraux dont on devait défendre la lecture aux personnes honnêtes. A la vérité, les deux frères ne faisaient rien pour attirer le public ; ils ne flattaient pas ses goûts, ils lui servaient des boissons amères, très désagréables après les douceurs des livres à succès ; aussi, à bien réfléchir, n'était-il pas étonnant que le gros public se tînt à l'écart. Mais les artistes ont des nerfs de femme ; même quand ils ne font rien pour plaire, ils rêvent d'être aimés ; et, si on ne les aime pas, ils sont très malheureux. MM. de Goncourt ont dû beaucoup souffrir, comme d'autres de leurs contemporains que je ne veux pas nommer. Le plus jeune, Jules, est mort de l'indifférence de la foule. L'insuccès de leur dernier roman, *Madame Gervaisais*, l'avait frappé au cœur d'une blessure incurable. Ah! quelle misère, être supérieur et mourir du dédain d'en bas! refuser la sottise et ne pouvoir vivre sans l'applaudissement des sots!

Dans la carrière littéraire de MM. de Goncourt, il y a un épisode très instructif. Ils avaient écrit une pièce en trois actes, *Henriette Maréchal*, d'une allure neuve et personnelle. C'était l'amour de la femme de quarante ans, la passion venue sur le tard d'une bourgeoise pour un tout jeune homme, cette débâcle qui arrive parfois chez les mères de famille, chez les femmes vertueuses, dont un coin du cœur n'a jamais été contenté. Madame Maréchal a une grande fille, Henriette, qui assiste, muette et rigide, à la passion de sa mère. Au dénouement, le mari apprend tout; mais, comme il entre dans un salon où il croit un homme caché, c'est Henriette qui se jette à genoux, au milieu de l'obscurité, et qui reçoit en pleine poitrine le coup de révolver qu'il lâche à bout portant. La grande originalité de cette pièce était surtout le premier acte, dont le décor représentait le couloir des loges de foyer, à l'Opéra, un soir de bal masqué. MM. de Goncourt avaient mis là, dans le dialogue, dans les épisodes, leur sens si fin du pittoresque moderne, la verve et l'esprit de Paris aiguisés par leur tempérament d'artiste. La pièce fut promenée dans deux ou trois théâtres; elle effrayait les directeurs. Enfin, les auteurs eurent la bonne fortune de voir leur œuvre reçue à la Comédie Française. Le bruit courut dans le public qu'une haute protection, celle de la princesse Mathilde, avait forcé les portes du théâtre. Et voilà que, le jour de la première représentation, la cabale la plus orageuse qu'on eût vue depuis longtemps, éclata dès les premiers mots dits par les acteurs ; on avait même sifflé avant que la toile fût levée. La jeunesse des Écoles huait les protégés de la cousine de l'empereur. J'ajoute que le premier acte scandalisa les vieux habitués de la Comédie Française. Des masques et de l'argot dans la maison de Racine et de Corneille, cela fit crier au sacrilège. *Henriette Maréchal*, arrêtée par ordre, n'eut que quelques représentations, des batailles qui occupèrent tout Paris. Et voyez l'aventure étrange, ce fut alors seulement que le nom de Goncourt, connu jusque-là d'un nombre restreint d'admirateurs, se répandit tout d'un coup dans le grand public. Un insuccès bruyant les rendit célèbres. La pièce imprimée se vendit à un nombre plus considérable d'exemplaires que n'importe quel de leurs romans. Ils devinrent et sont restés encore pour beaucoup de personnes les auteurs d'*Henriette Maréchal*. N'est-ce pas une ironie cruelle et qui fait voir de quelle misère est faite la popularité ? Il faut qu'on vous casse les reins pour que le peuple se retourne et s'intéresse.

Avant d'aborder l'analyse des romans de MM. de Goncourt, je voudrais dire un mot discret de leur collaboration. Il ne s'agit pas de faire la part de l'un et de l'autre, ce que je regarderais comme une action mauvaise. Mais il est intéressant, au point de vue du métier, d'indiquer quelle a été leur façon de travailler en commun. Ils s'isolaient, ils vivaient un sujet longtemps. Ils amassaient surtout un nombre considérable de notes, voyant tout sur nature, se pénétrant du milieu où les épisodes devaient se dérouler. Puis, ils causaient le plan, arrêtaient ensemble les grandes scènes, jalonnaient ainsi l'œuvre entière. Enfin, arrivés à la rédaction, à cette exécution qui ne comporte plus le débat oral, ils s'asseyaient tous deux à la même table, après avoir une dernière fois préparé le morceau qu'ils comptaient écrire dans la journée ; et là, ils rédigeaient ce morceau chacun de son côté, ils en faisaient deux versions, selon leur façon personnelle de voir. Ces deux versions, qu'ils se lisaient, étaient ensuite fondues en une seule ; on conservait de part et d'autre les choses heureuses, les trouvailles ; c'étaient les apports de deux esprits libres, comme le meilleur d'eux-mêmes qu'ils écrémaient et dont ils faisaient un tout solide. On comprend dès lors l'unité constante des œuvres produites ; elles avaient de leur sang, mais de leur sang mêlé à la source de la vie. L'un n'avait pas écrit cette page, l'autre celle-ci. Chaque page était à tous deux. Il faut ajouter ce phénomène fatal : à la longue, dans cette comunauté continuelle d'enfantement, les deux cerveaux s'étaient mis à penser et à exprimer de même ; presque toujours, la même idée, la même image arrivaient aux deux frères à la fois. Il n'y avait plus qu'à choisir les nuances. Cette fraternité dans la production allait si loin, que leur écriture se ressemblait. Touchante absorption de deux êtres, mariage intime d'intelligences, cas extraordinaire de talent double qui restera certainement unique dans l'histoire littéraire. Ils ne sont qu'un, il faut parler d'eux comme on parlerait d'un seul grand écrivain.

III

Les deux premiers romans que MM. de Goncourt publièrent, furent *Sœur Philomène* et *Charles Demailly*. Je passerai rapidement sur ces deux œuvres, où toutes les qualités des auteurs se trouvent déjà, mais à l'état d'essai et avec une bien moins grande intensité que dans les œuvres suivantes.

Sœur Philomène est une étude d'hôpital et d'amphithéâtre. Le drame tiendrait en dix lignes. Un interne, Barnier, se prend d'amour pour une religieuse, sœur Philomène; un jour de brutalité, il la saisit dans ses bras et l'embrasse; puis, devant le mépris muet, la colère hautaine de la sœur, il se grise d'absinthe et finit par se faire volontairement une piqûre anatomique, dont il meurt. A la dernière page, on voit sœur Philomène se glisser dans la chambre de Barnier et voler un paquet de cheveux qu'on vient de couper sur la tête du mort pour l'envoyer à sa mère. Les grandes qualités de ce livre sont déjà le décor merveilleux, ces salles d'hôpital peintes avec le frisson d'horreur qui les traverse. Mais les meilleures pages sont le chapitre où se trouve étudiée l'enfance de sœur Philomène; il y a là surtout une amitié de pension, l'exaltation religieuse de deux jeunes filles, qui est d'une finesse d'observation et d'une énergie de coloris extraordinaires. Tout ce chapitre est trempé d'enfance; et si, plus tard, sœur Philomène, quand elle est femme et qu'elle a fait ses vœux, échappe fatalement à l'analyse des auteurs, ils l'ont possédée là, tout entière, avec sa sensibilité qui s'éveille et la religion qui s'ouvre pour elle comme un grand amour.

Charles Demailly est une satire, l'étude vengeresse de la petite presse en France, vers 1855. MM. de Goncourt ont rêvé de montrer les coulisses d'un petit journal, avec leurs hontes, leur cynisme, leurs misères et leur esprit. Ils ont peint six ou sept portraits de rédacteurs du *Scandale,* un titre inventé, sous lequel on pourrait deviner le titre d'un journal qui a eu depuis ce temps une grande fortune. Ces portraits sont peut-être un peu poussés au noir. Quant au drame, il est encore des plus simples. Le meilleur de la bande, Charles Demailly, un de ceux qui a un livre dans le ventre, commet la sottise de tomber amoureux d'une actrice et de l'épouser. Marthe, un type de méchanceté froide, de bêtise et d'égoïsme, où les deux frères ont mis tous leurs griefs de célibataires contre la femme, inflige à son mari une torture abominable, le trompe, l'abêtit, finit par faire siffler une de ses pièces et le change, sous le coup d'une maladie cérébrale, en une sorte de brute qui a oublié jusqu'à sa langue. Toujours, d'ailleurs, les mêmes qualités de style. Ici même le dialogue prend cette souplesse, cet imprévu, cet air vécu qui fera plus tard d'un dialogue de MM. de Goncourt comme un lambeau d'une conversation véritable. Personne encore n'a surpris autant qu'eux l'allure de la phrase parlée. Je fais quelques réserves sur le fond même du roman. Les journalistes n'ont pas tant d'esprit qu'ils leur en prêtent. Puis, il semble qu'ils ont seulement vu de loin le milieu dont ils parlent. Il n'y a pas, à mon sens, assez de solidité, assez de bonhomie dans cette étude d'un monde que les bourgeoises seules rêvent encore satanique et échevelé.

J'arrive au troisième roman de MM. de Goncourt, à *Renée Mauperin*. C'est là leur roman le plus roman ; je veux dire qu'il s'agit d'une histoire assez compliquée et de caractères étudiés avec une grande science du milieu et de l'époque. Pour bien des personnes, pour celles que la personnalité artistique effarouche un peu et qui préfèrent la nudité de l'analyse, *Renée Mauperin* est le chef-d'œuvre de MM. de Goncourt. L'intention des auteurs a été de peindre un coin de la bourgeoisie contemporaine. Leur héroïne, Renée, la figure la plus en vue, est une étrange fille, à moitié garçon, élevée dans l'ignorance chaste des vierges, mais qui a deviné la vie ; une enfant gâtée par son père, âme d'artiste, tempérament nerveux et exquis, poussée sur le fumier d'une civilisation avancée ; la plus adorable gamine qu'on puisse imaginer, parlant argot, peignant et jouant la comédie, éveillée à toutes les curiosités, et d'une fierté, d'une loyauté, d'une honnêteté d'homme. A côté d'elle, il y a un frère qui est également une merveille de vérité ; le jeune homme sérieux, le type de l'ambition correcte, tel que l'ont fait les mœurs du parlementarisme ; un garçon très fort qui couche avec les mères pour épouser les filles. Puis vient toute la galerie des bourgeois et des bourgeoises, d'une finesse de touche charmante, sans caricature, peints d'un trait : ce sont les enfants de 1830, les révolutionnaires enrichis, satisfaits, devenus des conservateurs, et ne gardant plus de leurs haines que la haine des jésuites et des prêtres. Certains chapitres sont d'un comique parfait, d'une satire sans violence, très vraie. Dans la seconde partie de l'œuvre vient le drame. Le frère de Renée a pris un titre nobiliaire pour aider à son mariage. Mais il reste un noble de ce nom. Averti par Renée, celui-ci provoque le jeune homme et le tue. Alors, Renée, épouvantée de son action, meurt lentement d'une maladie de cœur ; c'est une agonie navrante qui dure près d'un tiers du volume ; jamais l'approche de la mort n'a été étudiée avec une patience plus douloureuse, et tout l'art de style des romanciers, tout leur bonheur d'expressions se retrouve là, pour peindre jusqu'aux plus fugitifs frissons du mal. Je ne connais rien de plus touchant ni de plus terrible.

Moi, j'avoue préférer *Germinie Lacerteux*, parmi les romans de MM. de Goncourt. C'est là qu'ils ont donné la note la plus aiguë et la plus personnelle. J'estime qu'il faut toujours, dans le bagage d'un écrivain, choisir, pour la mettre au-dessus des autres, l'œuvre qui est la plus intense, en dehors des questions de perfection et d'équilibre. Celle-là seule contient tout l'écrivain et mérite de vivre. Dans *Germinie Lacerteux*, MM. de Goncourt ont réalisé cette œuvre maîtresse. C'est l'histoire d'une bonne, de la bonne d'une vieille demoiselle. Je ne puis malheureusement entrer dans l'analyse de ce drame d'une chair et d'un cœur. Les faits sont ici purement physiologiques ; l'intérêt n'est pas dans les incidents, mais dans l'analyse du tempérament de cette fille, de sa chute, de ses luttes, de son agonie ; et il faudrait noter une à une les phases par lesquelles passe son être. Germinie aime un jeune ouvrier, Jupillon, presque un enfant, un de ces ouvriers de Paris nés dans le vice. Pour lui, pour le garder et l'acheter, elle va jusqu'à voler sa maîtresse. C'est une lente dégradation morale qui la jette à la débauche des barrières, quand son amant la quitte. Elle a besoin de l'amour, comme on a besoin du pain qu'on mange. Il y a là des pages d'une audace cruelle. Puis, un soir, Germinie reste sous une pluie d'hiver, pour revoir Jupillon attablé dans un cabaret; et elle meurt de cette dernière station de son calvaire.

Le roman, à son apparition, produisit un scandale énorme. On le déclara ordurier, la critique prit des pincettes pour en tourner les pages. Personne, d'ailleurs, ne dit le mot juste. *Germinie Lacerteux*, dans notre littérature contemporaine, est une date. Le livre fait entrer le peuple dans le roman; pour la première fois, le héros en casquette et l'héroïne en bonnet de linge y sont étudiés par des écrivains d'observation et de style. En outre, je le répète, il ne s'agit pas d'une histoire plus ou moins intéressante, mais d'une véritable leçon d'anatomie morale et physique. Le romancier jette une femme sur la pierre de l'amphithéâtre, la première femme venue, la bonne qui traverse la rue en tablier; il la dissèque patiemment, montre chaque muscle, fait jouer les nerfs, cherche les causes et raconte les effets; et cela suffit pour étaler tout un coin saignant de l'humanité. Le lecteur sent les sanglots lui monter à la gorge. Il arrive que cette dissection est un spectacle poignant, plein d'une haute moralité. Les gens honnêtes qui ont jeté tant de boue à Germinie, n'ont rien compris à la leçon. Qu'on donne à Germinie un brave homme de mari qui l'aime, qu'elle ait des enfants, qu'on la tire de ce milieu de vice facile où ses délicatesses se révoltent, que ses besoins légitimes soient contentés, et Germinie restera honnête fille, n'ira pas rôder comme une louve sur les boulevards extérieurs pour sauter au cou des hommes qui passent.

IV

Une des tendances des romanciers naturalistes est de briser et d'élargir le cadre du roman. Ils veulent sortir du conte, de l'éternelle histoire, de l'éternelle intrigue, qui promène les personnages au travers des mêmes péripéties, pour les tuer ou les marier au dénouement. Par besoin d'originalité, ils refusent cette banalité du récit pour le récit, qui a traîné partout. Ils regardent cette formule comme une amusette pour les enfants et les femmes. Ce qu'ils cherchent, ce sont des pages d'études, simplement, un procès-verbal humain, quelque chose de plus haut et de plus grand, dont l'intérêt soit dans l'exactitude des peintures et la nouveauté des documents.

Aucun écrivain plus que MM. de Goncourt n'a travaillé à affranchir le roman de toutes les entraves du lieu commun et de l'intérêt bête. Dans leurs deux derniers livres surtout, *Manette Salomon* et *Madame Gervaisais*, ils n'ont plus témoigné aucun souci des idées reçues sur la forme et la marche des œuvres d'imagination. Ils ont obéi à leur poétique personnelle, avec un dédain croissant de l'approbation du lecteur, et sans paraître seulement tourner la tête pour voir si le public les suivait.

Manette Salomon est une étude libre sur l'art et sur les artistes contemporains. Les auteurs se sont sim-

plement souciés de grouper les types de peintres
qu'ils ont coudoyés : Coriolis, leur peintre aimé, un
grand garçon riche, distingué, amoureux de l'Orient,
dont la peinture cristalline et chatoyante a les qualités de leur propre style; Anatole, le bohème, leur
enfant gâté, une figure qui doit rester du blagueur et
du flâneur, couchant au hasard de ses amitiés, hébergeant les inconnus qui passent, goûtant à toutes les
aventures, roulant sa bosse au milieu de tous les
rêves et de tous les scepticismes, et venant échouer
dans un petit emploi, au Jardin des Plantes, où son
amour des bêtes lui fait une vieillesse heureuse ; Garnotelle, le prix de Rome, le peintre correct et médiocre, qui réussit sans talent, avec une habileté rusée
de négociant en vins ; et d'autres types encore, Chassagnol, féroce sur l'esthétique, le parleur intarissable
des crèmeries et des brasseries, l'homme qui accompagne les gens qu'il raccroche pour leur expliquer
Raphaël ou Rembrandt, et qui pousse les choses
jusqu'à coucher avec eux, parlant encore quand la
lumière est éteinte ; le ménage Crescent, la femme
toute à ses oies et à ses canards, le mari grand peintre retiré à la campagne, une sorte de solitaire et de
patriarche de l'art ; dix autres encore qu'il serait trop
long d'énumérer et qui font de l'œuvre une galerie
fourmillante de portraits pris sur nature. Puis, avec
tous ces personnages, les auteurs n'ont pas cherché
à nouer la moindre intrigue ; ils se sont tout uniment
donné la tâche, dans de courts chapitres qui sont
chacun comme un tableau détaché, de peindre la vie
des artistes, des scènes qui se succèdent, à peine reliées par un mince fil : l'atelier, avec ses farces, ses
balbutiements du talent, son peuple d'élèves ; le

concours du grand prix de Rome et l'arrivée de
Garnotelle à la villa Médicis ; un voyage de Coriolis
en Orient ; les flâneries d'Anatole, ses jours de vache
enragée, tous les métiers qu'il fait, cette existence
stupéfiante du rapin sans le sou battant le pavé de
Paris ; des descriptions d'atelier prodigieuses d'exactitude et de richesse ; le Salon annuel, le succès de
Coriolis, puis les revanches de la critique ; une saison
passée dans la forêt de Fontainebleau, à Barbison,
cette Thébaïde de l'art parisien ; et des scènes encore,
la salle des ventes, la plastique de la femme, les coins
pittoresques de Paris et de la banlieue, la bataille des
théories artistiques, l'amitié fantaisiste d'un singe et
d'un cochon, des soûleries de carnaval, des bals et
des dîners de friture, l'existence des personnages
lâchés à travers la vie réelle, amenant les faits au petit
bonheur. Telle est l'œuvre, le journal fidèle de plusieurs vies d'artistes. Seulement, ce journal est
rédigé par des maîtres peintres qui animent tout ce
qu'ils touchent. Ce roman sans action est le plus intéressant des romans.

MM. de Goncourt, pourtant, n'ont pas osé s'affranchir complètement de la formule romanesque. Ils ont
gardé une héroïne, Manette Salomon, une Juive, un
modèle d'atelier, pour laquelle Coriolis se prend
d'une passion nerveuse et jalouse. Peu à peu, Manette s'empare du jeune homme, en a des enfants,
lui impose ses parents, le brouille avec ses amis, le
conquiert jusqu'à l'épouser et le traîne alors dans la
vie, diminué, dominé, sans talent. C'est la même
thèse que dans *Charles Demailly*, la femme tuant
l'artiste. Je ne la discuterai pas ; elle me semble absolument fausse, dès qu'on paraît vouloir lui donner

un caractère général. Les romanciers ont, d'ailleurs, étudié Manette avec une pénétration extraordinaire. Elle restera une de leurs meilleures figures.

Avec *Madame Gervaisais*, le cadre du roman se simplifie encore. Il ne s'agit même plus d'une galerie de portraits, d'une série de types nombreux et variés, se complétant les uns les autres, se heurtant et arrivant à produire le grouillement d'une foule. Cette fois, c'est une figure en pied, la page d'une vie humaine, et rien autre. Pas de personnages, ni au même plan, ni au second plan ; à peine le profil d'un enfant, qui est comme l'ombre de sa mère, et encore cet enfant est-il presque un animal, une pauvre créature à l'intelligence tardive, dont la langue reste embarrassée dans les zézaiements du nouveau-né. Il n'y a plus de roman proprement dit. Il y a une étude de femme, d'un certain tempérament, mis dans un certain milieu. Cela a la liberté et la simplicité d'une enquête scientifique rédigée par un artiste. La dernière formule est brisée, le romancier prend le premier épisode venu d'une vie, le raconte, en tire toute la réalité et tout l'art qu'il y trouve, et ne croit rien devoir de plus au lecteur. Il n'est plus nécessaire de nouer, de dénouer, de compliquer, de glisser le sujet dans l'antique moule ; il suffit d'un fait, d'un personnage, qu'on dissèque, en qui s'incarne un coin de l'humanité souffrante, et dont l'analyse apporte une nouvelle somme de vérité.

L'héroïne, ou plutôt le sujet de MM. de Goncourt, est une femme de grand mérite, madame Gervaisais, mal mariée, qui s'est réfugiée dans le travail. Elle a une culture d'homme, latiniste, helléniste, savante en toutes choses, d'âme artiste, d'ailleurs, et faite pour la passion du beau. Elle est allée si loin, qu'elle a traversé Locke et Condillac, pour se reposer ensuite dans la philosophie virile de Reid et de Dugald-Stewart. Depuis longtemps, elle a secoué la foi catholique comme un fruit trop mûr. C'est alors que le souci de sa santé la conduit à Rome; elle emmène avec elle son fils, Pierre-Charles, cette chère créature d'une beauté d'ange et d'une existence instinctive de bête. Là, ses premiers mois sont donnés à l'antiquité, à Rome, à son histoire, à tout ce que l'horizon met d'émotion dans son esprit de savante et dans son cœur de poète. Elle se repose et aime son enfant, ne voit personne, à peine quelques figures qui passent. Puis, commence le drame. Madame Gervaisais baigne dans ce parfum catholique, dans cette odeur de Rome qui souffle une sorte d'épidémie religieuse. Peu à peu, elle est pénétrée. Il y a en elle une femme qu'elle ne connaissait pas, la femme nerveuse, que le mariage n'a pas satisfaite. Et elle glisse à l'extase et à la mysticité. D'abord, ce n'est qu'un effleurement charnel, la pompe des cérémonies. Ensuite, l'intelligence est attaquée, la raison sombre sous les pratiques, sous la règle imposée. Madame Gervaisais rentre dans la foi; elle va d'un directeur tolérant à un directeur sévère, oublie le monde, descend chaque jour davantage, jusqu'à n'être plus femme et n'être plus mère. Elle se donne entière, vit dans l'ordure, repousse son enfant, elle autrefois si élégante et si passionnée pour Pierre-Charles. Anéantissement farouche, peur de la lumière, crise de la chair et de l'esprit qui ne laisse chez madame Gervaisais rien de la femme qu'elle a été.

Tout le livre est là. MM. de Goncourt ont étudié

avec un art infini les lentes gradations de la contagion religieuse. Rome leur fournissait un décor splendide. Leur héroïne lettrée leur a permis de peindre la Rome de l'antiquité, et leur héroïne dévote leur a donné la Rome des papes. Au dénouement, ils ont eu ce que j'appellerai une faiblesse. Ils ont voulu finir. Alors, ils ont ménagé une scène dramatique, qui ôte un peu à leur roman le caractère d'une étude dégagée de toute formule. Madame Gervaisais est très malade de la poitrine. Elle se meurt dans l'égoïsme féroce de sa foi. Son frère, un lieutenant, accourt de l'Algérie, la décide à fuir Rome; mais il doit lui permettre d'aller, avant son départ, recevoir la bénédiction du pape; et c'est là, au Vatican, dès que le saint-père apparaît à ses yeux, que madame Gervaisais meurt comme foudroyée, tandis que Pierre-Charles trouve enfin la parole, dans ce cri déchiré : Ma mère! C'est fort beau, mais cette mort violente, logique pourtant avec l'œuvre, détonne un peu comme vérité. Madame Gervaisais mourant de sa belle mort, dévote, étroite, parcheminée, achevait de donner à l'œuvre un caractère particulièrement original. L'effet y perdait, la réalité y gagnait.

Madame Gervaisais n'eut pas de succès. Cette nudité du livre, ces continuels tableaux, cette analyse savante d'une âme, déroutèrent le public, habitué à d'autres histoires. Il n'y avait pas le plus petit mot pour rire dans l'œuvre, ni péripéties vulgaires, ni coups de théâtre; et, avec cela, la langue était étrange, pleine de néologismes, de tournures inventées, de phrases compliquées traduisant des sensations que des artistes seuls peuvent éprouver. MM. de Goncourt se trouvaient isolés, tout en haut, compris seulement d'un petit nombre, dans l'épanouissement complet de leur personnalité et de leur talent.

V

Il me faut conclure. Le jugement peut être complet et définitif, car il porte comme sur un romancier mort. Le jour où Edmond de Goncourt a publié une œuvre signée de son nom seul, il a dû être étudié et jugé à part. Les six romans dont je viens de parler, composent ainsi un ensemble sur lequel la critique est appelée à se prononcer avec la compétence et la justice de la postérité.

Dans notre littérature, MM. de Goncourt restent pour moi un cas artistique superbe, un de ces phénomènes cérébraux, qui, dans l'ordre pathologique, font l'émerveillement des grands médecins. Au milieu de l'essoufflement général à la chasse de l'originalité, après les romanciers illustres de 1830 qui semblaient avoir laissé le champ vide à leurs cadets, ils ont su, par leur nature même, en s'abandonnant à leur seul tempérament, voir autrement que les autres et inventer leur langue. A côté de Balzac, à côté de Stendhal, à côté d'Hugo, ils ont poussé comme les fleurs étranges et exquises d'une civilisation avancée. Ce sont des personnalités exceptionnelles, des écrivains qu'il faut mettre à part, qui demeurent dans une histoire littéraire à l'état de note aiguë, résumant les côtés excessifs de l'art d'une époque. Si la foule ne s'agenouille jamais devant eux, ils auront une chapelle d'un luxe précieux, une chapelle byzantine avec de l'or fin et des peintures curieuses, dans laquelle les raffinés iront faire leurs dévotions.

J'aurais voulu citer des extraits de leurs œuvres pour montrer à quel frisson de nervosité ils ont conduit la langue. Ils en ont fait un instrument de musique, une personne vivante dont on voit le geste et dont on sent l'haleine. La langue est devenue, comme eux, d'une sensibilité extrême aux moindres impressions, riant d'une couleur, se pâmant à certains sons, toujours vibrante aux plus légers souffles de l'air. Et ils ont aussi introduit dans la circulation toutes sortes de formes nouvelles, des tournures inconnues avant eux, des phrases vraies et senties qui doivent mûrir pour être acceptées. Je leur fais là le plus grand compliment qu'on puisse adresser à des écrivains ; il n'y a que les forts qui enrichissent le dictionnaire.

Plusieurs romanciers, je parle de leurs cadets, de ceux qui ont trente et quelques années aujourd'hui, charmés par ce style personnel, remués comme par une symphonie, leur ont emprunté des mots, des manières de sentir. Un groupe s'est formé. Seulement, l'imitation doit s'arrêter à ce que j'appellerai la rhétorique nouvelle. MM. de Goncourt seraient rapetissés par leurs élèves, s'ils en conservaient. Je les préfère dans leur chapelle dorée et peinte, sans descendance, pareils à des idoles de l'art tombées du ciel bleu, un beau matin. Poussée trop loin, et par de nouveaux venus forcés de renchérir, leur manière tournerait à la préciosité, au débordement des ciselures artistiques noyant les idées et les faits. Eux-mêmes, dans *Madame Gervaisais*, sont arrivés parfois à stériliser les documents humains que leur observation si nette et si fine leur avait fournis.

Je veux finir par une idée consolante. Ce public, si peu sensible aux délicatesses de la forme, a des retours qui ressemblent à des actes de justice. Pendant dix ans, les œuvres des deux frères ont dormi, connues d'un nombre restreint d'admirateurs. Toujours la presse s'était montrée d'une dureté révoltante. Et, tout d'un coup, sans qu'on sache pourquoi, dans ces derniers temps, les journaux ont parlé avec éloge de ces mêmes œuvres, à l'occasion des nouvelles éditions qui ont paru. Les acheteurs sont venus, se sont passionnés, de plus en plus nombreux. C'est enfin la gloire qui grandit à son heure sur la tombe du frère mort, lorsqu'il n'y a plus là que le frère resté seul et mutilé.

ALPHONSE DAUDET

I

Parmi les conteurs et les romanciers contemporains, il est un auteur qui a reçu à sa naissance tous les dons de l'esprit. Je veux parler de M. Alphonse Daudet. J'emploirai pour lui, si usée qu'elle soit, la vieille image de nos contes de fées. J'imagine que toutes les fées se sont réunies autour de son berceau pour lui donner chacune une qualité rare, d'un coup de baguette : une lui a donné la grâce ; une autre, le charme ; une autre, le sourire qui fait aimer ; une autre, l'émotion tendre qui fait réussir. Et ce qu'il y a de merveilleux, c'est que la mauvaise fée, celle qui d'habitude arrive la dernière pour détruire tous ces précieux dons par quelque vilain cadeau, s'est tellement mise en retard, ce jour-là, qu'elle n'a pas même pu entrer ; oui, la mauvaise fée est restée à la porte, il n'est tombé que des bénédictions sur la tête du futur auteur des *Contes du Lundi* et de *Fromont jeune et Risler aîné*. Je veux donc étudier chez M. Alphonse Daudet une nature heureuse, un des cas les plus charmants et les plus intéressants de notre littérature contemporaine.

M. Alphonse Daudet est né en Provence, à Nîmes, je crois. Il vint chercher fortune à Paris, tout jeune, ses longs cheveux au vent ; j'ignore s'il avait des sabots, comme tous les hommes qui doivent faire fortune plus tard ; mais ce qu'il avait à coup sûr, c'était un petit fifre de poète, la plus adorable musique qu'on pût imaginer, gardant encore l'aigreur champêtre des tambourins et des galoubets provençaux. Il faut connaître notre Provence pour comprendre l'originale saveur des poètes qu'elle nous envoie. Ils ont poussé là-bas, au milieu des thyms et des lavandes, moitié Gascons et moitié Italiens, pleins de rêves paresseux et de menteries exquises. Ils ont du soleil dans le sang et des chants d'oiseaux dans la tête. Ils arrivent à Paris pour le conquérir, avec une naïveté d'audace qui est déjà la moitié du succès ; et, quand ils ont réellement du talent, ils sautent au premier rang, ils montrent des grâces qui font d'eux les enfants gâtés du public. Plus tard, dans ce terrible milieu parisien qui use les caractères comme une meule, ils restent eux-mêmes, ils gardent une odeur de terroir, une façon vive de sentir et de peindre, à laquelle on les distingue toujours. Ce sont des poètes-nés, dont le cœur demeure plein des chansons du pays.

Je me souviens de ma première rencontre avec M. Alphonse Daudet. Il y a longtemps de cela, quelques dix ans. Il collaborait alors à un journal très lu ; il apportait un article, touchait l'argent, disparaissait avec une insouciance de jeune dieu, réfugié dans la poésie, loin des petits soucis de ce monde. Je crois qu'il habitait la banlieue, un coin écarté de faubourg, avec d'autres poètes, toute une bande de joyeuse bohème. Il était beau, d'une beauté fine et nerveuse de cheval arabe, la crinière abondante, la barbe soyeuse, séparée en deux pointes, l'œil grand, le nez mince, la bouche amoureuse ; et, sur tout cela, je ne sais quel coup de lumière, quelle haleine de volupté attendrie, qui noyait la face entière d'un sourire à la fois spirituel et sensuel. Il y avait en lui du gamin français et de la femme orientale. Dès son arrivé à Paris, il avait eu une bonne chance, il s'était fait un protecteur et un ami de M. de Morny, qui l'avait attaché à son cabinet. Sa séduction opérait déjà. Et ce mot de séduction est le mot juste ; plus tard, il a séduit ses amis, séduit le public, séduit tous ceux qui l'ont approché. Il ne faudrait pas croire que sa situation près de M. de Morny lui eût donné, une seule minute, une attitude raide et gourmée. Il gardait ses allures libres, battait alors le pavé de Paris avec l'emportement de passions d'un collégien échappé, jetait des vers et des baisers aux quatre coins de la ville. Puis, un matin, il tomba malade ; les médecins parlaient d'une maladie de poitrine, et il dut partir pour l'Algérie. Ce fut encore un bonheur pour lui ; le mal devint un bien, dans ses mains heureuses. Son séjour en Algérie compléta sa naissance en Provence ; des horizons de lumière s'ouvrirent, dont il a gardé l'éblouissement ; des chants arabes le bercèrent, ajoutant en lui une

pointe rude à la douceur de la poésie provençale.
On peut aujourd'hui retrouver dans ses œuvres les
grandes impressions de cette époque de sa vie : les
longues traversées, les ports où dorment des navires, les parfums des pays exotiques, les couleurs
vives et la vie en plein air des contrées du soleil.
Enfin, une dernière, une suprême chance attendait
M. Alphonse Daudet : il se maria à son retour d'Algérie, et dès lors devint un bon bourgeois, un travailleur tout à sa besogne. Le poète qui jusque-là
avait jeté ses refrains follement, entra dans une
époque de maturité et de production réglée. Le
mariage, selon moi, est l'école des grands producducteurs contemporains.

Aujourd'hui, M. Alphonse Daudet est un des quatre ou cinq romanciers dont les œuvres nouvelles sont
des événements littéraires. Il a été décoré en 1870,
à l'âge de trente ans. Il habite Paris l'hiver et passe
ses étés à la campagne, dans un de ces adorables
coins de verdure, comme il en existe à quelques
lieues, au bord de la Seine. Il a devant lui l'espace
libre, il peut aller à tous les succès et à toutes les
fortunes, avec la certitude de monter aussi haut
qu'il voudra. Ce sont les fées de son berceau qui
le conduisent toujours par la main. Je ne connais
pas, dans notre littérature contemporaine, une
figure plus sympathique, un écrivain dont l'avenir
soit plus certain, et qui marche par une plus jolie
route à une situation plus belle.

Pour faire comprendre tout le charme de cette
figure littéraire, il faut l'analyser avec une délicatesse extrême. C'est un talent complexe, très vivant,
difficile à définir d'un mot; d'autre part, il faut

craindre, en le maniant trop rudement, de lui enlever son éclat. La première opération critique est de s'imaginer M. Alphonse Daudet en face des êtres et des choses, et de se demander comment il se comporte. Avant tout, c'est un poète ; il a la sensation prolongée et vibrante, il voit les foules et les campagnes qu'il traverse avec la demi-hallucination des imaginations vives. Tout grandit, se colore, s'anime, prend une intensité. Ce n'est pas la sécheresse de Stendhal, ni la lourdeur épique de Balzac ; ce serait plutôt la surexcitation nerveuse de Dickens, un continuel galop au milieu du réel, avec des échappées brusques dans les champs de la fantaisie. Mais il y a au moins deux façons d'être poète, la façon rude et la façon tendre. M. Aphonse Daudet est un poète attendri. Il n'est pas né dans la rébellion, dans l'amertume, dans les protestations enfiévrées des esprits révolutionnaires. Quand il sort, c'est avec la joie de trouver le ciel bleu, les femmes belles, les hommes bons. Il marche en ami au milieu de la société. Certes, il n'est pas aveugle, il voit le mal, il le montre au doigt ; mais, s'il a choisi pour personnage un gredin, il peindra plutôt ses ridicules que ses vices, il préférera nous faire rire de lui que de nous en épouvanter. Jamais l'auteur n'est descendu dans le bourbier humain ; il le laisse parfois deviner, et c'est tout. Nous avons affaire ici à la pente naturelle d'un tempérament, ce que je veux bien établir, pour ne point laisser à ma pensée une portée critique qu'elle n'a pas. M. Alphonse Daudet agit loyalement envers la nature ; il ne ment pas, il ne se farde pas de rose ; il en extrait simplement tous les éléments heureux, et les place au premier plan, tandis qu'il recule dans l'ombre les éléments mauvais. C'est en somme la même opération que font les esprits révoltés, lorsqu'ils mettent l'odieux en avant et qu'ils laissent en arrière la partie consolante. Dans l'un et dans l'autre cas, il y a une simple question de perspective, une manière d'aimer ou de ne pas aimer l'humanité; au fond, la probité littéraire est égale. M. Alphonse Daudet pense, comme ont pensé d'ailleurs d'autres grands artistes, que le bien est la vive lumière dont il faut éclairer le tableau humain, et que le mal est l'ombre qu'il est habile de répartir avec sagesse, pour ne pas trop assombrir l'ensemble.

Ainsi donc, les deux premiers points sont posés : M. Alphonse Daudet est un poète, et un poète attendri. Autrement dit, il a le don d'évocation, et il l'emploie à faire vivre devant nous des créations, dans lesquelles il met particulièrement en lumière les belles qualités humaines. Mais ces deux points en déterminent immédiatement un troisième. S'il n'a pas de fureur révolutionnaire qui brise ce qu'elle touche, il a l'ironie, une ironie fine et acérée comme une épée. C'est l'arme naturelle de son tempérament contre la sottise et la scélératesse. Il ne se fâche jamais, cela détonnerait. Il rit, il sourit même, et rien n'est plus aigu, plus meurtrier que ce sourire. Certains de ses personnages sont des pelotes molles dans lesquelles il enfonce une à une toutes les pointes de son esprit. Il a une cruauté féroce de coups d'épingle. Ce sont des satires émues, très gaies, sans amertume visible, qui cachent la violence des attaques sous une continuelle belle humeur. En somme, la vérité est que M. Alphonse Daudet a le sens très vif du comique, non pas du comique débordant tel qu'on le trouve dans Rabelais, non pas du comique pincé et empoisonné à la façon de Swift, mais d'un comique nouveau, moderne, d'un comique nerveux, allumé d'une flamme de poésie, saisissant le ridicule et le mimant, lui donnant des ailes, le bafouant dans le ciel bleu du rêve. Je donnerai des exemples plus loin, je montrerai ce rire de poète faisant sonner la moquerie dans un grelot d'or, préférant livrer les coquins à la risée de tous que de se salir les mains en les fouillant dans leur nudité.

Il faut ajouter que M. Alphonse Daudet est un écrivain de race. Comme tous nos grands prosateurs actuels, il a appris le mécanisme de la langue en faisant d'abord des vers. On le compte parmi les quatre ou cinq romanciers qui ont le souci du style vivant, d'un dessin précis, d'une couleur éclatante. Il appartient au groupe des naturalistes ; il a la passion des larges horizons réels ; il croit à la nécessité des milieux exacts et des personnages étudiés sur nature. Toutes ses œuvres sont prises en pleine vie moderne ; même il a une tendresse particulière pour les cadres populaires et bourgeois, qui s'allie à une curiosité des petits mondes à part, des mondes déclassés, poussés comme des champignons sur le grand fumier de Paris. Il va ainsi dans ses œuvres, un peu au hasard des étranges sociétés qu'il a traversées, ayant tout vu avec ses yeux de myope, jusqu'aux petits détails qui auraient échappé à de bons yeux, racontant, peignant, évoquant tout, avec une verve de Provençal attendri et moqueur. On sent qu'il joue lui-même ses personnages. Souvent, il s'oublie, il leur parle, les gourmande ou les approuve. A chaque instant, il fait ainsi des irruptions dans son récit, parce qu'il n'a pas assez de froideur pour rester dans la coulisse. Il risque des prosopopées, donne la parole aux choses inanimées, laisse intervenir des figures de conte de fées au milieu des drames les plus réels. Son imagination est sa faculté maîtresse, et tout ce qu'il a observé passe par elle, avant d'arriver au lecteur; de là, les sauts brusques, les beaux épanouissements, les larmes qu'on l'entend pleurer lui-même entre les lignes, les rires involontaires qu'il pousse tout d'un coup, au bout d'une phrase. Cela nuit certainement à la belle ordonnance de l'œuvre; on désirerait moins d'apostrophes, moins d'exclamations, moins d'attendrissements personnels. Mais qui songerait à lui reprocher ces exubérances, cette façon vivante d'écrire, si vivante, que ses amis croient l'entendre et le voir, en le lisant ! Là, en somme, est son originalité, le secret de sa séduction. Il se donne tout entier, et c'est pourquoi il prend les autres. Au milieu de la sévère ordonnance de certains romans contemporains, de la méthode impersonnelle et marmoréenne, les romans de M. Alphonse Daudet ont parfois un laisser-aller charmant, un air bon enfant, un tapage de nid d'oiseaux, de merles siffleurs et d'alouettes chanteuses. Ce ne sont point les frises du Parthénon développant leurs défilés majestueux. Ce sont des bouffées de style et des bouffées de printemps, de grandes pages et des pages exquises, tout ce que la vie a de bon et de libre.

Une seule qualité semblait devoir manquer à M. Alphonse Daudet : la force. Eh bien ! par un miracle de souplesse, par un bénéfice de fortune extraordinaire, il a brusquement grandi, il est devenu fort. Dans le conteur adorable, un grand romancier s'est développé. C'est là une des transformations littéraires les plus merveilleuses que je connaisse. En étudiant maintenant ses œuvres, je le montrerai ainsi grandissant, je mettrai debout sa figure de poète, de conteur, de romancier, d'auteur dramatique, à la fois fine, ironique et résolue.

II

M. Alphonse Daudet a commencé par faire des vers. Combien en a-t-il fait ? combien de centaines dorment-ils encore dans ses tiroirs, de ces heureux vers de jeunesse, acides comme des fruits de plein vent, qu'on ne publie jamais et qu'on relit toujours ? C'est ce que j'ignore, car les poètes ont de grandes pudeurs pour leurs premiers bégaiements. M. Alphonse Daudet s'est contenté de réunir mille à douze cents de ses vers, dans un volume intitulé : *les Amoureuses ;* et c'est là tout son bagage poétique. Le volume porte les dates 1857-1861. Les pièces qu'il contient ont donc été écrites par l'auteur de dix-sept à vingt et un ans. Il n'y a là qu'une poignée de fleurs cueillies dans la première jeunesse. Mais ces fleurs de l'enfance ont déjà un parfum très doux et même une pointe d'originalité, où l'on flaire le talent ému et moqueur de l'écrivain. Une de ces pièces est restée célèbre : *les Prunes*, une suite de triolets, dans lesquels le poète raconte ses amours avec sa cousine Mariette, sous un prunier ; elle a eu une grande vogue et se récite encore dans les salons, comme un morceau classique. Je citerai également *les Bottines, le Miserere de l'amour*, et une adorable fantaisie dialoguée, *les Aventures d'un Papillon et d'une Bête à bon Dieu*; on y voit le Papillon débaucher son camarade, la Bête à bon Dieu, le griser chez les Muguets et le mener au vice chez les Roses. Toutefois, il faut le dire, les vers de M. Alphonse Daudet ne sont que des épaves de jeunesse. Ils restent un commencement, rien de plus.

Plus tard, il prit pour cadre la formule étroite du conte. Sans doute, le conte, avec son ingéniosité, sa discrétion attendrie, ses ciselures de bijou, devait plaire à cet esprit délicat, qui rêvait en prose les perfections de la poésie. Mais il faut aussi croire que la nécessité de gagner quelque argent, le besoin de s'adresser au journalisme, le décidèrent en cette occasion, lui firent adopter un genre d'articles courts et complets, d'un placement facile. Son succès fut immédiat et très grand. On était alors en 1866 ; il avait vingt-six ans. Il donna d'abord à *l'Événement* une série d'articles sous le titre général : *Lettres de mon moulin;* c'étaient pour la plupart des légendes provençales, des fantaisies, des tableaux du Paris moderne, de véritables petits poèmes traités avec un art exquis. Pendant six ou sept ans, il garda ce cadre, il y déploya des ressources infinies. Aux *Lettres de mon moulin* succédèrent les *Lettres à un absent;* puis, vinrent les *Contes du lundi*. Tous ces articles ont été réunis en volumes et resteront un de ses titres de gloire.

Il faut s'entendre, d'ailleurs, sur le mot conte. Dans les premiers temps, M. Alphonse Daudet s'est enfermé dans les légendes ; mais, plus tard, les fées, le monde fantastique, les imaginations symboliques ne sont plus intervenues que de loin en loin, pour varier les sujets. Peu à peu, dans le conteur des veillées de Provence, l'artiste épris de la vie moderne s'est éveillé. Alors, le conte, le plus souvent, est devenu une page des mœurs contemporaines, une histoire toute chaude d'actualité, un paysage exotique doré par le grand soleil, tout ce qu'on rencontre et tout ce qu'on voit dans la rue.

C'est ainsi qu'on peut retrouver, au courant de ces recueils, les grosses émotions publiques qui ont agité la France pendant les sept ou huit dernières années; les suprêmes convulsions de l'Empire, nos désastres de 1870, le siège de Paris, la guerre civile, y ont laissé successivement des larmes de pitié ou de colère. Ainsi compris, le conte n'est plus ce que nos pères entendaient, un récit merveilleux avec une moralité au bout; il est un drame ou une comédie en quelques pages, un tableau vivement brossé, un fragment d'autobiographie, quelquefois même de simples notes prises sur nature et données dans la verdeur originale de la sensation. C'est ici qu'on sent, sous cette production, les tyrannies du journalisme, demandant à jour fixe une quantité réglée de pages.

Toutefois, M. Alphonse Daudet aurait tort de garder au journalisme la moindre rancune. Si les articles qu'il a écrits l'ont écarté du roman pendant plusieurs années, ils lui ont permis de mûrir son talent et de montrer les rares qualités de son esprit. D'ailleurs, il a gardé une grande dignité d'écrivain dans cette besogne. Jamais il ne s'est surmené, jamais il n'a glissé à la fabrication hâtive. Chacun de ses contes est une merveille de fini, où l'on sent la conscience de l'artiste, les longues heures passées à chercher et à caresser l'idée, à soigner et à parfaire la forme. Il mettait huit jours pour écrire un de ces petits chefs-d'œuvre. Quand on les étudie de près, on en admire l'habile structure, la langue châtiée, les intentions nombreuses et toujours réalisées ; ce sont comme autant de pièces de vers, dont toutes les syllabes ont dû être comptées. Certains sont un roman entier, avec une exposition, une péripétie, un dénouement. D'autres affectent des allures plus libres, mais cachent un art extrême dans leur apparent laisser-aller. Et l'auteur se possède déjà complètement ; il est tel que nous le trouverons dans ses grandes œuvres, plein d'une tendresse apitoyée, laissant sonner parfois son beau rire nerveux et railleur.

Il me faut indiquer deux de ces contes pour en faire mieux comprendre le tour ingénieux et l'heureuse perfection. Je prends, au hasard, dans les volumes dont j'ai donné les titres plus haut.

La dernière classe. Nous sommes en Alsace, après la conquête. Un petit Alsacien, qui a des tentations d'aller galopiner dans la forêt, se décide pourtant à se rendre à l'école. Là, il trouve un silence religieux. Le maître, M. Hamel, a sa belle redingote verte, son jabot plissé et sa calotte de soie. Sur les bancs, les élèves sont graves ; au fond de la salle, des vieux du village sont assis, l'ancien maire, l'ancien facteur, le bonhomme Hauser avec son tricorne. Et M. Hamel commence la leçon, en disant : « Mes enfants, c'est la dernière fois que je vous fais la classe. L'ordre est venu de Berlin de ne plus enseigner que l'allemand dans les écoles de l'Alsace. » Alors, le petit Alsacien est bouleversé ; lui qui a fait tant de fois l'école

buissonnière, qui peut à peine former ses lettres, il ne saura donc jamais le français ! Aussi, quand le maître l'interroge, et qu'il ne peut répondre, n'ayant pas étudié la leçon, baisse-t-il la tête d'un air honteux. Cependant, la leçon continue ; le bonhomme Hauser, qui a un vieil alphabet sur les genoux, épèle les lettres avec des larmes plein les yeux. Midi sonne, la dernière classe est finie. « Alors, M. Hamel se
« tourna vers le tableau, prit un morceau de craie,
« et, en appuyant de toutes ses forces, il écrivit
« aussi gros qu'il put : « *Vive la France!* » Puis, il
« resta là, la tête appuyée au mur, et, sans parler,
« avec sa main, il nous faisait signe : « C'est fini...
« Allez-vous-en... »

La partie de billard. L'armée française est en pleine retraite. On se bat depuis deux jours. Les soldats sont exténués, et voilà trois mortelles heures qu'on les laisse se morfondre, l'arme au pied, dans les flaques des grandes routes. Cependant, le maréchal établit son quartier général sur la lisière du bois, dans un beau château Louis XIII. Pendant que les soldats meurent en attendant des ordres, lui a entamé une partie de billard avec un petit capitaine d'état-major, sanglé, frisé, ganté de clair. Le capitaine est très fort au billard, mais il sait faire des fautes, car il sent bien qu'il joue là son avancement. Pourtant, les bruits de la bataille se rapprochent. Un obus vient éclater dans le jardin. Les Prussiens attaquent. « Eh bien ! qu'ils attaquent ! » dit le maréchal en mettant du blanc. Les dépêches suivent les dépêches, les aides de camp se succèdent, tout le monde demande des ordres. Mais le maréchal reste inabordable, la partie continue. Terrible partie qui s'échauffe au milieu des cris de mort, qui devient haletante à mesure que les Prussiens avancent. Le dernier coup est joué. « Maintenant, un grand si-« lence. Rien que la pluie qui tombe sur les char-« milles, un roulement confus au bas du coteau, et, « par les chemins détrempés, quelque chose comme « le piétinement d'un troupeau qui se hâte. »

Je pourrais citer dix contes semblables, d'une émotion et d'une ironie aussi grandes : l'histoire de ce colonel de cuirassiers paralysé, auquel sa fille, par un pieux mensonge, raconte nos prétendues victoires sur les Prussiens, et qui se réjouit de la prise de Berlin, le jour même où les Allemands entrent dans Paris et vont passer sous sa fenêtre ; l'entrevue de deux ouvriers, le père et le fils, qui ne se sont pas vus depuis vingt ans, le père s'étant marié, et qui se quittent pour une nouvelle séparation de vingt années peut-être, après avoir bu un litre et s'être serré la main ; les impressions d'un auteur, le soir d'une première représentation, sa fièvre, le bourdonnement de ses oreilles, sa fuite et sa longue promenade sous la pluie, pendant qu'on applaudit ou qu'on siffle sa pièce. Il y aurait également des emprunts bien intéressants à faire dans un volume que je n'ai pas nommé, dans les *Femmes d'artistes*, de courtes études, des contes encore, où M. Alphonse Daudet a étudié cette classe de femmes si singulière, les femmes mariées à des écrivains, des peintres, des sculpteurs, des musiciens ; presque toutes sont déclassées, les maîtresses devenues femmes légitimes, les bourgeoises unies à des poètes, les unes hardies comme des garçons, les autres pleurant de ne pas être comprises et de ne pas comprendre. L'auteur a trouvé là la note qu'il rend si bien ; seulement, il est bon de dire que ses artistes sont des bohèmes pour la plupart, et que chez les vrais travailleurs, la femme est presque toujours une brave et digne femme, méritant tous les respects.

III

J'ai parlé du sens nerveux et moderne que M. Alphonse Daudet a du comique. Il a écrit un volume : *les Aventures prodigieuses de Tartarin de Tarascon*, qui est uniquement une longue raillerie. Parmi ses œuvres, nombreuses déjà, celle-ci a un intérêt particulier, parce qu'elle met en pleine lumière un des côtés de son talent. Elle est caractéristique. Je m'y arrêterai donc d'une façon spéciale.

Il ne faut pas oublier que l'auteur est né à Nîmes. Cela donne un piquant de plus à son épopée burlesque d'un héros provençal. Il plaisante la ville voisine, en homme qui a grandi en face de ses ridicules. Imaginez cela, un Provençal se moquant des Provençaux, avec toute la verve, tout l'accent du terroir. Il emploie à les railler leur propre exagération, leur vivacité de geste et de parole. C'est un faux frère qui rit beaucoup de ses compatriotes et même un peu de lui, avec une finesse charmante, excluant toute cruauté, une bonne grâce et une belle humeur sans pareilles.

Son héros, Tartarin, est le roi de Tarascon. Il habite, dans cette ville, la troisième maison à main gauche sur le chemin d'Avignon, une maison avec jardin, pleine de bonhomie au dehors, mais dont il a fait, à l'intérieur, le digne logis d'un héros aventureux. Le jardin surtout est extraordinaire, planté uniquement d'arbres exotiques, gommiers, calebassiers, cotonniers, cocotiers, bananiers, palmiers ; il y a surtout là un baobab qui est célèbre dans toute la contrée, un baobab grand comme une laitue ; car, fatalement, les arbres exotiques refusent de pousser. Tartarin a également un cabinet dont on cause beaucoup, une grande salle, tapissée d'armes du haut en bas : carabines, riffles, tromblons, couteaux de toutes sortes, krish malais, flèches caraïbes, flèches de silex, casse-tête, massues hottentotes, lazzos mexicains. Au milieu, sur un guéridon, il y a un flacon de rhum. C'est là que le héros passe ses journées à lire des récits de chasse. Et il ne rêve que chasse à l'ours, chasse au faucon, chasse à l'éléphant, chasse au tigre, toutes les chasses imaginables, les plus dangereuses et les plus lointaines.

A la vérité, Tartarin n'a jamais chassé que les casquettes. Ici, il y a une raillerie très fine que les Provençaux seuls comprendront. Dans les petites villes de Provence, tous les habitants sont chasseurs. Or, le gibier manque absolument ; il faut faire des lieues pour tuer une demi-douzaine de petits oiseaux. Autour de Tarascon, paraît-il, les petits oiseaux eux-mêmes ont pris leur vol, si bien qu'il ne reste plus dans le pays qu'un lièvre, bien connu des chasseurs qui l'ont appelé « le Rapide » ; ils ont même fini par laisser tranquille ce lièvre entêté. Mais, chaque dimanche, les chasseurs ne s'en mettent pas moins en campagne, par groupe de cinq ou six ; ils vont déjeuner à quelques kilomètres de la ville ; puis, la chasse commence enfin, ils jettent leurs casquettes en l'air et la tirent au vol. C'est celui qui met le plus souvent dans sa casquette qui est proclamé roi de la chasse. Tartarin, chaque dimanche, était roi, ce qui explique pourquoi Tarascon en avait fait son héros.

Et quel adorable tableau de Tarascon, cette ville où chaque famille a sa romance ! Il faut lire les soirées chez le pharmacien Bésuquet, où Tartarin va chanter le grand duo de *Robert le Diable*, et les longues séances chez l'armurier Costecalde, dans la boutique duquel se réunissent les chasseurs de casquettes. Pourtant, Tartarin n'est pas heureux. Le brave commandant Bravida, capitaine d'habillement en retraite, a beau dire de lui : « C'est un lapin », il s'ennuie de n'avoir pas encore donné la mesure de toute sa valeur. Il vit dans l'attente d'un danger qui ne se présente jamais, il brandit le poing dans le vide. Le soir, quand il va au cercle, il s'arme de pistolets et de couteaux, comme s'il partait pour quelque périlleuse expédition ; mais jamais il n'a eu la chance de faire une mauvaise rencontre. Enfin, un jour, un événement se produit dans son existence. Une ménagerie s'est installée à Tarascon, et, parmi son peuple de crocodiles, de chats sauvages et de phoques, se trouve un lion de l'Atlas. Un lion ! quel gibier pour Tartarin ! Voilà donc un ennemi digne de lui. Il passe ses journées dans la ménagerie, si bien que, peu à peu, le bruit se répand qu'il va partir pour la chasse au lion. Il n'a pas soufflé mot de ce départ, mais il est flatté de la rumeur qui court, et bientôt il est acculé par toute la ville dont les yeux sont fixés sur lui ; il faut qu'il parte, s'il veut rester un héros. Le départ de Tartarin est tout un poème. Il emporte un monde d'ustensiles et de provisions, il s'habille en Turc par respect pour la couleur locale, il se charge d'armes des pieds à la tête. Enfin, Tarascon entier l'accompagne à la gare, et le train l'emporte.

A Marseille, il produit une grande sensation avec son arsenal. Puis, après une terrible traversée dans laquelle le héros a bien mal au cœur, le voilà qui débarque enfin à Alger. Dès le lendemain, il ne dit rien à personne, il sort d'Alger avec ses armes, va le soir se mettre à l'affût des lions, sous les murs mêmes de la ville. Vous pensez quelle nuit d'émotion! Au petit jour, il croit voir un lion et il tue un âne, que son propriétaire, un cabaretier, lui fait payer deux cents francs. Ce cabaretier lui jure en outre qu'il n'a jamais vu un lion dans le pays. Dans le sud de l'Algérie, il y en a eu, autrefois. Mais Tartarin, revenu à Alger, se plonge lâchement dans une vie de paresse et d'amour. Il oublie les grands lions. Il a rencontré un prince du Montenegro, un aventurier, qui s'entend avec une jeune coquine, du nom de Baïa, pour lui tirer le plus d'argent possible. Baïa, une « rouleuse » d'Alger, pose pour la femme de harem, ne sachant pas un mot de français. Cependant, Tartarin a un brusque réveil en recevant, par la voie d'un journal, des nouvelles de Tarascon, où l'on est singulièrement en peine de sa personne. Il songe à ce que ses compatriotes attendent de lui, depuis qu'il a promis de tuer des lions. Et, de nouveau, il s'équipe, il se met en campagne avec son arsenal.

Le malheur est qu'il n'y a plus un seul lion en Algérie. Jules Gérard vient de tuer le dernier. Mais le prince du Montenegro n'entend pas lâcher ainsi sa victime. Il rejoint Tartarin à Milianah, et alors commence, dans la plaine du Chéliff, la plus amusante battue qu'on puisse imaginer. Le héros a acheté un vieux chameau mélancolique. On visite les buissons, on va de douar en douar pendant près d'un mois. Enfin, un soir, Tartarin se met de nouveau à l'affût dans un bois de lauriers-roses ; mais il y est pris d'une telle panique en croyant entendre des rugissements, qu'il se sauve et cherche le prince resté en arrière. Plus de prince. Tartarin a eu l'imprudence de confier son portefeuille au prince, et celui-ci, qui attendait depuis longtemps cette occasion, s'est sauvé avec le portefeuille. Le pis est qu'à ce moment apparaît un véritable lion, un lion aveugle, une bête sacrée, qui fait partie d'un grand couvent de lions fondé par Mahommed-ben-Aouda. Tartarin, la tête perdue, tue le lion et manque d'être assommé par les deux nègres qui conduisaient la bête. Il en est quitte pour un interminable procès dont les frais montent à deux mille cinq cents francs. Naturellement, il envoie la peau du lion à Tarascon.

Une dernière désillusion attend le héros à Alger. Il trouve Baïa parlant provençal avec le capitaine du paquebot qui l'a amené en Afrique. Celui-ci offre de le rapatrier, et il accepte bien vite. Ici, se place le détail le plus drôle du livre. Le chameau de Tartarin s'est pris de tendresse pour son maître. Il l'a suivi du fond de l'Algérie, s'entêtant sur ses pas comme un petit chien fidèle. Vainement Tartarin, consterné de traîner ainsi cet animal mélancolique, a voulu le perdre vingt fois. Le chameau, très malin, tendre quand même, l'a toujours retrouvé. Quand il voit son maître s'embarquer, il saute à la mer, et le capitaine le recueille, bien que Tartarin renie cet ami si dévoué. Plus tard, il suit le train de Marseille à Tarascon. A la vérité, Tartarin est plein d'angoisses, en approchant de sa ville natale ; il craint les railleries sur sa déplorable expédition. Et quel est son étonnement, quand on lui fait une réception triomphale ! L'imagination des habitants s'est échauffée, la peau du lion aveugle a soulevé une émotion extraordinaire, la ville veut voir dans son enfant un héros illustre. Il y a là ce que M. Alphonse Daudet appelle spirituellement un effet de mirage, pour ne pas employer le gros mot de gasconnade ou de hâblerie. Mais le merveilleux est que le chameau a un succès fou. Tartarin s'écrie d'une voix émue : « C'est une noble bête. Elle m'a vu tuer tous mes lions. »

Telle est cette œuvre dont je n'ai pu donner malheureusement que la carcasse. Elle vit par un rire continu, tantôt très fin, tantôt éclatant jusqu'aux excès de la bouffonnerie. Jamais les menteurs ingénus de la Provence n'ont été peints avec une gaieté plus vive. Et l'ironie reste celle d'un poëte, ailée, gardant l'envolement d'une fin de strophe. Même aux endroits où l'auteur perd toute mesure, semble sur le point de glisser dans la charge, il est sauvé par la sensation juste de son œil d'artiste. Ce n'est jamais que du vrai, vu par le côté comique et poussé au lyrisme. J'ai noté également la bonne humeur des plaisanteries ; rien d'amer au fond, rien de trop rudement satirique. M. Alphonse Daudet, je l'ai dit, n'est pas un révolté, et il aime les hommes. Son Tartarin, si grostesque qu'il soit, est bien le plus digne bourgeois qu'on puisse rencontrer. Tous parfaitement ridicules, mais tous braves gens. Ce sont là des traits originaux chez l'auteur qu'on retrouve dans chacune de ses œuvres.

IV

J'arrive enfin aux romans de M. Alphonse Daudet. Je citerai simplement *le Petit Chose*, qui tient du conte et de la nouvelle. Le premier roman de l'auteur est *Fromont jeune et Risler aîné*.

La tentative de M. Alphonse Daudet n'était pas sans inquiéter ses amis. En France, la critique vous parque volontiers dans un genre. Si vous avez fait des contes pendant dix ans, il est très à craindre qu'on ne vous condamne toute votre vie à écrire des contes, sous peine de ne vous accorder aucun talent. Remarquez que M. Alphonse Daudet était dans une position d'autant plus délicate qu'on lui trouvait un esprit adorable, ingénieux dans les détails, habile à ciseler les petits chefs-d'œuvre. Il lui fallait élargir son cadre, sans perdre aucune de ses qualités; il lui fallait surtout garder son public aimable et conquérir le grand public. Comme je l'ai dit, il lui manquait un seul don : la force, et c'était à la conquête de la force qu'il partait.

Eh bien ! il a trouvé la force, dans la souplesse même de son talent. Il est parvenu à donner des muscles à son art, grâce à l'intensité de son émotion et de son ironie. On a pu assister à ce phénomène, le conteur se transformant en romancier, par un simple grandissement de ses facultés. Aujourd'hui, il est un des rares écrivains capables d'écrire un roman où passe le grand souffle de la vie moderne. Le poëte, le créateur qu'il y a en lui, évoque les personnages et les milieux avec puissance. Il prend, à chaque œuvre nouvelle, une facture plus magistrale.

Fromont jeune et Risler aîné a le grand mérite d'une action nette et typique. Dès le premier chapitre, les personnages se posent, le drame s'indique. Nous sommes chez Véfour, au repas de noces du bon Risler, un mécanicien, un associé de Fromont, qui possède une des plus grandes fabriques de papiers peints du Marais. Il épouse la petite Sidonie Chèbe, qu'il avait crue autrefois amoureuse de son frère Frantz, un ingénieur actuellement employé en Égypte aux travaux de l'isthme de Suez. Et le digne garçon est radieux, parce qu'il n'avait jamais songé à ce bonheur, être aimé de cette petite Chèbe, si rose et si tendre. Mais, dès le bal qui suit le repas, nous commençons à comprendre : Sidonie passe en valsant au bras de Fromont et lui reproche de s'être marié, de ne pas avoir tenu la foi jurée. C'est le premier frisson de l'adultère, au milieu de toute cette joie. Les personnages secondaires sont tous là, se peignant eux-mêmes d'un mot, d'une attitude : madame Georges Fromont, douce et tranquille, une haute figure sereine de l'honnêteté ; madame Chèbe, majestueuse, et M. Chèbe, un type complexe, inventeur, négociant sans négoce, rentier sans rentes ; l'illustre Delobelle, un comédien de province échoué à Paris, où il vit depuis des années dans l'espérance d'un rôle, la figure la plus originale et la plus réussie du livre ; le grand-père Gardinois, un vieux paysan millionnaire, malin, égoïste et méchant ; le caissier Planus, un Suisse naïf et bon homme, qui n'a qu'une faiblesse, la peur et la haine des femmes ; tout un monde varié de créatures spirituellement observées et très carrément posées sur leurs deux pieds.

Mais il faut connaître l'enfance de Sidonie pour comprendre les profondeurs humaines et les côtés parisiens du drame qui va suivre. La famille Chèbe habite une vieille maison du Marais, et a pour voisins de palier les Delobelle et les Risler. Le palier est vaste, avec une large fenêtre ouvrant sur les cours voisines, sur une trouée de maisons, au fond de laquelle on voit la belle fabrique des Fromont, les ateliers et le jardin. Ce palier est comme un terrain neutre où les locataires se sourient et lient connaissance. Il y a là un coin parisien très curieusement observé. Naturellement, le palier appartient à la petite Chèbe ; quand sa mère est lasse de la voir tourner autour de ses jupes, elle lui dit : « Va jouer sur le carré » ; et l'enfant disparaît pendant des heures, entre chez les voisins, sert de trait d'union à tous ces ménages. C'est ainsi qu'elle fait la conquête des deux Risler, l'aîné, homme raisonnable déjà, et le cadet, Frantz, encore un écolier, dont elle trouble les leçons ; c'est ainsi qu'elle rôde chez les dames Delobelle, la mère, une digne femme, et la fille Désirée, une pauvre boiteuse, qui toutes deux se tuent de travail pour entretenir en santé l'illustre Delobelle, à la plus grande gloire de l'art. Mais la joie de la petite Chèbe est de rester des heures à la fenêtre du palier et de regarder au loin la belle fabrique des Fromont. Elle en rêve, elle voit là toutes les joies de l'existence. Aussi est-elle gonflée de vanité, quand le bon Risler, qui travaille à la fabrique, l'introduit chez les Fromont, auxquels elle plaît par sa gentillesse. Elle devient l'amie de Claire et de Georges ; elle ébauche même une amourette avec celui-ci. Mais les nécessités de la pauvreté de ses parents la ramènent dans son milieu noir, et elle est obligée d'entrer en apprentissage, elle apprend à monter des perles fausses. Alors, toute une envie furieuse couve dans le cœur de Sidonie ; elle a les appétits de ces petites ouvrières qui battent le pavé de Paris en s'arrêtant, pâles de désir, devant les vitrines des bijoutiers ; elle se donne la fièvre des richesses coudoyées, des équipages qui l'éclaboussent, des plaisirs et des amours qu'elle flaire. Tout se vicie en elle ; sous la grâce un peu maladive de son visage de poupée, il n'y a plus qu'une rage froide de jouir, de jouir en faisant le plus de mal possible. C'est un champignon empoisonné poussé dans le ruisseau parisien. Et elle n'a toujours qu'un idéal, l'intérieur des Fromont, leur salon, leur jardin, leur voiture, le château de Savigny, qui appartient au grand-père Gardinois. Aussi manque-t-elle mourir, quand elle apprend que Georges épouse sa cousine Claire, pour obéir aux dernières volontés de son oncle. Elle refuse Frantz, sous prétexte que Désirée Delobelle l'aime, ce qui est vrai, et qu'elle ne veut pas désespérer une amie. Puis, brusquement, elle prétend aimer Risler ; c'est lui qu'elle veut, parce que lui seul peut l'introduire dans la fabrique des Fromont, où il est devenu associé. Enfin, elle entre là en conquérante, en femme qui apporte la ruine et la honte dans les plis de sa jupe.

Le ménage Risler habite le second étage de l'hôtel dont le ménage Fromont occupe le premier. Sidonie commence par vouloir lutter de luxe et de bon ton avec Claire, qu'elle hait pour son éducation et sa distinction naturelle. Mais ce jeu est encore innocent. Bientôt, le drame se noue. Sidonie reprend avec Georges, au château de Savigny, leur amourette de jeunesse, qui devient un adultère. C'est une passion folle, bruyante, sans ménagement aucun. Georges, pris tout entier, possédé, dépense un argent fou, conduit Sidonie dans les cabarets à la mode et dans les petits théâtres. Alors, le caissier Planus commence à trembler pour sa caisse ; il devine une femme, il arrive à savoir quelle est cette femme, il soupçonne presque Risler d'une infâme complicité, tant celui-ci est aveugle, tout entier à l'étude d'une invention, d'une imprimeuse rotative, grâce à laquelle la maison réalisera des bénéfices considérables. Pendant que les deux amants courent à leurs rendez-vous, Risler descend tenir compagnie à madame Fromont ; et rien n'est plus touchant que ces deux bonnes créatures trompées passant la soirée ensemble, avec la sérénité attendrie de leurs sourires. Enfin Planus, tout à fait épouvanté, écrit à Frantz ce qui se passe dans le ménage de son frère, en le suppliant d'accourir pour éviter un malheur. Frantz arrive, avec l'intention de remplir sévèrement son rôle de justicier. Mais, dès qu'il veut avoir une explication avec Sidonie, il est pris d'une lâcheté, il se sent lui-même paralysé par la séduction de cette femme. Autrefois, il l'a aimée. C'est cet ancien amour qui se réveille, rallumé par la tactique savante de sa belle-sœur. Celle-ci a très bien compris qu'elle était perdue, si elle laissait Frantz avertir son mari. Aussi travaille-t-elle à rendre Frantz inoffensif, à lui lier les pieds et les mains pour qu'il ne puisse bouger. Elle est merveilleusement apte à cette besogne, par la perversion qu'elle exhale, par la souplesse de sa nature voluptueuse. Son plan est très simple : se faire aimer de

Frantz, obtenir une preuve matérielle de cet amour, et lui rire ensuite au nez, dès qu'elle l'aura mis dans l'impossibilité de lui nuire. Elle exécute froidement cela. Elle a enfin la preuve qu'elle désirait, une lettre où Frantz lui avoue son amour et lui propose de fuir avec elle. Dès lors, le malheureux justicier n'a plus qu'à retourner en Égypte. La tentative faite pour sauver Risler du déshonneur et Fromont de la ruine a échoué, devant l'habileté de Sidonie défendant ses plaisirs.

Ici se place un épisode tout mouillé de larmes. Désirée Delobelle, la pauvre petite boiteuse, aime toujours Frantz. Elle a cru, en le voyant revenir, qu'il allait l'épouser; même il lui en avait laissé l'espoir. Aussi, quand il repart, est-elle prise d'une douleur immense. Elle ne peut plus supporter la vie, elle court à la Seine, au milieu des rues noires, et se jette de la berge. Mais la mort ne veut pas d'elle encore. On la sauve, on la mène chez le commissaire de police. Enfin, elle meurt dans son lit. Son père, l'illustre Delobelle, traîne à son enterrement tous les comédiens des petits théâtres. Grisé par la pompe du convoi, où l'on remarque le coupé de Sidonie, il trouve pour la pleurer ce mot stupéfiant de cabotin poseur : « Il y a deux voitures de maître. »

Cependant, la ruine de la maison est imminente. Sidonie a fait commettre à Georges toutes les folies. Si l'on ne trouve pas cent mille francs, Planus ne peut faire face aux échéances du mois, et la faillite est déclarée. Claire tente alors une démarche auprès du grand-père Gardinois. Le vieux paysan refuse les cent mille francs, ravi de l'aventure, enchanté de voir

les Fromont dans la peine ; et, par une méchanceté
dernière, il instruit sa petite-fille des désordres de
son mari, il lui nomme Sidonie sa rivale. Claire reste
très grande, dans cet écroulement de son bonheur.
Elle veut un instant partir avec son enfant; puis, elle
sent que le devoir lui ordonne de rester. Mais Risler
est encore plus épique. Brusquement, Planus, exas-
péré par la pensée de la faillite, lui apprend tout.
Risler tombe comme un bœuf assommé. Il se relève,
court à son appartement, où justement sa femme
donne un bal, amène celle-ci parée de ses bijoux,
lui arrache ses diamants qu'il jette à Planus, se dé-
pouille lui-même de sa montre, rend toutes ces richesses qui viennent de l'adultère et qui serviront à
payer les cent mille francs. Sidonie s'est enfuie en
robe de bal. Risler ne veut plus qu'on prononce son
nom devant lui. Il n'a pas demandé à Fromont
compte de son honneur de mari outragé. Il a voulu
n'être plus qu'un simple employé comme autrefois. Rien n'égale alors la grandeur de cette haute
figure d'honnête homme mettant tout son honneur à réparer le mal que sa femme a fait. Enfin,
son imprimeuse rotative fonctionne, il a donné une
nouvelle prospérité à la fabrique, il touche à la
tranquillité, sinon à l'oubli, lorsqu'un dernier coup
l'achève. Sidonie, en s'en allant, a voulu se venger de
son mari, et lui a envoyé la lettre de Frantz. Risler,
croyant que c'était une lettre d'elle dans laquelle elle
implorait son pardon, a refusé de la lire et l'a confiée
à Planus. Justement, le jour où il la réclame au caissier, celui-ci l'emmène au Palais-Royal dans un café-
concert, où ils trouvent Sidonie, devenue cabotine,
chantant sur les planches, au milieu de la fumée des

cigares. Et, le lendemain matin, Risler se pend, après avoir lu la lettre.

J'ai analysé cette œuvre tout au long, pour bien en montrer le côté vivant. Elle contient des morceaux absolument remarquables. Si Risler est trop bonhomme dans les trois premiers quarts du livre, il prend brusquement une attitude d'une rare énergie ; et même sa bonhomie du commencement devient une opposition excellente, à côté de son honnêteté hautaine de la fin. Le personnage de Sidonie est compris également avec science ; le type est très parisien, étudié sans parti pris d'exagération, suant naturellement le vice. C'est là surtout, dans ces deux créations, que M. Alphonse Daudet s'est révélé romancier puissant. Peut-être doit-on lui reprocher d'avoir trop effacé la figure de Frantz ; il y avait là un cas curieux à étudier, l'empoisonnement d'une âme honnête par la contagion des grâces perverses de Sidonie ; mais Frantz, pour lui, n'est resté qu'un moyen, et il a préféré jeter toute la lumière sur Sidonie et sur Risler. Et que de scènes charmantes, en dehors de l'action principale ! L'auteur a peint les Delobelle avec le meilleur de lui-même ; il a épuisé ses larmes pour la petite Désirée, il a épuisé son ironie pour l'illustre Delobelle, ce type de l'homme auquel les planches et la vanité ont fait une seconde nature, qui ne peut plus trouver une intonation juste, un geste vrai, qui vit dans le monde faux de ses illusions et de son éternelle pose, au demeurant gras et bien nourri par sa femme et sa fille, jouant au martyr de l'art, s'attendrissant sur lui-même dans ses grosses douleurs, avec un égoïsme féroce. Les grands romanciers se reconnaissent à ceci, qu'ils sont avant tout des créateurs d'êtres vivants. Il me faudrait parler aussi des morceaux de facture enlevés par l'artiste avec une verve extraordinaire : il y a notamment des promenades le dimanche dans la banlieue de Paris ; la gare de Lyon où Frantz passe une nuit presque entière à attendre Sidonie, une gare avec ses derniers départs, ses bruits qui meurent, son activité qui s'endort, description merveilleuse d'exactitude et de rendu ; enfin, tous les tableaux de la fabrique de papiers peints, des coins du Paris ouvrier, des notes curieuses à force d'être vraies, qui montrent dans l'auteur un amoureux de l'art moderne, un naturaliste relevant ses observations d'une pointe de poésie. L'école nouvelle est toute dans cette double opération : sentir ce qui est, et dire ce qu'on a senti, en l'animant de la vie particulière de son tempérament.

Dans *Jack*, M. Alphonse Daudet a encore élargi son cadre. Non seulement l'œuvre a deux volumes, mais elle n'est même plus enfermée dans une action unique. C'est toute une existence d'homme qui se déroule, qui s'en va aux hasards de la vie, en traversant des milieux différents. Les épisodes succèdent aux épisodes, les tableaux aux tableaux, et le livre aurait quelque longueur et quelque confusion, si une idée centrale n'en réunissait les diverses parties et ne les faisait converger vers un même dénouement.

Jack est l'enfant d'une « cocotte », une bonne fille à cervelle d'oiseau, toujours rieuse et pétulante,

dont l'auteur laisse le passé dans une ombre peuplée
de contes à dormir debout. Ida de Barancy vit pour
le moment avec un monsieur riche, que l'enfant appelle du nom discret de « bon ami ». Cependant,
Ida veut mettre son fils en pension ; et, après avoir
tenté vainement de le placer dans un établissement
aristocratique tenu par des prêtres, elle le laisse entrer dans la plus étrange institution du monde, le
gymnase Moronval. Les souffrances que Jack y endure ne seraient encore rien, si sa mère n'y faisait
la connaissance d'un poëte, professeur de littérature,
le vicomte Amaury d'Argenton, un impuissant aux
poses olympiennes qui, à tous ses ridicules d'auteur
incompris, ajoute l'odieux d'un égoïsme féroce. Dès
lors, Jack est un enfant condamné. Amaury se met
avec Ida qu'il baptise du nom de Charlotte ; et, plus
tard, lorsque l'enfant s'est sauvé du gymnase Moronval, il le tolère impatiemment, il finit par persuader à la jeune femme qu'il faut faire de lui un
ouvrier. Voilà donc Jack envoyé aux forges d'Indret
pour apprendre le métier de mécanicien. Mais il est
trop faible et il n'a pas la vocation. Alors, il se décide
à être chauffeur à bord du *Cydnus*. Lentement, il
glisse à l'ivrognerie, il tombe à une déchéance irrémédiable. Puis, après avoir failli périr dans une
tempête, il revient à Paris, il se trouve de nouveau
jeté dans le monde de bohème artistique, dont fait
partie d'Argenton. Sa mère le soigne, il tousse beaucoup, il a un commencement de maladie de poitrine. Là, se trouve l'épisode reposant du livre. D'Argenton, pour se débarrasser de ce grand garçon qu'il
déteste, l'envoie aux Aulnettes habiter une petite
maison cachée dans les feuilles, qui lui appartient.

Et Jack retrouve dans ce pays une amie de sa jeunesse, Cécile, la fille du bon docteur Rivals, une enfant douce et sereine, qui le tire de ses vices d'ouvrier. Il ne boit plus, il veut la mériter, se remet bravement à l'ouvrage. Un moment même, il a la joie d'arracher sa mère à d'Argenton; mais la pauvre folle se laisse bientôt reconquérir par son poëte. Jack doit jusqu'à la fin porter la peine de sa naissance et de sa destinée. Des excès de travail font reparaître sa toux. D'autre part, Cécile, par un scrupule exagéré, refuse de l'épouser, en apprenant qu'elle est née à la suite d'un sombre drame. Enfin, Jack, frappé à mort, entre à l'hôpital et y expire sans même avoir vu sa mère. D'Argenton a retenu Charlotte jusqu'à la dernière heure. Quand la mère arrive près du lit où son fils vient de mourir, elle pousse un cri d'épouvante : « Mort! dit-elle. — Non... dit le vieux Rivals d'une voix farouche, non... délivré! »

J'ai pu indiquer rapidement l'histoire qui emplit les deux volumes. C'est que cette histoire, en somme, est peu compliquée. L'auteur n'a cherché qu'un cadre large, où il pourrait étaler à l'aise sa science des détails. Toutes les grandes qualités du roman sont dans les développements des épisodes. Cette vie de Jack, qui se déroule au milieu du vaste monde, n'est-elle pas la vie elle-même, ondoyante et diverse, coulant à larges bords ? M. Alphonse Daudet a obéi à cette méthode des romanciers naturalistes, qui font sortir le roman de la carcasse étroite d'une intrigue, qui l'étendent à l'universalité des actions humaines.

Le roman traverse deux milieux bien distincts. Le premier est l'étrange peuple des artistes manqués et incompris, que Jack rencontre au gymnase Moronval. Ce gymnase est tout un monde de drôlerie. Moronval, un créole, et sa femme, madame Moronval, née Decostère, ont eu l'idée d'ouvrir une institution pour les enfants étrangers ; leur programme, un programme extraordinaire, annonce des cours de prononciation française par la méthode Moronval-Decostère, qui consiste dans la position des organes phonétiques. La vérité est que le terrible Moronval bat monnaie avec les malheureux enfants qu'on lui confie et qu'on oublie chez lui. Il a une collection d'élèves venus des quatre coins du monde, de l'Egypte, de la Perse, du Japon, de la Guinée. Même il a un petit roi, le fils du roi de Dahomey, le petit Madoû-Ghézô, un négrillon dont il s'est d'abord fait une réclame, et qu'il a ensuite réduit au rôle de domestique ; le petit roi cire les bottes et va au marché chercher deux sous de légumes pour le pot-au-feu. Naturellement, Moronval s'est entouré de professeurs hétéroclites, le poëte d'Argenton, le savant Hirsch, un docteur qui empoisonne ses malades, le chanteur Labassindre, dont tout le mérite consiste dans une certaine note, qu'il émet de temps à autre pour être sûr de ne pas la perdre. Parfois, il y a au gymnase des soirées littéraires, soirées épiques où l'on voit arriver toute la bohème artistique du pavé de Paris. M. Alphonse Daudet a peint ce coin du monde parisien avec une verve railleuse d'une grande gaieté, mouillée pourtant d'une pointe de pitié, car tous ces martyrs ridicules de l'art gardent, comme il le dit, une grâce à souffrir que les autres misères ne connaissent pas.

Le second milieu que Jack traverse est le milieu ouvrier. Là, l'auteur a satisfait son amour du monde moderne. Il a décrit les forges d'Indret, les machines en mouvement, les halles du travail emplies de l'effort haletant des mécaniciens, avec une ampleur magistrale, une entente merveilleuse de la description vivante. Je citerai surtout l'embarquement d'une machine, qui est un chef-d'œuvre de facture. Plus tard, à bord du *Cydnus*, il a des pages ardentes pour montrer Jack dans la chambre de chauffe, en face du brasier qu'il active, courant le monde dans les flancs noirs du navire, sans voir les cieux sous lesquels il passe. Enfin, à Paris, il nous parle des ouvriers, en observateur qui les a étudiés de près. Le roman a, jusqu'ici, dédaigné le peuple, je parle du roman d'analyse, fait sur des notes exactes ; l'auteur de *Jack* est un des premiers qui aient osé descendre dans ce monde à part, si admirable à peindre pour un coloriste. Les meilleures pages, dans cette dernière partie de l'œuvre, sont une noce d'ouvriers à Saint-Mandé, une maison habitée par des ouvriers rue des Panoyaux, des tableaux courts de dimanches parisiens, de promenades aux buttes Chaumont, d'ateliers en branle aux heures du travail.

Il m'est bien difficile, dans cette analyse rapide, de donner une idée complète de ce long roman. Je voudrais pourtant en indiquer les grandes qualités, de façon à les faire toucher du doigt. C'est pourquoi il me reste à mettre debout les personnages principaux. Ida de Barancy est une des figures les plus heureuses de l'auteur. Il l'a traitée avec une finesse rare. Il s'est bien gardé de faire d'elle une fille odieuse, une figure vulgaire, mauvaise mère et maîtresse vicieuse. Non, Ida est une tête à l'envers, qui a jeté un beau jour son bonnet par-dessus les moulins, et qui, depuis ce temps, vit décoiffée. Elle tient de la mésange, de la perruche et de la pie. Elle adore son fils, mais elle est sans force contre l'existence, et elle laisse tuer Jack, sans trouver autre chose que de petites larmes qui s'essuient d'elles-mêmes. Avec cela, charmante, coquette et bourgeoise. Rien n'est caractéristique comme la première scène du roman, dans laquelle l'auteur nous la présente. Elle a mené Jack dans un établissement tenu par des jésuites, et elle est là à bavarder, sous l'œil fin du supérieur, qui a compris tout de suite à quel genre de femme il a affaire. Puis, elle se met à sangloter, quand le prêtre refuse de prendre son fils. Le soir même, elle va au bal, et Jack passe la soirée dans la cuisine, avec les domestiques de sa mère, qui décident de son avenir en trouvant pour lui le gymnase Moronval. Un détail typique est encore les confidences qu'elle fait plus tard à Jack sur son père; chaque fois, le nom du père change, l'histoire est tout autre; elle-même, peut-être, ne sait plus au juste le vrai nom ni la véritable histoire. A côté de cette figure de femme folle, si profondément analysée, la figure de d'Argenton est peut-être plus fouillée encore. Ce grand bel homme, à la tête de cire, avec des moustaches de capitan et des yeux de faïence, imbéciles et durs, est un grotesque odieux inoubliable. M. Alphonse Daudet a accumulé en lui toutes les impuissances littéraires, toutes les poses vaniteuses, les aigreurs jalouses, les méchancetés taquines, les rêves bêtes et les échecs continus. A Paris, d'Argenton vit dans une haine farouche du succès, au fond d'hôtels garnis borgnes. Plus tard, quand il a fait un héritage et qu'il s'est mis avec Charlotte, il habite, aux Aulnettes, la petite maison de campagne de ses rêves, sur le fronton de laquelle il fait écrire en latin prétentieux : *Parva domus, magna quies.* Là, il a tout ce qu'il a désiré : un cabinet dans un belvédère, une chaire Henri II, une chèvre nommée Dalti ; et le génie s'obstine à ne pas venir, il ne peut écrire une ligne, il reste superbe et impuissant. Pour se distraire, il va jusqu'à mettre sur son toit une lyre éolienne ; mais la lyre rend des sons lugubres, on doit l'enterrer, la tuer à coups de pied comme un animal enragé. Dans une scène surtout, la figure de d'Argenton prend une profondeur étonnante. On croit que Jack a commis un vol à Indret ; il faut six mille francs pour le tirer d'affaire. D'Argenton, qui est avare, ne prête pas l'argent, mais il consent à ce que Charlotte aille le demander à « bon ami ». Même il veut l'accompagner jusqu'à la porte du château de cet ancien amant, qui est en Touraine. Et il piétine sur une route, regardant, par-dessus une haie, la royale propriété de « bon ami ». Je ne connais pas de situation plus forte, au point de vue de l'analyse humaine. D'Argenton représente là les lâchetés de l'amant habitué à une maîtresse dont il a fait sa chose ; il est petit et humble, lui si triomphant d'habitude ; toute la vilenie de sa laide nature apparaît sur son masque blafard. Comme dans *Fromont jeune et Risler aîné*, M. Alphonse Daudet a conquis ici la force, ce don que ses autres qualités semblaient devoir exclure.

Je me suis appesanti sur les principaux personnages. Les comparses sont tous marqués également d'un trait définitif. Il y a encore un épisode, dont je n'ai pas parlé, et qui est tout un drame, dont la touche discrète a un charme poignant ; il s'agit d'un adultère dans un ménage d'ouvriers, à Indret ; madame Roudic, une jeune femme pâle, aux cheveux trop lourds pour sa tête faible, aime son neveu, le beau Nantais, et se noie dans la Loire, quand son amant s'est fait chasser de la fabrique pour un vol. L'œuvre entière, d'ailleurs, est ainsi trempée de larmes. Comme M. Alphonse Daudet le dit lui-même, dans sa dédicace à Gustave Flaubert, le roman est un livre de pitié, de colère et d'ironie. Il a voulu venger Jack de sa mort atroce, en pleurant sur lui et en clouant ses bourreaux au pilori du ridicule. Quand il échappe à l'attendrissement que lui causent les malheurs de son héros, c'est pour tuer de son rire d'Argenton et ses amis. Je l'ai dit, M. Alphonse Daudet ne peut rester indifférent dans ses œuvres ; il se passionne, baise ses personnages sur les joues, ou les égratigne au sang. Jamais il ne s'est plus passionné que dans *Jack*. On l'entend qui s'amuse, qui se fâche, qui pleure, qui se moque. De là, le souffle individuel animant les pages, la chaleur montant des moindres phrases à la face des lecteurs.

VI

Il y a dans les œuvres de M. Alphonse Daudet tout un groupe que j'ai laissé de côté jusqu'ici ; je veux parler des œuvres dramatiques, car l'auteur a touché à tout, au livre et au théâtre. Comme romancier, il a commencé par le conte ; comme dramaturge, il a commencé par la pièce en un acte. Je compte quatre actes de lui, donnés ainsi au Théâtre-Français, à l'Odéon et au Vaudeville, quatre actes dont voici les titres : *les Absents, l'Œillet blanc, le Frère aîné* et *la Dernière idole*. Cette dernière pièce a eu un grand succès d'émotion et est restée au répertoire. Mais M. Alphonse Daudet a voulu élargir son cadre ; il était pris, au théâtre comme dans le roman, d'un besoin d'ampleur. Après avoir fait jouer à l'Ambigu un drame en cinq actes, *Lise Tavernier*, qui était médiocre, il a enfin écrit pour le Vaudeville une pièce en trois actes et cinq tableaux : *l'Arlésienne*, dont je désire particulièrement m'occuper, parce qu'il y a là un cas caractéristique qui explique la situation faite chez nous aux œuvres dramatiques des romanciers.

Avant tout, voici une analyse exacte de *l'Arlésienne*. Nous sommes en Provence, au bord du Rhône, à la ferme de Castelet. Rose Mamaï, la fermière, est veuve ; elle dirige la maison avec son fils Frédéri et son beau-père Francet Mamaï, un vieillard. Il y a encore dans la maison un second fils de Rose, un pauvre enfant dont l'intelligence ne s'est pas éveillée et qu'on appelle l'Innocent. Ajoutez un vieux berger, qui invente des histoires pour l'Innocent, et qui se connaît aux astres. Or, quand la toile se lève, Frédéri s'est pris d'une fièvre d'amour pour une fille d'Arles, qu'il a rencontrée dans une fête. Rose a chargé son frère, le patron Marc de demander des renseignements sur cette fille. Le patron Marc est allé droit chez les parents de l'Arlésienne, a bu du bon ratafia et déclare ces gens-là de l'or en barre. On se réjouit donc à la ferme, on boit aux fiançailles, lorsque apparaît le gardien de chevaux Mitifio, qui dit au grand-père : « Vous allez donner votre enfant à une coquine qui est ma maîtresse depuis deux ans. » Et il livre deux lettres que l'Arlésienne lui a écrites, pour que Frédéri les lise et soit guéri. Mais Frédéri garde au cœur son amour saignant, il se cache dans la campagne comme une bête blessée. Sa mère frissonne à la pensée d'un suicide ; elle le suit, le guette à chaque heure, lui jette presque dans les bras sa filleule, Vivette, avec une tranquille hardiesse de mère qui veut sauver son enfant. Enfin, quand elle le voit, sombre et muet, agoniser de sa rage d'amour, qu'il avive à toute heure par la lecture des deux lettres qu'il a gardées, elle réunit la famille, elle décide résolûment qu'il faut donner l'Arlésienne à son fils. Cette fille est une coquine, c'est possible ; mais elle aime mieux laisser entrer une coquine chez elle, que de voir son enfant s'en aller au cimetière. Lorsque Frédéri apprend le sacrifice héroïque que sa mère veut lui faire, il se redresse, il entend être le digne fils de cette femme énergique, et il crie qu'il épousera Vivette. Le jeune homme paraît guéri. Il sourit à la jeune fille, il lui apprend que le matin même il a renvoyé les deux lettres à Mitifio. Et, tout d'un coup, le gardien de chevaux paraît une fois encore ; il s'est croisé avec les lettres et vient les réclamer, parce que le soir même il enlève l'Arlésienne. Frédéri, alors, à la vue de son rival dont on lui avait caché le nom, au récit de ce projet d'enlèvement, est repris d'un accès furieux de passion. Il veut s'élancer sur le gardien et tombe comme assommé. A présent, tout est fini, la mort est fatale. Rose garde la porte de son enfant ; mais l'Innocent dont l'intelligence s'éveille, la rassure, et elle se décide à se coucher, en se rappelant avec un frisson une parole du berger qui a prédit un malheur pour le jour où la maison n'aurait plus son Innocent. Rose est à peine couchée que Frédéri traverse la pièce et monte un escalier qui conduit au grenier ; là-haut, il trouvera une fenêtre ouverte, il pourra se précipiter sur les dalles de la cour. Sa mère s'éveille, une lutte terrible s'engage entre elle et lui ; il a fermé une porte qui barre l'escalier, et l'on entend la chute sourde d'un corps, et c'est ainsi que Frédéri meurt de sa rage d'amour.

Rien de plus large, de plus simple que cette idylle dramatique. Je n'ai pu en rendre ni les épisodes charmants ni les épisodes terribles. Ainsi, tout le deuxième tableau qui se passe au bord de l'étang de Vaccarès, en Camargue, a un parfum d'églogue antique ; c'est là qu'a lieu l'adorable scène entre Frédéri et Vivette, la jeune fille obéissant aux conseils de Rose et cherchant à séduire le jeune homme avec une maladresse exquise. Le troisième tableau, qui se passe dans la cuisine de la ferme, a de la grandeur, et il faut voir de quel beau mouvement Rose offre à Frédéri de lui donner son Arlésienne pour qu'il ne se tue pas. D'ailleurs, la pièce entière est emplie par ce rôle héroïque de la mère. Rose est la maternité à l'état de passion, comme Frédéri est l'amour à l'état de rage et d'idée fixe. La lutte reste entre l'amour qui tue et la tendresse qui sauve. Cette action, si grande et si humaine, se développe dans un cadre poétique d'un charme pénétrant. Tout annonçait un immense succès.

Eh bien ! l'*Arlésienne* a été une chute. La poésie de la pièce, les mots les plus charmants, les épisodes les plus touchants, n'ont pas traversé la rampe. Le public parisien s'est ennuyé et le plus souvent n'a pas compris. Tout cela était trop nouveau. De plus, la pièce avait le tort immense d'avoir un accent, une langue à elle. Un fait me fera mieux comprendre : un des personnages ayant parlé des ortolans qui chantent, toute la salle, tous les Parisiens ont ri, parce que les Parisiens connaissent seulement les ortolans pour en avoir mangé, et ne s'imaginent pas que ces oiseaux-là, si gras et si bien cuits, peuvent chanter comme les autres.

L'insuccès de M. Alphonse Daudet a eu ceci de terrible, qu'on a condamné en lui l'auteur dramatique, parce qu'il était doublé d'un romancier. Notre critique prétend que quiconque fait du roman ne peut pas faire du théâtre. Les romanciers, paraît-il, ont trop de talent de description ; puis, ils analysent trop, ils sont trop poètes, ils ont en un mot trop de qualités. Ceci n'est pas une plaisanterie. On peut être certain que, si l'*Arlésienne* avait été un gros drame ou une comédie habilement fabriquée, elle aurait produit un argent fou ; il s'agissait simplement d'en enlever ce qui en fait un bijou littéraire. Cette pièce n'en reste pas moins une des œuvres les plus heureuses de l'auteur, et j'imagine qu'elle reparaîtra quelque jour sur les planches et que le public alors l'acclamera. Certainement, M. Alphonse Daudet n'est pas un auteur dramatique, si l'on entend par là un ouvrier à grosses mains établissant une pièce comme un menuisier établit une table. Mais il a en lui un sens très fin et très pénétrant du théâtre.

VII

Ma conclusion sera aisée. M. Alphonse Daudet séduit son critique, comme il séduit ses lecteurs. Cette séduction est le trait caractéristique en lui. Je la comparerai à celle de certaines femmes qui ne sont pas absolument belles, mais qui plaisent davantage que les plus belles. A détailler ces femmes, on leur trouverait peut-être les yeux petits, le nez incorrect et moqueur, la bouche grande et rieuse ; elles sont trop vives, trop mobiles, trop nerveuses. Mais elles ont leur âme sur leur face, elles grisent par un charme vivant, une flamme à elles qui semble leur sortir de la peau. Quand on met à côté d'elles les statues irréprochables, les Junons taillées dans le marbre par des artistes sévères, ces statues paraissent froides et ennuyeuses, d'une beauté trop haute pour l'affection familière et quotidienne des hommes. Et si l'on a une heure à perdre, un désir de tête-à-tête ou de promenade, c'est la femme imparfaite et adorable qu'on emmène avec soi, parce que celle-là est plus humaine et plus amoureuse.

Le grand succès de M. Alphonse Daudet s'explique aisément par le genre de son talent lui-même. On prétend que le succès des romans de Balzac a été surtout l'œuvre des femmes, qui lui étaient reconnaissantes de ses analyses profondes et de son adoration continue. On peut dire avec plus de raison encore que les romans de M. Alphonse Daudet ont trouvé dans les femmes un enthousiasme et un appui extraordinaires. Il a les femmes pour lui, mot profond qu'il faut méditer, si l'on veut en comprendre toute la portée. Aujourd'hui, dans notre société, les hommes lisent peu ; la vie actuelle est trop active, trop pleine d'occupations de toutes sortes. A Paris, par exemple, si les hommes répandus dans le monde des salons achètent les romans nouveaux, c'est uniquement pour les feuilleter et pouvoir en dire un mot, le soir ; il y a là une simple affaire de bon ton, la mode veut qu'on ait lu le dernier roman paru, comme il faut avoir vu la pièce à succès. Les femmes seules ont du temps à perdre. Elles vont, quand le livre leur plaît, de la première page à la dernière. Elles emplissent ainsi l'oisiveté d'une après-midi, caressées par une foule de petits songes aimables, satisfaisant leur besoin d'idéal, les rêves inavoués de leur existence bourgeoise. Les plus honnêtes ont de la sorte des amours coupables d'une grande douceur. Et l'on comprend quels merveilleux agents de propagande deviennent les femmes, quand elles ont un auteur à pousser dans le monde. D'abord, elles le répandent parmi leurs amies ; puis, comme elles sont les reines des salons, elles y imposent leurs jugements, y dirigent le courant du succès ; enfin, elles ont des maris ou des amants qui leur appartiennent à certaines heures, et qu'elles endoctrinent alors, à ce point que maris et amants colportent bientôt les mêmes admirations. C'est comme un chuchotement, qui part du fond des salons et des boudoirs, et qui s'élargit peu à peu en une clameur publique.

Ce qui a fait adopter M. Alphonse Daudet par les femmes, c'est le charme, la séduction dont j'ai parlé, la chaleur de sympathie que le romancier dégage à chaque page. Il prend le chemin de leur cœur de la façon la plus directe, il les attendrit en s'attendrissant lui-même. Ce qu'elles aiment certainement, c'est de sentir toujours entre les lignes l'auteur qui essuie ses larmes, qui rit discrètement, qui est sans cesse là à plaindre ou à railler ses héros. Elles retrouvent en lui un peu de leur propre sensibilité nerveuse, un peu de leur âme et de leur cœur. Les hardiesses de l'écrivain ne les effraient pas, parce que ces hardiesses restent souples ; et si, par hasard, il arrive à les effaroucher, elles trouvent tout de suite, en tournant la page, quelque coin délicieux où elles peuvent se réfugier.

Sans doute, les femmes, si on les laissait faire, finiraient par rapetisser M. Alphonse Daudet. Elles n'admirent en lui que sa grâce, sans toujours pressentir sa force. Mais, dans la grande lutte de l'école naturaliste avec le public, il est vraiment heureux que le roman français compte un auteur séduisant, tel que l'auteur de *Fromont jeune et Risler aîné*. Celui-là marche à l'avant-garde, avec son sourire. Il est chargé de toucher les cœurs, d'ouvrir les portes à la troupe des romanciers plus farouches qui viennent derrière lui. Il habitue le public à l'analyse exacte, à la peinture du monde moderne, aux audaces du style. Le bourgeois en l'accueillant ne se doute pas qu'il laisse l'ennemi, le naturalisme, pénétrer dans son foyer ; car, lorsque M. Alphonse Daudet aura passé, les autres passeront. Et M. Alphonse Daudet lui-même, sans perdre de son charme, grandira certainement en puissance. Il est de ceux qui montent et s'élargissent toujours. De tous nos romanciers actuels, il n'y en a pas un qui ait en face de lui un horizon plus vaste ni plus souriant.

VIII (1)

J'arrive au *Nabab* et je vais, à propos de ce livre, constater nettement l'évolution que le roman moderne me paraît accomplir en ce moment. Jamais je ne trouverai une occasion meilleure pour démontrer quelle place énorme l'histoire tend à prendre de plus en plus dans les œuvres d'imagination.

D'abord, il me faut analyser le *Nabab* d'une façon précise et détaillée. On ne me comprendra bien que lorsqu'on aura sous les yeux un résumé exact du roman.

Ce fameux nabab, le héros du livre, est un certain Jansoulet, qui a gagné à Tunis une fortune colossale, plusieurs centaines de millions. Jansoulet, né dans un village provençal, au bourg Saint-Andéol, a commencé par essayer de tous les métiers ; d'une famille pauvre et humble, il s'est longtemps battu contre la misère, acceptant les besognes les plus rudes, descendant aux trafics les moins avouables. C'est une bonne chance qui l'a poussé à Tunis ; et là, dans ces pays d'heureux négoce, il s'est mis à tripoter, il est devenu le favori du bey, il a fini par gagner ses millions avec une facilité prodigieuse. Naturellement, les sources de cette richesse sont un peu troubles, et il est préférable de ne pas trop les sonder. D'ailleurs, quelles que soient les vilenies où il a trempé, le voilà immensément riche. Aussitôt,

(1) Ces pages sur *le Nabab* ont été écrites lors de l'apparition du roman, plusieurs mois après l'étude générale qu'on vient de lire.

il est pris du désir de revenir en France, de jouir de sa fortune à Paris, de se faire un honneur et une considération avec son argent. Même il rêve de conquérir Paris. Mais il va arriver ce qu'il n'a pas prévu : c'est que Paris, si gâté et si peu scrupuleux qu'il soit lui-même, le repoussera de tout son mépris, après l'avoir dépouillé et dupé. Paris le mangera, au lieu de se laisser manger. Je ne connais pas de sujet plus large ni plus original, cette bataille entre un homme et une ville, cet homme enrichi par une civilisation et ruiné par une autre, qui apprend à ses dépens que l'argent ne saurait tout donner, même lorsqu'on l'emploie dans des milieux où tout paraît à vendre.

Voici donc Jansoulet débarqué à Paris, installé dans un appartement splendide de la place Vendôme. Le romancier a fait de ce brasseur d'affaires, de cet aventurier de la finance, un être bon et naïf, avec une large face, de grosses lèvres et un nez écrasé, une de ces excellentes têtes de chien qu'on aime à flatter de la main. C'est là ce qui rend Jansoulet sympathique, au milieu de ses millions gagnés plus ou moins honnêtement. Il a, chez lui, une commode bourrée d'argent, dans laquelle il puise sans compter, pour satisfaire tous les appétits qui l'entourent. Il faut assister à un des fameux déjeuners de la place Vendôme. On y voit le Paris affamé qui se rue sur les fortunes complaisantes : Jenkins, un charlatan qui s'est fait une clientèle très aristocratique en inventant ses fameuses pilules, des pilules qui rendent des flammes aux tempéraments affaiblis ; le beau Moëssard, la plume la plus vénale de la presse parisienne, escomptant chacun de ses articles comme une lettre de change tirée à vue sur une vanité ; Monpavon, un noble monsieur qui a une vilaine histoire dans son passé, mais que sa belle tenue et l'amitié du duc de Mora ont sauvé jusque-là de la police correctionnelle ; le marquis de Bois-Landry, un autre gredin faisant encore belle figure dans la société parisienne ; Paganetti, le directeur de la *Caisse territoriale*, un bandit corse, qui est venu exercer à Paris dans la finance, et qui a toute la souplesse et toute l'imagination italiennes ; Schwalbach, un juif dont la spécialité est de vendre de faux tableaux de maître aux millionnaires désireux de se donner un vernis d'amateurs ; d'autres encore, dont l'énumération serait trop longue. Tout ce monde flatte Jansoulet, dévore à sa table, l'emmène ensuite dans les coins pour lui soutirer des emprunts, le vole impunément, en spéculant sur son ambition. Monpavon et Jenkins lui promettent de le présenter au duc de Mora ; Moëssard lui fait des articles dans le *Messager* ; Paganetti l'amène à mettre des fonds dans la *Caisse territoriale*; les moins hardis emportent quelques louis, à titre d'amis de la maison. Le tableau de cette bohême campant au milieu de Paris, mangeant à même de ce coffre-fort empli à la pelle au pays des sultanes, est une des pages les plus curieuses qu'on puisse lire.

Cependant, l'action s'engage. Jansoulet, au milieu de ses désirs effrénés de considération et d'honneurs publics, a deux ambitions bien nettes. On lui a fait espérer le ruban de la Légion d'honneur, et on lui promet un siège à la Chambre des députés, dès qu'il y aura une candidature officielle disponible. Le docteur Jenkins l'a présenté, chez lui, au duc de Mora, un personnage historique que tout le monde a aisément reconnu, un viveur aimable qui a joué un rôle considérable sous le second empire. Cet aventurier politique, si fin et si élégant, épuisé par une vie de jouissances, s'est pris d'amitié pour la forte carrure et l'impudente bonhomie de Jansoulet. Il se charge de sa fortune. Pourtant, une première fois, les vœux de Jansoulet sont singulièrement déçus ; il a, sur le conseil de Jenkins, fourni des fonds à une prétendue œuvre philanthropique, l'œuvre de Bethléem, une crèche où l'on nourrit les petits enfants pauvres d'après un nouveau système, avec du lait de chèvre, ce qui les fait d'ailleurs mourir comme des mouches ; et, lorsqu'il croit trouver sa nomination au *Moniteur*, c'est le nom de Jenkins lui-même qu'il lit parmi ceux des nouveaux décorés. Comme il le dit, il a donné plus de deux cent mille francs pour qu'on décorât Jenkins. Mais ce n'est là qu'un petit déboire de vanité. Il est frappé plus rudement par un coup terrible que lui porte son ancien ami Hémerlingue, enrichi comme lui à Tunis, devenu banquier; et rêvant sa ruine. Jansoulet a acheté, au bord du Rhône, le magnifique château de Saint-Romans, dans lequel il veut recevoir le bey, de passage en France, pensant que des fêtes royales assureront tout à fait son crédit. Un de ses familiers, que je n'ai point nommé, Cardailhac, un directeur de théâtre qui a fait déjà deux ou trois fois faillite, se charge d'organiser une réception splendide. Tout est prêt, le pays entier est sur pied, Jansoulet attend le bey à la station du chemin de fer ; mais le train arrive et passe, Hémerlingue est dans le wagon même du bey, qu'il a réussi à fâcher contre Jansoulet. C'est pour celui-ci un soufflet, dont il se relèverait difficilement, si le duc de Mora ne venait à son secours, en lui donnant une candidature officielle en Corse. Rien de plus étonnant que ce siège de député, acheté bulletin à bulletin, conquis par tous les moyens dont dispose un homme riche. Enfin, Jansoulet est élu, et c'est là l'apogée de sa fortune, le moment où il peut espérer qu'il a mis le pied sur Paris et qu'il va le dompter.

Je néglige les actions secondaires, les personnages de deuxième plan, pour tout de suite terminer l'analyse du drame. C'est lorsque Jansoulet est député que de tous côtés des ennemis acharnés se dressent contre lui. Ceux qui l'ont volé le plus impudemment, les parasites et les emprunteurs de la place Vendôme, se plaignent de ce qu'il ferme ses coffres maintenant. Il a eu l'imprudence de refuser une somme à Moëssard, qui écrit contre lui un article infâme, en l'accusant d'avoir fait les plus honteux métiers. Il ne récolte qu'ingratitude ; il est presque ruiné par la débâcle de l'œuvre de Bethléem et de la *Caisse territoriale*, par les frais de son élection, par le pillage de sa fortune. Les plus mauvais bruits courent sur son compte, et cela au point que le Corps législatif, si coulant d'habitude, parle de casser son élection pour faire un exemple. Cette élection cassée ne serait rien encore, une simple blessure à son orgueil, si elle ne devait pas entraîner sa ruine complète. Tout ce qu'il lui reste, une centaine de millions, une somme fort respectable, comme on le voit, se trouve en propriétés et en valeurs à Tunis, sous l'absolu bon plaisir du bey, avec lequel son ennemi Hémerlingue est au mieux maintenant. Or, s'il reste député, jamais le bey n'osera toucher aux biens d'un représentant de la France ; tandis que, si son élection n'est pas validée, il est à croire que le bey ne se fera aucun scrupule de dépouiller un particulier enrichi par les libéralités de son père. De là l'importance que Jansoulet attache à ne pas être renvoyé devant les électeurs. Il a pour lui le duc de Mora, et il est certain de triompher, grâce à cet appui tout-puissant, lorsque le duc meurt, à la suite de derniers excès. C'est un écroulement. Un seul espoir lui reste, faire la paix avec Hémerlingue, dont il sent la main partout dans son malheur. Hémerlingue veut bien se réconcilier, mais il faut avant tout apaiser sa femme. Madame Hémerlingue est une ancienne esclave de sérail, qui s'est convertie et qui joue la dévotion. Elle en veut surtout aux Jansoulet, parce que madame Jansoulet, une Levantine appartenant à une riche famille, n'a jamais voulu lui rendre une visite. Si madame Jansoulet consent à venir la voir, la paix sera signée. Le malheur, c'est que madame Jansoulet, une masse de graisse que Paris ahurit et qui a des entêtements d'enfant, refuse obstinément de faire une démarche qu'elle considère comme inconvenante. Jansoulet s'oublie jusqu'à lever la main sur elle ; la scène est fort belle d'entêtement stupide de la part de la femme et de rage impuissante de la part du mari. Dès lors, la perte du Nabab est jurée. Vainement il tente une démarche auprès du député chargé du rapport sur son élection, un avocat cafard qui le prend à un piège grossier. L'invalidation est demandée et votée ; il est paralysé en apercevant sa mère, une vieille paysanne provençale, dans une tribune, au moment où il va se défendre contre les calomnies infâmes qui courent, en disant la vérité, en expliquant qu'on l'a confondu avec son frère aîné, un malheureux qui a traîné autrefois dans tous les ruisseaux de Paris. La pensée qu'il ferait rougir sa mère le rasseoit à son banc, après un très beau discours sur l'écrasement de cette grande fortune, dont il espérait tout, et sous laquelle il meurt accablé. Dès lors, Jansoulet est fini. Un garçon de cœur est bien allé à Tunis tâcher de sauver les cent millions. Mais Jansoulet, souffleté un soir par le mépris de toute une salle de spectacle, ne peut supporter ce dédain qu'on lui jette à la face, et il meurt sur la scène, dans le magasin des accessoires, au moment où son émissaire vient lui annoncer qu'il lui a sauvé sa fortune.

Tel est le drame. Comme on a dû le comprendre déjà, il vaut surtout par les détails, par les grands tableaux parisiens, dans lesquels il se trouve encadré. Je reviens sur les personnages du second plan. Je n'ai point nommé encore Félicia Ruys, une étrange figure de femme artiste, née dans l'atelier de son père, sculpteur de génie, élevée à la diable comme un garçon, et souffrant toute sa vie de cette éducation trop libre. Elle-même devient un sculpteur célèbre, dont les œuvres sont ardemment discutées. Mais elle promène dans l'existence un spleen singulier, une aspiration vague aux vertus bourgeoises qui la ronge. Le romancier a voulu peindre en elle plus encore la femme déclassée que la grande artiste. Enfermée avec une ancienne danseuse, la Crenmitz, elle passe des journées terribles, partagée entre la passion de l'art et l'ennui de sa solitude. Elle ne tient que très peu à l'intrigue. Le docteur Jenkins, ce faux bonhomme si doux et si doctoral, a voulu la violer un jour ; elle a gardé, de cette tentative de violence, un frisson et un dégoût. Pourtant, elle se sent mauvaise, elle est poussée quand même au ruisseau. Après avoir rêvé d'épouser Jansoulet, avant de savoir qu'il est marié, elle finit par se livrer au duc de Mora. Son utilité immédiate dans le roman est d'être la dernière débauche du duc, celle qui le couche sur le lit dont il ne se relèvera plus. Au dénouement, elle roule encore plus bas, elle accepte la passion de Jenkins lui-même, dont elle connaît toute l'infamie. Mais elle fournit des épisodes très brillants, une description superbe de l'ouverture du Salon annuel de peinture et de sculpture, au palais de l'Industrie, et des pages charmantes sur l'intérieur de son atelier et sur l'enfance qu'elle a eue, auprès de son père, au milieu de la bohème artistique.

Un autre coin du livre me reste à indiquer. Un brave jeune homme, Paul de Géry, qui débarque à Paris avec une lettre de la mère de Jansoulet, entre auprès de ce dernier comme secrétaire. C'est lui qui représente l'honnêteté, qui s'aperçoit du pillage de la fortune et qui plus tard ira à Tunis sauver les cent millions. Mais il a beau vouloir ouvrir les yeux à Jansoulet, il faut que le destin de celui-ci s'accomplisse. Aussi, Paul serait-il d'une médiocre utilité dans l'histoire, s'il ne servait de trait d'union entre les autres personnages et la famille Joyeuse, une digne et souriante famille, composée d'un père employé et de cinq jeunes filles, dont l'aînée, Aline, est la mère de tout ce petit monde. C'est là le coin aimable du livre, le coin d'innocence et de vertu bourgeoises. M. Joyeuse, employé dans la maison Hémerlingue, perd brusquement sa place, et il cache ce malheur pendant des mois à ses filles pour leur éviter un chagrin, partant tous les jours comme s'il allait à son bureau, passant ses journées dans des courses interminables. Il est un très curieux bonhomme, un dormeur éveillé qui bâtit des histoires à propos de la moindre circonstance. Heureusement, Paul de Géry vient à son secours, et fatalement il tombe amoureux d'Aline. Un instant, il a cru aimer Félicia Ruys, mais le charme pudique d'Aline lui a bien vite ouvert les yeux. Il faut dire que la seconde fille de M. Joyeuse, Élise, est également aimée d'un jeune homme, André Maranne, qui habite la même maison, en haut d'un faubourg. André est le fils de celle qu'on nomme madame Jenkins et qui n'est, en somme, que la maîtresse du docteur, maîtresse présentée par lui à tout Paris comme sa femme. Il a quitté le toit du docteur, il s'est établi photographe, en attendant qu'un grand drame, auquel il travaille, lui assure la fortune et le succès. Ces deux amours jeunes et purs sont destinés à compenser les autres passions abominables, qui emplissent le volume. D'ailleurs, le drame d'André : *Révolte*, réussit complètement, et c'est même pendant qu'on applaudit le débutant, que Jansoulet, frappé d'une attaque d'apoplexie, agonise dans le magasin des accessoires.

Je n'aurai rien oublié, lorsque j'aurai dit comment finissent deux des figures secondaires, la prétendue madame Jenkins et le comte de Monpavon. Jenkins se sépare de sa maîtresse avec une brutalité révoltante ; il est parti, il veut vendre son mobilier, et il se contente de charger un homme d'affaires de signifier à la pauvre femme qu'elle ait à vider les lieux ; il est vrai qu'il lui fait offrir une somme d'argent. Elle refuse, elle s'en va, affolée ; et, tout d'un coup, elle se trouve sur le pavé, chassée de l'appartement où elle a vécu jusque-là, n'ayant plus de domicile, plus pauvre et plus abandonnée que les misérables qui la heurtent sur le trottoir. Elle n'a qu'une pensée, aller se jeter dans la Seine. Mais elle veut embrasser une dernière fois son fils ; André devine un malheur, il la retient, elle est sauvée. La fin de Monpavon est plus tragique. Son protecteur est mort, on va l'appeler en police correctionnelle. Alors, tout son orgueil de gentilhomme s'éveille, il préfère en finir. Tranquillement, il s'habille une dernière fois avec un soin extrême, voulant conserver sa belle tenue jusqu'au bout. Puis, il fume un dernier cigare sur le boulevard et se décide enfin à entrer dans un établissement de bains d'un quartier perdu. Là, il s'ouvre les quatre veines, il meurt, défiguré, au point que personne ne peut le reconnaître. Et ces deux désespérés du pavé parisien, ces deux épaves de la vie moderne, Monpavon et madame Jenkins, se sont rencontrés sur le boulevard et ont échangé un salut souriant, tous deux avec la pensée de la mort dans l'âme, quelques minutes avant que cette femme trouvât le salut dans une étreinte de son fils, et que cet homme achevât sa vie proprement en se réfugiant dans le suicide.

En somme, on pourrait dire que le *Nabab* est un tableau de la corruption parisienne, de la bohème du second empire. L'histoire est, ici, transparente sous la fable.

IX

J'étudie ce roman, moins encore pour le juger que pour constater où en sont venus les romanciers actuels. On comprendra surtout mon intention, lorsque j'aurai expliqué la façon de travailler de M. Alphonse Daudet.

En l'étudiant, j'ai montré comment il était parti du conte, du tableau en quelques pages, pour élargir son cadre et arriver aux œuvres de longue haleine. Lorsqu'il se contentait d'écrire de courts récits, la méthode qu'il employait était très facile à saisir. Il prenait un fait de la vie réelle, une histoire qui s'était passée sous ses yeux, ou un personnage qu'il avait pu observer, et il s'ingéniait simplement à présenter ce personnage, à conter cette histoire de la façon la plus agréable. On sait combien il excellait à faire ainsi de la moindre chose un petit chef-d'œuvre. Il mettait un art exquis dans l'arrangement de la vérité.

Eh bien! lorsqu'il est devenu romancier, il n'a point changé de méthode. Cela est très visible. Il s'est uniquement proposé de lier par un lien commun toutes les observations qu'il a pu faire, depuis qu'il regarde autour de lui. On va me comprendre.

J'imagine que M. Alphonse Daudet prenne chaque jour des notes sur ce qu'il a vu dans la journée. Ces notes sont écrites ou non, peu importe. Il suffit qu'il ait dans sa mémoire ou dans ses tiroirs un magasin complet de documents. Tous les événements qu'il aura traversés, tous les hommes qu'il aura approchés, lui auront laissé ainsi des impressions très vives, qu'il peut évoquer à sa guise. Il est vrai que ces notes sont éparses, que rien ne les relie entre elles; ce sont des colliers dont les fils manquent. Maintenant, j'imagine encore que M. Daudet veut écrire un roman, il commencera par être très frappé d'un de ses souvenirs, qui s'éveillera. Il sentira qu'il y a là l'embryon d'un livre. Seulement, le sujet sera encore rudimentaire, il n'aura pas la chair suffisante. Et c'est ici que commence le travail véritable de M. Daudet. Il fouillera dans ses documents, il examinera toutes les observations qu'il possède, et verra celles qui peuvent aller côte à côte, sans détonner. Peu à peu, il prendra un chapitre là, un type ici, une scène plus loin, utilisant tout, jusqu'à ce qu'il ait assez de matière pour emplir un volume. Cela semble commode, mais soyez persuadé qu'en somme aucune opération n'est plus délicate. Il ne s'agit point de transporter brusquement des faits historiques dans la fantaisie du roman ; il faut savoir trier les éléments fournis par la réalité et les accommoder ensuite, de façon à ce qu'ils ne hurlent pas de se trouver ensemble.

Pour bien se rendre compte de la méthode nouvelle, le mieux est de se rappeler ce qu'était un roman d'Alexandre Dumas père, par exemple. Je prends les *Trois Mousquetaires*, l'œuvre qui est restée la plus populaire chez nous. Évidemment, le romancier n'avait qu'un souci, amuser son lecteur, le tenir toujours en haleine, lui fournir des péripéties, de manière à ce que sa curiosité ne fût jamais contentée. Il n'avait garde de placer les personnages dans un milieu contemporain, parce que, dans ce cas, il aurait dû tenir un plus grand compte de la réalité. En reculant de deux ou trois siècles, en plaçant son action sous Louis XIII ou sous Louis XIV, il pouvait mentir à l'aise ; les ignorants, c'est-à-dire le plus grand nombre, ne se trouvaient pas blessés. Rien n'était plus commode en somme, quelques notions historiques sur l'époque et sur les mœurs, les anecdotes qui circulent, les traditions de la légende, suffisaient à l'auteur pour le soutenir pendant des quinze et des vingt volumes. Il allait, il allait avec le plus merveilleux aplomb du monde, entassant les aventures prodigieuses, arrivant à falsifier l'histoire d'une façon si complète, que les vérités chez lui finissaient par devenir des mensonges. Au fond, il s'en souciait bien ! Il n'était qu'un conteur, et plus il mentait, plus il enchantait son public.

Je viens de prononcer le vrai nom des romanciers qui ont précédé Balzac ou travaillé en dehors de son influence. Ils étaient simplement des conteurs. Le large domaine de l'imagination leur appartenait, et ils s'y mouvaient librement, tirant leur succès de leur force d'invention. Le plus grand éloge que l'on faisait alors d'un romancier, était de dire qu'il avait une imagination puissante. Cela signifiait qu'il créait avec abondance des aventures qui ne s'étaient jamais passées et des personnages qu'on n'avait jamais vus. On le mesurait au degré de mensonge de ses œuvres, on l'admirait d'autant plus qu'il s'écartait davantage de la réalité quotidienne et courante. Comme ce héros ressemblait peu aux gens que l'on coudoyait dans les rues ! comme cette intrigue s'éloignait de la vie toute plate que menait le lecteur ! On voulait de lui des sensations nouvelles, des sursauts de surprise. A cette époque, ce qu'on appelait le roman de mœurs, ou mieux le roman d'observation, ne tenait encore qu'une petite place ; la mode était tout entière au roman d'aventures.

J'ai pris un exemple frappant, en parlant des œuvres de Dumas père, qui a été un rêveur éveillé, un fumeur d'opium marchant dans le pays de l'impossible, comme dans une patrie qui lui était propre. Mais je pourrais choisir des exemples moins tranchés et non moins caractéristiques. Les romanciers qui, il y a vingt-cinq ou trente ans, se piquaient de tenir compte de la nature, ne la regardaient encore que comme une inspiratrice, dont le bon goût devait corriger les écarts. Ils faisaient surtout des types généraux, ils travaillaient de souvenir, d'après des modèles qu'ils respectaient souvent fort peu. Jamais la pensée de prendre leur tante ou leur belle-mère, pour les transporter toutes vives dans leurs romans, ne leur serait venue à l'esprit. Ils auraient trouvé le procédé trop cru, ils avaient des idées arrêtées sur l'idéalisation nécessaire des personnages, sur le fondu qu'il fallait obtenir en châtrant la réalité et en ne disant pas tout. S'ils ne mentaient pas avec la belle aisance des conteurs, ils restaient nobles et discrets, ils peignaient la nature à la condition de la voiler, de l'arrondir, d'après une formule courante. D'ailleurs, le public était complice, les auteurs avaient pour se défendre la ressource de dire qu'ils ne pouvaient pourtant fâcher le public, en le scandalisant, en étalant sous ses yeux des spectacles peu agréables. On semblait alors persuadé que les lecteurs demandaient, avant tout, des lectures qui les sortissent de la vie ordinaire. On disait : « Voilà un commerçant qui a vendu toute la journée du drap ou de la chandelle derrière un comptoir ; croyez-vous que vous l'intéresserez beaucoup en lui montrant un commerçant comme lui, plongé dans les mêmes soucis du négoce ? Voilà une femme qui est dans un adultère banal, dont elle bâille du matin au soir, tant son amant lui semble vulgaire, plus vulgaire encore que son mari ; croyez-vous qu'elle se passionnera pour votre livre, si vous lui racontez, avec des détails précis, le même adultère bête et écœurant ? » Et l'on partait de là pour établir que l'idéalisation des faits et des personnages était un principe fatal du roman. Les lecteurs exigeaient qu'on les tirât de la réalité, qu'on leur montrât des fortunes réalisées en un jour, des princes se promenant incognito avec des diamants plein leurs poches, des amours triomphales enlevant les amants dans le monde adorable du rêve, enfin tout ce qu'on peut imaginer de plus fou et de plus riche, toute la fantaisie d'or des poëtes. Le succès semblait à ce prix. Mentez, autrement vous ne serez pas acheté.

Maintenant, voyez la méthode de travail employée par M. Alphonse Daudet dans le *Nabab*. J'ai dit qu'il n'inventait rien. Il n'a pas du tout d'imagination, dans le sens que je viens d'indiquer. Il serait incapable d'inventer une de ces histoires compliquées, qui ont passionné nos pères, un Monte-Christo accomplissant des prodiges, grâce à un trésor immense, découvert dans une île, et où il puise à pleine main. Même, il perd pied s'il change le moindre détail aux choses qu'il a vues. Il est d'avis que l'aventure arrivée est toujours plus puissante que l'aventure inventée, et son grand chagrin vient de ce qu'il est obligé parfois de ne pas tout dire. Ce respect du vrai est chez lui poussé si loin, que le nom du type observé a fini par s'identifier avec le personnage, et que s'il lui faut modifier le nom, le personnage ne lui semble plus complet ; aussi, quand il ne peut garder le nom, essaie-t-il d'en

créer un qui rappelle le véritable par sa tournure et
sa consonnance. Et tout cela, ce n'est pas une théorie
littéraire, c'est une sensation d'artiste, une pente
fatale qui le pousse à donner une importance décisive à ce qu'il lui a été permis de toucher du doigt.
Il faut un modèle vivant qui pose devant lui et qu'il
copie, dont la vue ébranle ses facultés de peintre. S'il
n'a pas ce modèle, il se sent les doigts liés, il n'ose
travailler, il a peur de ne rien faire de bon. Tout disparaît aussitôt, car le modèle ne lui fournit pas seulement une figure, il lui apporte encore l'air dont il
est entouré, le milieu, la couleur et le son, tout ce
qui fait la vie. De là, cette démangeaison de mettre
dans ses livres les personnes de son intimité. Quand
un être ou un fait l'a frappé, il en a la cervelle han-
tée, il est persuadé qu'il possède, sous la main, la
matière d'un chef-d'œuvre ; et, dès lors, il est sans
force pour résister au besoin de peindre ce qu'il a
vu et entendu, aucune considération ne l'arrête, sa
passion d'artiste l'emporte quand même, à un moment ou à un autre. C'est là ce que j'appellerai la
fièvre de la réalité, maladie toute moderne chez les
artistes. Ils ont le tourment de dresser publiquement
des procès-verbaux, sans omettre un détail, quitte à
blesser les amis et même les parents qui ont posé
devant eux sans le savoir. Un beau jour, on se
retrouve dans leurs œuvres, presque avec son nom,
avec son geste, ses vêtements, son histoire, ses ver-
rues. On est devenu, sous leur scalpel, un document
humain ; et ce serait peu intelligent de leur garder
rancune, car ils ont agi sans méchanceté, ils ont
simplement obéi au besoin de mettre le plus de vie
possible dans leurs livres.

M. Alphonse Daudet a donc pris, parmi les notes qu'il a entassées, toutes celles qui lui semblaient pouvoir entrer dans le *Nabab*. Je dirai tout à l'heure quelles sont ces notes, où il les a puisées dans la réalité, quelle somme de vérité exacte elles contiennent. Les notes sont sur sa table de travail. C'est alors qu'il intervient comme créateur, car il n'a en somme là que de la matière brute, et il va lui falloir tirer un ensemble de ces documents épars. Le rôle de son imagination commence, imagination toute particulière, humble servante qui se contente de rester au second plan. Il faut une histoire pour relier les différents épisodes, et cette histoire sera la plus simple possible, la plus ordinaire, de façon à ce qu'elle n'encombre pas le livre et qu'elle laisse toute la place aux larges tableaux que l'auteur veut peindre. Par exemple, dans le *Nabab*, l'imagination se contentera de créer le personnage de Paul de Géry et de le promener chez les Joyeuse et chez Félicia Ruys, pour servir de lien à ces différents personnages; l'imagination inventera encore certains détails, les amours de Félicia et du duc de Mora, la mort foudroyante de Jansoulet, frappé par le mépris du Paris des premières représentations; mais ces détails seront indiqués par l'observation elle-même, et ils resteront toujours la partie sacrifiée du roman. Ce qui importera davantage, je l'ai dit, ce sont les larges tableaux de la vie que le romancier a résolu de reproduire. Le reste n'est que l'accessoire, les tableaux deviennent le principal. Qu'importe au fond l'intrigue! Il s'agit de dérouler, avec tous les développements nécessaires, ces scènes d'une exactitude si merveilleuse : un déjeuner à la place Vendôme, la visite à l'œuvre de Bethléem, les fêtes du bey au château de Saint-Romans, le Salon annuel de peinture et de sculpture, la mort et les funérailles du duc de Mora. Ce sont là autant de pages d'histoire qu'il fallait rendre éternelles, en les fixant dans leur vérité.

Il est vrai que le rôle de l'imagination du romancier ne s'arrête pas là. S'il n'invente pas de toutes pièces, il a une continuelle invention dans le détail, son imagination s'emploie tout entière à présenter les scènes vraies avec une flamme particulière qui les fait vivre. M. Alphonse Daudet a surtout cette imagination de l'arrangement et de la phrase. De la moindre scène, il fait un bijou, par l'art qu'il met à la composer. On lui refuse la science de la composition, comme aux autres romanciers naturalistes d'ailleurs ; et je ne connais pas de critique plus injuste, car les œuvres de ces romanciers sont, au contraire, composées avec des raffinements infinis, des intentions très curieuses de poèmes mélodiques ramenant les mêmes effets et enfermant la réalité dans une sorte de châsse symbolique et très ouvragée. Plus tard, mérite ou défaut, on verra cela. Enfin, ce qui achève de donner à cette peinture du vrai un caractère supérieur, c'est la facture, le respect de la langue et la qualité du style.

Sans doute, l'auteur copie la nature et s'en fait gloire, mais il lui ajoute l'intérêt d'une interprétation personnelle. Toute sa fantaisie, toute sa création, il la met dans le rendu, dans cette sensation nerveuse, qui est la sienne, et qu'il ajoute à l'expression des choses. Il n'emploie pas son imagination à conter en mauvais style des aventures grotesques d'impossibilité, il l'emploie à décrire en poète un coin de l'immense nature.

Et voyez le miracle, ce ne sont plus les romans d'intrigue qui passionnent le public, tout le succès va maintenant aux romans d'observation, comme le *Nabab*. On ne peut plus mettre en avant la fameuse théorie du besoin d'idéal qui tourmente la foule. Au contraire, elle montre une curiosité avide pour tout ce qui la touche de près, pour la peinture de la vie qu'elle mène, des hommes qu'elle a coudoyés, des faits qui ont empli les journaux. D'ailleurs, on pourrait retourner le raisonnement que j'indiquais tout à l'heure. « A quoi voulez-vous que s'intéresse un commerçant qui vend toute la journée du drap ou de la chandelle, si ce n'est aux drames du négoce, aux histoires d'autres négociants plus heureux ou moins heureux que lui? Qu'est-ce qui peut toucher davantage une femme coupable, que le récit d'un adultère pareil au sien, ayant les mêmes anxiétés et la même vulgarité écrasante? »

Je conclurai volontiers que le roman ainsi entendu est devenu de l'histoire, résumée dans des exemples frappants, et écrite par des artistes qui ont le don de la vie.

X

L'apparition du *Nabab* a été un véritable événement. Le bruit s'est bientôt répandu que l'auteur avait peint, dans ce roman, un grand nombre de personnalités parisiennes, et tout le monde a voulu reconnaître les originaux. De là, des commérages et un tapage sans fin. L'auteur, ennuyé des réclamations, voulant se garantir contre les perfidies d'une certaine presse, a dû déclarer, dans le *Figaro*, qui l'avait précisément attaqué, qu'il répondrait à toutes les accusations dans une préface, dont il annonçait la publication en tête d'une des prochaines éditions de son livre.

Je donnerai quelques extraits de cette préface :

« Pas une page de mon œuvre, dit M. Alphonse Daudet, pas un de ses héros, pas même un personnage en silhouette qui ne soit devenu motif à allusions, à protestations. L'auteur a beau se défendre, jurer ses grands dieux que son roman n'a pas de clef, chacun lui en forge au moins une, à l'aide de laquelle il prétend ouvrir cette serrure à combinaison. Il faut que tous ses types aient vécu, comment donc ! qu'ils vivent encore, identiques de la tête aux pieds... Monpavon est un tel, n'est-ce pas ?... La ressemblance de Jenkins est frappante... Celui-ci se fâche d'en être, tel autre de n'en être pas. »

Il ajoute plus loin :

« En feuilletant ses souvenirs, — ce qui est le droit et le devoir de tout romancier, — l'auteur s'est rappelé un étrange épisode du Paris cosmopolite d'il y a quinze ans. Le romanesque d'une existence éblouissante et rapide traversant en météore le ciel parisien a évidemment servi de cadre au *Nabab*, à cette peinture des mœurs de la fin du second empire. Mais, autour d'une situation, d'une aventure bien connues, que chacun était en droit d'étudier et de rappeler, quelle fantaisie répandue, que d'inventions, que de broderies, surtout quelle dépense de cette observation continuelle, éparse, presque inconsciente sans laquelle il ne saurait y avoir d'écrivains d'imagination ! D'ailleurs, pour se rendre compte du travail cristallisant qui transporte du réel à la fiction, de la vie au roman, les circonstances les plus simples, il suffirait d'ouvrir le *Moniteur officiel* de février 1864 et de comparer la vraie séance du Corps législatif au tableau qu'on en trouvera dans mon livre. »

Je citerai encore les lignes suivantes : « Pour Mora ; c'est autre chose... L'Histoire s'occupera de l'homme politique. Moi, j'ai fait voir, en le mêlant à une action imaginaire, le mondain qu'il était et qu'il voulait être, assuré d'ailleurs que, de son vivant, il ne lui eût point déplu d'être portraicturé ainsi. »

On ne saurait répondre d'une façon plus digne ni plus sincère à la fois à des accusations qui n'ont aucun fondement sérieux. M. Alphonse Daudet avait absolument le droit d'employer les matériaux que la réalité lui fournissait. Mais, pour comprendre la véritable discrétion qu'il a mise, il faut insister davantage qu'il n'a pu le faire et parler des originaux qui ont posé devant lui.

Jansoulet n'est autre qu'un financier dont tout Paris s'occupa, vers 1864. Ce financier avait réalisé une immense fortune, non pas à Tunis, mais en Égypte, où il avait été longtemps le favori et le familier du khédive. Plus tard, voulant se tailler une situation honorable et sérieuse, il posa sa candidature à la députation. Trois fois, il fut nommé, dans le Gard, je crois, grâce à l'argent qu'il répandait à pleines mains, et trois fois la Chambre cassa son élection. Elle ne voulait pas de cette brebis galeuse, elle lui faisait porter les crimes de tous les hommes véreux qu'elle avait déjà dû admettre. D'autre part, la lutte d'Hémerlingue contre Jansoulet a été prise dans la réalité. Un banquier, qui vit encore, a, en effet, poursuivi Jansoulet de sa haine, jusqu'à ce qu'il l'ait ruiné. Où le roman s'éloigne de l'histoire, c'est au dénouement, car le financier n'a pas eu la belle mort de Jansoulet ; il n'est pas tombé foudroyé par le mépris ; il a, au contraire, traîné une cruelle existence, ruiné absolument, déchu de son ancienne splendeur, écrasé sous le poids de toutes les histoires qui avaient couru.

Comme le dit M. Daudet, il est stupéfiant qu'on lui reproche aujourd'hui de s'être montré ingrat envers l'homme qu'il a étudié. Mettons qu'il l'ait beaucoup connu. Est-ce que tout le livre du *Nabab* n'est pas une défense, un panégyrique du héros ? Il faudrait connaître les calomnies répandues sur ce malheureux pour comprendre le service immense que M. Daudet a rendu à sa mémoire. A la dernière ligne de son œuvre, il paraît même n'avoir écrit cette œuvre que pour justifier un honnête homme méconnu. « Ses lèvres remuèrent et ses yeux dilatés, tournés vers de Géry, retrouvèrent avant la mort une expression douloureuse, implorante et révoltée, comme pour le prendre à témoin d'une des plus grandes, des plus cruelles injustices que Paris ait jamais commises. »

Le dirai-je ? M. Daudet s'est montré un peintre si tendre pour son modèle, qu'il m'a même un peu gâté son roman. J'aurais mieux aimé un Jansoulet franchement engagé dans les affaires les plus douteuses, les mains pleines d'un or gagné à des trafics inavouables, venant engager avec Paris un duel formidable, dans lequel Paris, aidé de tout son vice, l'aurait galamment nettoyé en quelques années. Cela n'aurait pas empêché de donner à Jansoulet une grande bonté, car je connais plus d'un gredin qui a le cœur largement ouvert ; il se serait quand même montré d'une rude bonhomie, riant d'un gros rire, accueillant pour tous ; seulement, il aurait conservé des reins solides et ne se serait pas laissé « rouler » comme un petit garçon. A vouloir excuser ce millionnaire, cette figure d'aventurier venant s'acheter une honorabilité à Paris, je crains que le romancier ne l'ait fatalement diminuée.

Il en résulte que M. Daudet, loin de se montrer ingrat, a fait œuvre de sympathie. Il s'est privé de la joie de pousser son drame aux notes intenses, par suite d'un scrupule qu'on ne peut qu'approuver. Les intéressés lui doivent des remerciements.

Quant au duc de Morny, dont la silhouette est si reconnaissable dans le duc de Mora, il aurait souri lui-même de ce portrait, comme le dit l'auteur, s'il avait pu le lire. Les bonapartistes ont affecté de se montrer d'une sévérité sans égale contre M. Daudet, en l'accusant, eux aussi, d'ingratitude, presque de trahison politique. Cela fait hausser les épaules. Le romancier est loin d'avoir peint un duc de Morny en pied, tel que l'Histoire le peindra un jour. Il a laissé de côté les traits saillants de la figure, la volonté froide, le cynisme tranquille, le manque absolu de sens moral, le besoin de jouir quand même, tout cet ensemble d'énergie et de scepticisme qui a fait de ce viveur déjà épuisé l'instrument d'un coup de main politique. Il aurait fallu le montrer à l'œuvre, dans l'étranglement du pays et plus tard dans la curée de l'argent et des honneurs ; et alors, en effet, si M. Daudet avait fait cela, on aurait pu lui reprocher d'avoir oublié que le duc de Morny lui tendit la main, dès son arrivée à Paris. Mais il n'a point touché à l'homme politique, ni au tripoteur d'affaires qui exigeait des pots-de-vin de tous les financiers qu'il patronnait, ni au complaisant qui trempait dans les vilenies du règne. C'est à peine s'il a indiqué, d'un trait léger et charmant, le profil de l'homme extérieur, les manies aimables de ce ministre qui s'occupait de chiffons et de vaudevilles, entre deux graves séances du Conseil. Certes, le duc de Morny ne se cachait pas de ce qu'il nommait ses goûts artistiques ; il avouait de son vivant une pièce bouffonne qu'on joue encore ; et j'en suis certain, on ne pouvait le flatter davantage qu'en louant les couplets dont il cherchait les rimes, au sortir du Corps législatif. M. Daudet, il est vrai, a ajouté qu'il avait la passion des femmes, et lui a donné, du côté de Neuilly, une maison galante, où il aurait achevé de se tuer. Des passions ne sont pas des crimes. Dans tout cela, il n'y a aucun gros reproche lancé à la tête du duc. Je sais même, et de source certaine, que le romancier s'est encore montré là d'une discrétion rare. Il aurait pu, sans s'occuper de l'homme politique, compléter cette figure de mondain tout en surface, d'un vide incroyable, poussant l'ennui de lui-même jusqu'à ne pas vouloir rester seul, se perdant dans les préoccupations les plus futiles et les plus ridicules. Beaucoup de ceux qui ont approché le duc de Morny, après avoir été séduits par sa haute mine et sa bonne grâce aristocratique, ont fini par s'étonner de son insuffisance intellectuelle et morale, et par se demander quel coup d'audace avait pu mettre un tel homme si haut. Au demeurant, le duc de Mora est un Morny paré de toutes les grâces romanesques et placé dans son beau jour, pour réjouir les yeux du public.

Certes, je ne diminue point, en disant cela, la valeur des notes, mises en œuvre par M. Daudet. Ainsi, son chapitre sur la mort du duc est une des pages les plus larges qu'il ait jamais écrites. Ce morceau a la vie intense, la profondeur d'observation, la vérité saisissante d'un passage de Saint-Simon. L'agonie si courageuse et si correcte de ce viveur qui veut sortir de la vie comme on sort d'un salon ; l'effarement des familiers, autour de lui, sentant qu'ils perdent un protecteur tout-puissant, et se cramponnant à sa vie qui s'en va ; la basse cupidité des domestiques faisant main basse sur l'or qui traîne ; le souci des amis qui déménagent les papiers compromettants, les lettres d'amour et les lettres d'affaires, voulant les anéantir, ne pouvant les brûler et les noyant dans les cabinets d'aisances ; le brouhaha, puis le palais tombant à un grand silence, toute cette peinture est d'une puissance qui sent la vérité, prise sur le fait et rendue avec le frisson même de la sensation immédiate.

J'aime moins le chapitre des funérailles, également d'une grande exactitude comme détails, mais d'un jet plus maigre et tournant un peu à l'énumération.

D'ailleurs, si le romancier avoue les originaux qui ont posé pour Jansoulet et Mora, nous pouvons être plus indiscret que lui et reconnaître plusieurs figures encore. Ce qu'il a fait pour le duc de Morny et le financier, il l'a également fait pour d'autres physionomies, prenant le trait général, écartant ce qui ne lui convenait pas, utilisant les modèles selon les besoins de son récit. C'est ainsi que le comte de Monpavon et le marquis de Bois-Landry sont deux types que tout Paris a connus ; les noms sont même à peine modifiés ; l'un de ces deux personnages est mort, l'autre est encore vivant, et l'on m'assure qu'il n'est point fâché d'être dans le *Nabab*. Moëssard, le journaliste que Jansoulet roue de coups, rue Royale, est mort dernièrement. Paganetti existe lui aussi, et Hémerlingue, et Le Merquier. Je crois même avoir coudoyé le père Joyeuse, cet excellent homme qui rêve tout éveillé les aventures les plus atroces. Quant à Cardailhac, le directeur de théâtre souriant au milieu de ses faillites, il est mort, et on peut le nommer, d'autant plus que beaucoup de personnes, trompées par une ressemblance de noms, ont voulu voir en lui M. Carvalho, le directeur actuel de l'Opéra-Comique ; Cardailhac n'est autre que Nestor Roqueplan, cet aimable homme dont on cite encore les mots aujourd'hui. J'ai gardé le docteur Jenkins, qui est certainement fait de plusieurs types fondus ensemble ; je jurerais que l'auteur a pris le portrait physique d'un côté, l'invention des fameuses pilules d'un autre, l'égoïsme et la fausse loyauté du personnage d'un autre encore. Les journaux anglais se sont surtout montrés sévères pour M. Daudet, parce qu'ils ont prétendu reconnaître dans Jenkins un médecin de Londres, qui est allé autrefois soigner le duc de Morny ; je cite le fait uniquement pour montrer de quelles étranges réclamations a été accablé l'auteur.

Il est plus délicat de mettre un nom au-dessous

des portraits de femme. Je me contenterai de dire un mot de Félicia Ruys. On a nommé plusieurs personnes, entre autres madame Sarah Bernhardt, la sociétaire de la Comédie-Française, qui fait en outre de la sculpture. Mais le portrait physique serait bien peu ressemblant, et, d'autre part, les antécédents, la biographie, la façon de vivre, diffèrent absolument. Félicia Ruys serait plutôt la fille d'un de nos poëtes, qui est elle-même un écrivain de talent; bien entendu, tout le drame, autour d'elle, est inventé ; mais ce sont les mêmes allures, la même éducation dans un milieu d'artistes, le même manque d'équilibre dans la vie bourgeoise.

Un dernier détail, l'exploitation que M. Daudet désigne sous le nom d'Œuvre de Bethléem, et dont il a tiré un chapitre si poignant, a existé réellement et existe peut-être encore, sous le nom de *la Pouponnière*. Les fondateurs faisaient grand bruit de leurs sentiments philanthropiques ; ils voulaient, disaient-ils, assurer aux pauvres petits êtres que leurs mères ne peuvent nourrir une nourriture abondante, un air sain, tous les soins imaginables; et ils avaient créé un établissement aux portes de Paris, où des chèvres remplaçaient les nourrices, de belles chèvres que l'on voyait cabrioler dans le jardin. La maison avait été installée sur un pied de confort étonnant : dortoirs, réfectoires, infirmerie, salle de promenade, salle de bain, lingerie, buanderie, etc., etc. Mais le pis était que les pauvres enfants mouraient tous. Dans le temps, on alla par curiosité voir *la Pouponnière*. Je crois que tout le bénéfice de cette prétendue œuvre humanitaire aura été d'avoir fourni au romancier un de ces chapitres pleins d'émotion et d'ironie, comme lui seul sait les écrire.

XI

Il me reste à juger le *Nabab*. Je commencerai par faire les quelques restrictions que mon propre tempérament d'écrivain m'inspire.

Une figure m'a péniblement impressionné, dans le roman : celle de Félicia Ruys. L'auteur a tout donné à cette jeune femme, la beauté, l'intelligence, le génie même, et, par une pente regrettable, il en est arrivé à faire d'elle un des personnages les plus salis de son œuvre. Quand il nous la présente, il la couronne de rayons, il la montre fine et fière, se révoltant devant l'insulte, ambitionnant tout ce qui est beau ; puis, il lui prête une suite d'actions plus vilaines les unes que les autres : d'abord, elle rêve d'épouser Jansoulet, elle qui est la gloire, et lui qui n'est que l'argent ; ensuite, elle se livre au duc de Mora, par lassitude, par vanité bête ; enfin, elle tombe plus bas, elle finit par céder à Jenkins, qu'elle a jusque-là foudroyé de son mépris. Je n'aime pas beaucoup, non plus, l'effet de désespoir que le viol tenté par Jenkins, autrefois, a produit chez elle, jusqu'à la dégoûter à jamais de l'amour et à lui faire considérer la vie sous l'aspect le plus sombre. Cela me semble bien mélodramatique. La plus chaste jeune fille peut être exposée à une pareille violence ; quand elle s'est défendue et délivrée, comme Félicia, avec une si belle révolte de pudeur, elle n'est point salie, et la vie reste large et gaie devant elle. Sans doute, le romancier a voulu étudier les effets de la mauvaise éducation, la chute fatale qui attend toutes les filles élevées dans la bohème artistique. Il est certain qu'une enfant grandie comme Félicia dans l'atelier de son père, peu surveillée par lui, sachant tout de bonne heure, restant plus tard sans soutien avec la seule passion de l'art, ne saurait avoir la marche droite d'une bourgeoise. Seulement, le tort est, me semble-t-il, de vouloir juger une pareille femme, à la mesure des autres femmes. Elle n'est plus une femme, elle est une artiste, surtout lorsqu'on pousse les choses jusqu'à lui donner du génie. Dès lors, on lui demande moins et plus à la fois. Il importe assez peu qu'elle ait des amants, il faut surtout qu'elle produise des chefs-d'œuvre. Je n'ai pas besoin de citer des exemples, tout le monde doit avoir présentes à la mémoire de grandes figures de femmes, dont on admire les œuvres, sans songer à juger leur conduite. Ces choses sont délicates, je n'insiste pas. J'aurais souhaité que M. Daudet montrât plus de tendresse pour Félicia, eût pour elle un cœur d'artiste, ne la sacrifiât pas, en un mot, à ces petites filles de la famille Joyeuse, qui ne sont que des poupées.

Justement, cette famille Joyeuse est le coin le moins réussi du roman. Comme je l'ai expliqué, l'auteur a reculé devant un tableau où la corruption parisienne tiendrait toute la place. Il est de tempérament tendre et équilibré, il a voulu une opposition, un petit bout du tableau où il pourrait mettre de la naïveté, de la pureté, toutes sortes de choses fraîches, qui reposeraient les lecteurs. Par principe, il ne manque jamais de réserver de la sorte une place pour la vertu dans tout ce qu'il écrit. Cela lui a réussi d'autres fois, il croit à la nécessité de ce gâteau de miel jeté au public. Seulement, cette fois, ses notes sur le vice parisien étaient si nombreuses et si complètes, qu'elles ont fatalement débordé. Et la pauvre famille Joyeuse disparaît presque entièrement, sous l'abondance et sous la puissance des terribles peintures qui l'entourent. A côté du relief puissant des choses vues, elle devient toute pâle, elle sent trop l'honnêteté conventionnelle. C'est, en somme, aimer fort mal l'honnêteté, selon moi, que de lui faire jouer un si pauvre rôle. Ainsi, lorsque, au dénouement, Jansoulet reçoit à la face le mépris d'une salle de spectacle, la famille Joyeuse est chargée de représenter uniquement la vertu, dans cette salle où le tout Paris artiste et mondain se trouve entassé. Mon Dieu! je sais que ce tout Paris-là est fort gangréné; mais, vraiment, c'est lui donner la partie belle que de vouloir l'écraser sous les mérites de la famille Joyeuse. Cela est un peu étroit. Les demoiselles Joyeuse n'ont pas plus de mérite à être honnêtes que les fleurs à sentir bon.

Il en est de même pour une autre partie du *Nabab*, dont je n'ai point encore parlé. M. Daudet avait eu une idée ingénieuse : il voulait montrer l'envers de certains événements, en les faisant raconter par les domestiques de ses personnages. En un mot, il s'agissait de peindre les maîtres, à travers les observations des domestiques. Malheureusement, cette idée était assez difficile à mettre en pratique. M. Daudet a dû inventer un domestique particulier, Passajon, qui a servi comme huissier dans une Faculté de province, et qui, après avoir amassé quelques sous, a été pris du fâcheux désir d'augmenter sa fortune en entrant à Paris, comme garçon, dans les bureaux de la Caisse Territoriale. Ce brave homme, un peu teinté de littérature, peut donc écrire ses mémoires. M. Daudet, de loin en loin, en donne des tranches ; et il s'est même amusé, par un caprice d'écrivain, à pasticher le style emphatique et plein de phrases toutes faites d'un ignorant qui se serait frotté à des professeurs de littérature. Mais c'est là un style fatalement ennuyeux, qui ne peut faire rire que les seuls lettrés, et dont l'ironie échappe ainsi au plus grand nombre. L'auteur l'a compris et n'a pas trop insisté. Cependant, la forme donnée par lui à cette partie de son livre, ces fragments de mémoires qui reviennent, ont suffi pour gâter l'idée. Et remarquez qu'il y a pourtant là des choses excellentes, d'une observation très vraie et très profonde, dans les derniers fragments surtout. Le cynisme des domestiques, ce monde de l'antichambre et de la cuisine qui reproduit les vices du salon en les rendant plus grossiers, demandaient simplement à être traités avec plus de carrure et de force.

On peut dire en somme que les parties supérieures du *Nabab* sont les parties vues et observées. Tout ce que M. Daudet a pris à la réalité lui a fourni des pages magistrales, d'une qualité hors ligne ; tandis que tout ce qu'il a dû inventer pour les besoins de son récit est certainement moins bon, et de beaucoup. C'est là, sous ma plume, un éloge pour M. Daudet. Ainsi que j'ai tâché de le faire comprendre, il a besoin d'être touché par une scène réelle, un personnage vivant, pour que son talent donne sa mesure. Il reste froid, lorsqu'il lui faut bâtir de toutes pièces. Et cela était plus sensible encore dans ses autres romans, dont l'affabulation est moins large que celle du *Nabab*. Cette fois, il n'a pas cherché à inventer une histoire, il a laissé les pages se dérouler, comme les faits se déroulent dans la vie. On ne peut guère regretter que la création de son Paul de Géry, le seul honnête garçon du livre, et de sa famille Joyeuse, au sujet de laquelle je viens de m'expliquer. Les uns et les autres font réellement une trop pauvre mine. Le roman aurait gagné beaucoup en largeur, s'il n'était pas gâté par ce coin de convention. Je sais que M. Daudet est encore persuadé à l'heure actuelle que ce coin lui a attiré la sympathie de beaucoup de lecteurs et qu'il l'a protégé contre bien des attaques. C'est là, à mon sens, une opinion fausse. Il se peut que quelques lecteurs sensibles tiennent à la famille Joyeuse ; mais la grande majorité, qu'elle s'en rende compte ou non, subit le plus ou le moins de puissance d'une œuvre, et c'est la puissance d'une œuvre qui finit par l'imposer à la foule. Tout ce qui retire de la puissance à un roman, que ce soit même des épisodes agréables, doit donc être impitoyablement retranché. C'est pourquoi je condamne la famille Joyeuse, à tous les points de vue.

Voilà mes restrictions faites, et je n'ai plus qu'à admirer. M. Alphonse Daudet a conquis définitivement avec le *Nabab* une haute situation de romancier. Malgré ses grands succès de *Fromont jeune et Risler aîné* et de *Jack*, beaucoup de gens lui refusaient encore la force. On lui reconnaissait toutes sortes de qualités charmantes, un art inimitable de conter les petites choses ; mais on s'obstinait à voir en lui un poète qui avait tort de ne pas s'enfermer dans des cadres plus étroits. Aujourd'hui, personne n'oserait le renvoyer à ses contes. Il a prouvé qu'il avait la main assez forte pour remuer des foules de personnages, pour distribuer les grandes masses de détails. Enfin, il s'est affirmé comme un analyste qui ne craint pas de descendre dans la nature humaine, aussi bas qu'il est nécessaire d'aller, pour tout voir et tout dire. C'est ainsi que son profil de Morny restera, et qu'on lira toujours son livre pour y trouver la senteur exacte de la société du second empire, au moment où elle se décomposait.

Je l'ai loué déjà de n'avoir pas inventé un drame pour servir de carcasse à son œuvre. Il s'est contenté de prendre de larges tableaux, en les reliant à l'aide d'une action strictement nécessaire. C'est là un sacrifice d'intérêt pour le public, dont on ne saurait trop le remercier. Il jouait gros jeu, car il dépaysait ses lecteurs. Heureusement pour lui que son sujet le portait, et qu'il l'avait assez vécu, pour l'animer d'une flamme de vie extraordinaire. La vie, voilà où est l'émotion puissante aujourd'hui. Comment expliquer que ce *Nabab*, sans intrigue, sans aucune des histoires connues qui séduisent le public d'habitude, ait un succès aussi grand que les anciens romans d'aventures de Dumas père? Une seule réponse est possible : c'est qu'une révolution s'est faite, c'est que les livres vivants prennent à cette heure les lecteurs aux entrailles. On en est venu à se passionner pour ces livres qui ne sont que des procès-verbaux. Et ce miracle a été accompli par le talent de quelques écrivains, qui ont su rendre la vie avec son frisson même, dans un style éclatant d'images. Le mouvement ne fait que de commencer, on ne peut prévoir jusqu'où il ira.

J'ai voulu saisir l'occasion du grand succès obtenu par le *Nabab*, pour appuyer ces idées d'un exemple. Évidemment, le roman est entré chez nous dans une période de triomphe qu'il n'avait jamais connue, même du temps de Balzac. On peut dire que les deux grands courants du siècle, le courant d'observation, partant de Balzac, et le courant de rhétorique savante, partant d'Hugo, se sont réunis, et que nos romanciers actuels se trouvent à ce confluent, à la naissance de cet unique fleuve du naturalisme pratiqué par des stylistes, qui semble désormais vouloir couler à pleins bords. Le romanesque a vécu, l'histoire commence ; je veux parler de cet amas considérable de documents humains qui s'entasse aujourd'hui dans les œuvres d'observation. On ne saurait croire par exemple quelle quantité énorme de faits, de remarques, de documents de toutes sortes, quelle vitalité débordante il y a dans le *Nabab*. Qu'on lise l'œuvre à ce point de vue, et l'on restera stupéfait du côté d'universalité que notre époque a donné au roman. Aujourd'hui, le roman est devenu l'outil du siècle, la grande enquête sur l'homme et sur la nature.

LES ROMANCIERS CONTEMPORAINS

I

Certes, il me faudrait dresser un catalogue, si je voulais simplement nommer tous les faiseurs de romans. Ils pullulent avec une terrifiante fécondité. Pendant l'hiver, de septembre à mai, il n'y a certainement pas de jour où deux ou trois romans ne poussent comme des champignons sur le sol français. Et Paris n'est point seul à produire ; la province s'en mêle, c'est une bousculade générale. Des libraires m'ont dit que jamais leurs vitrines ne seraient assez grandes, s'ils voulaient mettre pendant un jour seulement les romans nouveaux à l'étalage. J'ignore ce que peuvent devenir ces millions d'exemplaires de livres imprimés ; beaucoup ne se vendent pas et dorment dans les caves des éditeurs. On m'a conté qu'il y avait, à Paris, certaines maisons dont la spécialité était d'acheter au poids ces soldes d'exemplaires invendus et de les expédier en Amérique, dans l'extrême Orient, dans les colonies, jusque chez les sauvages, où elles s'en débarrassent à de très beaux prix, les lecteurs de ces pays lointains étant peu difficiles et dévorant tout ce qui vient de France. Souvent, j'ai rêvé de ce commerce, m'imaginant ces pauvres bouquins, dédaignés par nous, fêtés là bas, enthousiasmant de belles filles qui rêvent d'amour le soir, en les cachant sous leurs traversins. Chez nous, en ce moment, la production des romans est évidemment trop forte pour la consommation. Nous lisons trop de journaux, nous devons délaisser forcément les livres. Malgré notre passion pour les œuvres romanesques, un auteur a déjà un joli succès, lorsqu'il arrive à écouler un millier d'exemplaires d'un livre. Les éditions sont généralement de mille exemplaires. Il faut être très connu et avoir déjà un public fidèle, pour atteindre une deuxième édition. Au delà, on entre dans l'exception.

Cet excès de production des romanciers s'explique par l'importance peu à peu envahissante que le roman a prise à notre époque. Au siècle dernier, bien que grandi et élargi déjà, il n'était encore qu'un genre léger, dans la rhétorique du temps. Aujourd'hui, il s'est emparé de toute la place, il a absorbé tous les genres. Son cadre si souple embrasse l'universalité des connaissances. Il est la poésie et il est la science. Ce n'est plus seulement un amusement, une récréation ; c'est tout ce qu'on veut, un poème, un traité de pathologie, un traité d'anatomie, une arme politique, un essai de morale ; je m'arrête, car je pourrais emplir la page. On comprend que la grande majorité des auteurs aient adopté cette forme si séduisante, espérant être lus, jouissant d'ailleurs de la liberté la plus complète. De son côté, le public s'est passionné, à la suite du grand mouvement déterminé par Diderot et Rousseau. On s'est jeté dans l'amour, dans les grands sentiments, dans les grandes aventures. Le romantisme est venu, avec ses héros tragiques et superbes, avec ses inventions extraordinaires ; et, dès lors, la fortune du roman n'a fait que croître. Je dois ajouter que, dans ce débordement de fables romanesques qui flattaient le goût pervers des lecteurs et surtout des lectrices pour les mensonges aimables, la venue de Stendhal et de Balzac a un moment inquiété et désorienté le public. Ceux-là ne mentaient pas, avaient une saveur amère, désagréable au premier abord. Ils furent peu lus, ils moururent avant d'assister à leur triomphe. Mais ils apportaient la vérité qui triomphe toujours. A cette heure, ils sont parmi les plus grands, et ce sont leurs continuateurs qui tiennent les hautes situations actuelles dans le roman.

Je n'aime guère les classifications, car il faut toujours forcer les choses et les êtres pour les y faire entrer. Pourtant, voulant être clair, il me faut adopter un groupement quelconque, de façon à présenter nos romanciers avec quelque méthode. Je répète que je n'ai pas la prétention de les citer tous. Je ne prendrai que ceux dont le talent ou la situation me paraîtra caractéristique.

Les princes du roman, ceux qui tiennent aujourd'hui la tête, sont MM. Gustave Flaubert, Edmond de Goncourt et Alphonse Daudet. J'ai parlé longuement d'eux, et je n'ai pas à revenir sur les études que je leur ai consacrées. Ils portent haut et ferme le drapeau du naturalisme, ils continuent Balzac, chacun avec une originalité différente. Après eux, je ne puis guère nommer, parmi les descendants de Balzac, que MM. Hector Malot et Ferdinand Fabre.

M. Hector Malot a donné de grandes espérances. Quand il débuta par les *Victimes d'amour*, vers 1864, on crut à la venue d'un fils direct de Balzac. Les *Victimes d'amour*, publiées dans le *Constitutionnel*, eurent pour effet immédiat de révolter les abonnés, ce qui est un symptôme excellent en France. Ce fut alors que M. H. Taine se passionna pour M. Hector Malot. Il lui fit un article dans les *Débats*, qui classa le jeune romancier parmi les écrivains de talent. Malheureusement, après plusieurs autres œuvres, telles qu'*Un beau-frère* et la *Belle madame Donis*, où il y a encore des qualités d'observation précieuses, M. Hector Malot a peu à peu glissé à la production facile. Depuis quelques années, il s'est mis à bâcler des feuilletons pour le journal *le Siècle*, produisant des romans interminables où tout se délaie, le style, l'observation, la charpente. C'est un écrivain qui se noie.

M. Ferdinand Fabre a également débuté par une œuvre remarquable : *Les Courbezon*, où un prêtre campagnard et son entourage étaient étudiés avec un souci très fin du réel. Depuis cette époque, il a donné un roman d'une valeur plus grande encore : *l'Abbé Tigrane*, qui reste jusqu'à présent son meilleur livre. C'est l'histoire d'un prêtre ambitieux, pliant tout sous l'effort continu de sa volonté. M. Fabre a la spécialité des études sur le clergé. Il a grandi parmi les prêtres, il n'a aujourd'hui qu'à évoquer ses souvenirs pour peindre ce monde peu connu, où certaines passions et certains sentiments prennent un développement extraordinaire. L'égoïsme, l'orgueil, le besoin de domination, sont les leviers puissants des passions cléricales. Je dois dire toutefois que, malgré ses qualités indiscutables, M. Fabre n'a jamais eu que peu de succès. Son chef-d'œuvre, son *Abbé Tigrane*, a atteint péniblement une seconde édition, en plusieurs années. La partie faible du romancier est le style, qui, chez lui, est lourd et provincial; lorsqu'il a le malheur de s'y appliquer, il accouche des comparaisons les plus inattendues, des tournures emphatiques et prudhommesques dont on ne se sert plus que dans les journaux des petites villes reculées. D'autre part, pour expliquer le peu d'empressement du public, il est croyable que la spécialité dans laquelle l'écrivain s'est enfermé, ce monde des sacristies, paraît trop noir et trop sévère aux lecteurs; naturellement, il n'y a là ni femme, ni intrigue amoureuse, ce qui enlève tout l'intérêt passionnel. Enfin, peut-être M. Fabre n'est-il pas de taille à se mesurer avec ce géant, le clergé; Balzac, dans sa nouvelle du *Curé de Tours*, en a plus dit en quelques pages, que M. Fabre en plusieurs volumes. Dernièrement, M. Fabre, tourmenté sans doute par la fécondité de M. Malot, a écrit un long roman en quatre volumes: *la Petite Mère*, qui a paru dans le *Temps* et qui n'a eu aucun succès. Je crois, pour mon compte, que l'*Abbé Tigrane* restera le chef-d'œuvre du romancier, et qu'il ne fera désormais que délayer cette œuvre.

A côté de l'école naturaliste, qui a pris le haut du pavé, dans ces dernières années, le chef de l'école

réaliste, M. Champfleury, vit toujours ; mais, hélas !
c'est un chef sans soldats, et lorsque je dis qu'il vit
toujours, je dois ajouter qu'il est mort littérairement,
car depuis longtemps il n'a plus fait paraître un roman. Il y aurait toute une étude à écrire sur le mouvement réaliste que M. Champfleury détermina vers
1848. C'était une première protestation contre le
romantisme qui triomphait alors. Le malheur fut
que, malgré son talent très réel, M. Champfleury
n'avait pas les reins assez solides pour mener la
campagne jusqu'au bout. En outre, il s'était can-
tonné dans un monde trop restreint ; par réaction
contre les héros romantiques, il s'enfermait obstinément dans la classe bourgeoise, il n'admettait que
les peintures de la vie quotidienne, l'étude patiente
des humbles de ce monde. Cela était excellent, je le
répète ; seulement, cela restreignait la formule,
et l'on devait étouffer bientôt dans cet étranglement
de l'horizon. D'autre part, M. Champfleury écrivait
d'une façon très incorrecte ; la simplicité est une
bonne chose, mais l'incorrection n'est pas utile.
L'évolution devait avorter ; il y eut un peu de
bruit, puis le public passa à M. Gustave Flaubert et
à MM. Edmond et Jules de Goncourt, qui représen-
taient la vraie descendance de Balzac. Le pis a été que
M. Champfleury s'est découragé lui-même, en voyant
les lecteurs se retirer de lui. Il a cessé de produire,
il assiste aujourd'hui à sa propre mort littéraire, cette
affreuse mort qui est un abominable supplice pour
un écrivain, vieilli et oublié. Dernièrement, je sais
que de nouvelles éditions de ses romans les plus lus
autrefois ne se sont pas vendues à cinq cents exemplaires. J'ajouterai que le public fait là preuve d'ingra-

titude et d'injustice. Certaines œuvres de M. Champfleury sont exquises de naïveté et de sentiment. Il a droit à une place à part, au-dessous de Balzac. C'est un des romanciers les plus personnels de ces trente dernières années, malgré son horizon borné et les incorrections de son style.

Je rencontre maintenant sous ma plume le nom de M. Edmond Duranty, et je demande à m'arrêter, car le cas de ce romancier est un des plus intéressants que je connaisse en ce moment.

II

Tout jeune, vers 1856 je crois, M. Duranty partit en guerre, avec l'audace de ces belles années où il semble qu'on est appelé à transformer les lettres. Il soutint vaillamment les romans de M. Champfleury, qui étaient alors très discutés. Dès son début, à l'âge de toutes les erreurs, il combattait le romantisme, il voyait clair dans cette crise étrange de notre génie français. Il semble tout naturel aujourd'hui de juger froidement et sévèrement le mouvement de 1830. Mais il y a vingt ans, c'était là une hardiesse surprenante. Victor Hugo en exil avait grandi de cent coudées et s'imposait à nous tous comme un maître indiscutable. Les élèves de ce maître tenaient les hautes situations littéraires, le romantisme dans sa victoire apparaissait aux débutants comme l'émancipation des esprits, comme une large route désormais ouverte et où les siècles allaient rouler. Certes, venir à cette heure avec des convictions opposées, et attaquer le colosse dans son succès, cela n'était pas d'un esprit banal, cela annonçait tout au moins une nature.

Remarquez que M. Duranty ne reprenait pas la vieille querelle classique. Il mettait dans le même sac l'antiquité et le moyen âge. La polémique se déplaçait. Il ne reprochait plus aux romantiques d'avoir massacré les Grecs et les Romains, il les accusait de rompre la chaîne française, d'être les bâtards des littératures étrangères et non les fils légitimes de leurs pères du dix-huitième siècle. En un mot, il remontait à Diderot et à ses contemporains, comme aux seules sources vraies de nos œuvres modernes. Point de vue nouveau, qui depuis s'est imposé, mais qui étonnait beaucoup alors.

M. Duranty a donc été un des pionniers du naturalisme. Tout ce que nous disons aujourd'hui, il en a eu l'intuition avant nous. Son tempérament d'écrivain le prédisposait singulièrement à cette besogne. Il poussait à part, au milieu de ses contemporains. J'ai rarement rencontré un romancier plus dégagé des circonstances ambiantes. Il faut remonter à Stendhal, cet homme unique, dont la personnalité est restée si tranchée, dans le coup de folie contagieuse du romantisme. J'ai souvent confessé que nous tous aujourd'hui, même ceux qui ont la passion de la vérité exacte, nous sommes gangrenés de romantisme jusqu'aux moelles ; nous avons sucé ça au collège, derrière nos pupitres, lorsque nous lisions les poètes défendus ; nous avons respiré ça dans l'air empoisonné de notre jeunesse. Je n'en connais guère qu'un ayant échappé à la contagion, et c'est M. Duranty.

Souvent, lorsque je songe à nous, j'ai une conscience très nette du mal que le romantisme nous a fait. Une littérature reste longtemps troublée d'un pareil coup de folie. Toute logique, toute base de philosophie sérieuse, toute méthode scientifique, toute connaissance analysée des hommes et des choses, ont été balayées par ce brusque accès de lyrisme; et, depuis, nous n'avons pu retrouver notre équilibre. Dans de pareilles épidémies cérébrales, la génération malade n'emporte pas la maladie avec elle; le virus passe aux générations suivantes, il faut qu'il s'use de lui-même, dans plusieurs générations, pour disparaître complètement. Nous, les premiers venus après 1830, nous sommes les plus infectés; nos enfants le seront de moins en moins, et j'ai déjà remarqué, chez beaucoup de jeunes gens, une santé meilleure. Mais l'attaque a été si violente, qu'il faudra au moins cinquante ans encore pour débarrasser notre littérature de cette lèpre.

Là est donc, pour moi, la grande, la rare originalité de M. Duranty : il n'est pas romantique, il est naturaliste, sans théorie, par tempérament. C'est un fils immédiat du dix-huitième siècle, auquel il se rattache, comme si les littératures de l'Empire, de la Restauration et de Louis-Philippe n'avaient jamais existé. Sa seule parenté est Stendhal, un cousinage.

Le premier roman qu'il publia, vers 1860, *le Malheur d'Henriette Gérard*, eut un très joli succès. On en tira deux éditions. La critique fut très frappée de cette simple histoire, les amours contrariés d'un jeune homme et d'une jeune fille, dont l'auteur avait fait tout un drame poignant d'exactitude. Il y avait là un accent de sincérité, une science du détail, une analyse impitoyable, qui annonçaient un talent des plus originaux. M. Duranty put donc croire qu'il touchait au succès. Malheureusement, depuis cette époque, il a eu beau renouveler ses efforts, publier d'autres romans d'un accent très personnel, le public est resté froid. C'est une des plus grandes injustices de notre temps. M. Duranty n'occupe pas, dans l'admiration de nos lecteurs, la place à laquelle il a droit. Il est un des cinq ou six romanciers dont les œuvres devraient compter. Je crois connaître les raisons de ce déni de justice. Cela est triste à confesser pour moi qui combats si violemment le romantisme, mais nos succès, à nous tous, sont un peu faits du lyrisme qui s'infiltre quand même dans nos œuvres. L'époque est malade, je l'ai dit, et elle s'est prise d'un goût pervers pour l'étrange sauce lyrique à laquelle nous lui accommodons la vérité. Hélas! j'en ai peur, ce n'est pas encore la vérité qu'on aime en nous, ce sont les épices de langue, les fantaisies de dessin et de couleur dont nous l'accompagnons. Chez M. Duranty, rien de tout cela; aussi ne plaît-il pas. On lui a reproché de très mal écrire. Je dirai plutôt qu'il écrit sans nos rhythmes, sans nos recherches d'épithètes, sans nos prétentions picturales et musicales. Lui ne raffine pas tant, s'inquiète beaucoup plus de la vie que de l'art. A-t-il raison? Peut-être. Je confesse que cela me trouble parfois. En tout cas, il ne faut pas aller chercher ailleurs l'explication de cette carrière décourageante de romancier, un premier succès suivi d'une longue lutte restée sans résultat jusqu'à ce jour.

Un livre de M. Duranty est un régal très fin pour un cercle de gens lettrés. Il faut aimer sa personnalité un peu sèche, précise, qui procède par coups nombreux et exacts. Il a un sens très développé d'un certain comique pincé, du plus grand effet. Ce n'est pas la coulée énorme de Balzac, ce n'est pas davantage la tension systématique de Stendhal ; c'est la vie mise en petits morceaux et reproduite avec son train-train de tous les jours, si naturellement, que l'ensemble arrive à une très grande puissance. Enfin, ce qui fait le mérite rare de ses livres, c'est l'accent. Nous tous, nous nous ressemblons plus ou moins. Lui seul a cet accent. Cela suffit à le classer, quels que soient d'ailleurs les défauts qu'on puisse lui reprocher.

Voici la liste complète des œuvres de M. Duranty : *le Malheur d'Henriette Gérard, la Cause du beau Guillaume, les Combats de Françoise Duquesnoy, le Chevalier Navoni* et *les Six barons de Sept-Fontaines*. Je demande une justice complète pour le romancier, je conseille de lire les volumes dont je viens de donner les titres. Ils ne sont certainement pas connus à l'étranger, lorsque tant de nos romans médiocres y obtiennent un succès qui est une véritable honte pour nous. On pourra être dérouté d'abord par le goût un peu âpre des œuvres de M. Duranty ; mais on s'y habituera vite, on en sentira la fine saveur personnelle. Cela est pur de tout ragoût littéraire, cela est dans la véritable tradition française. Je ne sais pas de plus bel éloge.

III

J'aborderai maintenant un autre groupe de romanciers, ceux qui tiennent de George Sand et de Lamartine, les doux, les élégants, les idéalistes et les moralistes.

Un vétéran est encore debout, M. Jules Sandeau. Il a débuté, il y a bien des années, par un premier roman fait, comme on le sait, en collaboration avec George Sand. Plus tard, il a produit seul une douzaine de romans dont les plus célèbres sont : *Mademoiselle de la Seiglière, Sacs et Parchemins, Madeleine, le Docteur Herbeau.* Aujourd'hui, il est un des deux romanciers que compte l'Académie ; je parlerai tout à l'heure de M. Octave Feuillet, qui est le second. Depuis longtemps, M. Jules Sandeau n'a plus produit de romans. Il s'est absolument retiré de la vie littéraire active, on le rencontre parfois aux abords de l'Institut, fumant, se promenant comme un bon bourgeois, l'air paterne et détaché des gloires d'ici-bas. Jamais M. Jules Sandeau n'a eu des succès bruyants. C'est un délicat qui a plu dans le monde lettré par des qualités de demi-teinte. Il a eu surtout un public de femmes et de jeunes filles. Même il a gardé une bonne partie de ce public, car son éditeur me disait dernièrement que, depuis dix années, la vente de ses livres était constamment la même ; on ne vend pas un exemplaire de moins. C'est là un succès qui est à remarquer, dans nos temps d'engouement où un auteur est aussi vite adopté qu'il est oublié.

Le second romancier académicien, M. Octave Feuillet, a obtenu de véritables triomphes. Il y a douze ou quinze ans, dans les belles années de l'Empire, ses romans s'enlevaient à un nombre considérable d'exemplaires. *Monsieur de Camors*, *Sybille*, *Julia de Trécœur*, ont passionné un moment toutes les belles dames. On peut évaluer les exemplaires vendus de chacun de ses ouvrages à une trentaine de mille en moyenne. M. Octave Feuillet était alors le romancier aristocratique à la mode. On le fêtait aux Tuileries ; l'impératrice le tenait en une grande estime et le consultait souvent sur ses lectures. J'avoue ne pas aimer outre mesure le talent de M. Octave Feuillet, qui est un délayage de Musset et de George Sand ; toute son invention a été de se faire l'avocat du devoir et de la morale, où ses deux aînés s'étaient montrés les avocats de la passion. On l'a appelé assez méchamment et assez justement le Musset des familles ; depuis, il est vrai, il a voulu montrer qu'il ne reculait pas devant les peintures vives, et il a écrit des livres que les mères ne laisseront point entre les mains de leurs filles. D'ailleurs, j'ai une idée arrêtée sur la prétendue moralité des romanciers mondains ; j'estime que cette moralité est pleine d'immoralité ; rien n'est plus malsain, pour les cœurs et pour les intelligences, que l'hypocrisie de certaines atténuations et que le jésuitisme des passions contenues par les convenances. Tel est mon jugement sur M. Octave Feuillet ; mais je lui accorde volontiers un talent des nuances, un style correct et d'une distinction un peu cherchée. Dans ces derniers temps, son succès a beaucoup baissé. Les deux derniers livres qu'il a publiés : *Un mariage dans le monde* et *les Amours de Philippe*, ne se sont certainement pas vendus comme leurs aînés. Une secousse a bouleversé la France, l'époque n'est plus la même, l'auteur favori de l'impératrice Eugénie se trouve dépaysé. Puis, les romanciers naturalistes ont fait des pas de géant, *Fromont jeune et Risler aîné* et *le Nabab*, d'Alphonse Daudet, ont eu chacun quarante éditions, ce qui explique que le public, habitué maintenant à des peintures exactes, à une analyse minutieuse de la vie réelle, ne goûte plus autant les mensonges aimables et les intrigues romanesques de l'école idéaliste. M. Octave Feuillet n'en reste pas moins le soutien de la *Revue des Deux-Mondes*, qui n'a plus guère que lui pour représenter le roman français. Cette Revue n'a pas voulu ou n'a pas pu appeler à elle les romanciers naturalistes ; aussi, devant le triomphe absolu qu'ils remportent en ce moment, va-t-elle bientôt se trouver en dehors du mouvement, avec des romanciers de second et de troisième ordre. Pour risquer une comparaison, elle n'est plus éclairée que par le pâle soleil couchant de M. Octave Feuillet.

J'ai nommé l'Académie tout à l'heure, et, puisque l'occasion s'en présente, je veux faire une remarque qui m'a souvent blessé. L'Académie ne compte que deux romanciers, M. Jules Sandeau et M. Octave Feuillet, tandis qu'on y trouve jusqu'à quatre auteurs dramatiques : MM. Émile Augier, Alexandre Dumas, Victorien Sardou et Ernest Legouvé. Je ne parle pas des historiens qui sont encore plus nombreux. Or, je trouve ce partage des fauteuils parfaitement injuste. Le théâtre, à notre époque, est tout à fait inférieur ; je veux dire que la moyenne des œuvres jouées est d'une grande médiocrité. Au contraire, le roman tient le haut du pavé littéraire ; tout le génie de l'époque semble s'être concentré dans le roman, qui restera à coup sûr la caractéristique littéraire du dix-neuvième siècle, comme la tragédie et la haute comédie ont été la caractéristique du dix-septième siècle. Alors, pourquoi tant d'auteurs dramatiques et si peu de romanciers à l'Académie, qui se pique de représenter exactement la littérature française ? Certes, les hommes ne manquent pas. Est-ce que M. Gustave Flaubert, est-ce que M. Edmond de Goncourt ne devraient pas être de l'Académie depuis longtemps ? Si même on ne pèse que le mérite littéraire, sans distinction de genre, ne valent-ils pas dix fois M. Legouvé et M. Sardou ? C'est une honte que de laisser de pareils écrivains à la porte, lorsqu'on accueille tant de médiocrités. On reprochera toujours à l'Académie d'avoir refusé Balzac ; elle est en train de commettre de nouvelles fautes. Comme la *Revue des Deux-Mondes*, elle se met de parti pris en dehors du mouvement. Ce jeu pourrait finir par être dangereux pour elle. Si le mouvement s'accentue de plus en plus, comme je le crois, il viendra une époque où elle sera emportée.

J'ai bien peur que le jour où l'Académie aura un romancier à nommer, elle ne choisisse M. Cherbuliez, qui est un élève direct de George Sand. M. Cherbuliez est une autre colonne de la *Revue des Deux-Mondes*, et l'on sait que cette publication a la spécialité de fabriquer des académiciens. M. Buloz, s'il payait peu ses rédacteurs, les alléchait par la perspective d'un fauteuil académique, où il les ferait asseoir dans leurs vieux jours. M. Cherbuliez, sans avoir eu les triomphes de M. Octave Feuillet, est également un auteur aimé des dames. Il est genevois, et excelle dans l'étude des natures extraordinaires : toutes ses héroïnes sont des anges qui passent par l'enfer ou le purgatoire, des femmes fatales ou des filles énigmatiques, dont la vertu se dégage quand même au dénouement. Naturellement, les intrigues nagent en plein romanesque, la nature intervient comme toile de fond, avec des touches poétiques. Je préfère de beaucoup M. Octave Feuillet, qui au moins reste en France, et prend ses sujets dans notre monde ; tandis que M. Victor Cherbuliez ne choisit ses personnages que parmi les Polonais, les Hongrois, les Tyroliens, ce qui lui permet de mentir plus à l'aise. C'est une mode qui finit, et il faut se montrer doux pour les romanciers de la queue romantique. Ils seront bientôt assez punis par l'abandon du public. Les symptômes sont certains, les lecteurs se lassent de ces éternelles histoires à dormir debout, où le drame est fait des sentiments les plus faux et les plus alambiqués. Dès qu'une œuvre de vérité paraît, au contraire, dès qu'un roman qui étudie les réalités poignantes de la vie quotidienne est mis en vente, il y a, dans la foule des acheteurs, un frémissement qui indique nettement la victoire décisive des continuateurs de Balzac.

Je dirai encore un mot de M. Louis Ulbach, qui a beaucoup produit, dans des tons neutres. Celui-là dérive de Lamartine, qu'il a connu, et dont il a pris la manière fluide et mollement imagée. Son seul succès a été son roman : *Monsieur et madame Fernel*, une peinture de la vie de province assez exacte. Ses vingt-cinq ou trente autres romans se sont vendus raisonnablement, à deux ou trois éditions en moyenne. Aujourd'hui, il travaille encore beaucoup ; il ne se passe pas d'année où il ne jette dans la circulation deux ou trois volumes ; mais la critique ne s'occupe plus de lui, il est en dehors de la littérature militante. J'ai cité M. Ulbach, parce qu'il est le type bien net des romanciers qui passent pour écrire des romans littéraires ; on entend par là des romans qui ont des prétentions au style, où il y a des descriptions et des analyses, par opposition aux romans feuilletons, qui sont bâclés sans aucun souci de la grammaire ni du bon sens. Rien n'est curieux à étudier, comme le style de M. Ulbach ; c'est un style mou, qui s'en va par filandres, avec des intentions poétiques à tous propos. Les comparaisons s'entassent, les images les plus imprévues se heurtent, les phrases flottent comme des mousselines peinturlurées, sans qu'on sente dessous une carcasse solide et logique, cette carcasse résistante qui doit tout porter, et qui seule indique un écrivain de race. En somme, il n'y a que des intentions de style ; le style manque, la façon personnelle de sentir, le mot juste qui rend la sensation. M. Ulbach n'en a pas moins passé pour un écrivain, dans les journaux et dans un certain public. Tout à l'heure, j'étudierai complètement le cas, en parlant de M. Jules Claretie.

Voilà à peu près les plus connus des romanciers idéalistes. Je ne veux pas descendre encore, en m'occupant par exemple de M. Louis Enault, qui est la caricature du genre. Celui-là a inventé la pommade de l'idéal, le sirop du romanesque. Dans ces bas-fonds de l'idéalisme, je pourrais indiquer encore M. Paul Perret, auquel la *Revue des Deux-Mondes* aux abois a dû parfois s'adresser. Il est un sous-Cherbuliez, comme M. Cherbuliez est un sous-Feuillet. A ce degré, tout talent s'effondre, la médiocrité coule à plein bord. Les œuvres sont les premières venues, et il n'y a plus d'utilité à les classer.

Je me reprocherais toutefois d'oublier M. André Theuriet. Celui-là aussi est un idéaliste, et il y a dans ses œuvres un ressouvenir de George Sand. Mais je lui fais volontiers grâce, pour le charme exquis qui se dégage du moindre de ses récits. Il est modeste, d'ailleurs, et se contente de courts romans qui ne sont guère que des nouvelles. Paris lui réussit peu ; lorsqu'il y place une scène, il est rare qu'il s'en tire brillamment. Il lui faut la province, il lui faut surtout les grands bois, les forêts où il a vécu des années. Alors, il est tout à fait adorable. Ses personnages, qui appartiennent un peu à la convention, prennent une véritable vie, sous les arbres, le long des allées profondes. On s'intéresse à leurs amours, bien que l'intrigue reste à peu près toujours la même. Cela est frais, cela sent bon. M. André Theuriet est, selon moi, le seul romancier nouveau qu'on puisse lire avec plaisir dans la *Revue des Deux-Mondes*. Longtemps, il n'a pas eu de succès. Ses premiers livres : *Mademoiselle Guignon*, *la Fortune d'Angèle*, ne se sont pas vendus d'abord à une édition. Il a publié ensuite *le Filleul d'un marquis*, et le succès est venu peu à peu ; aujourd'hui, ses romans arrivent à une seconde édition. Le cas de M. Theuriet devrait faire réfléchir la *Revue des Deux-Mondes*. Voilà un romancier dont elle publie les œuvres depuis plusieurs années, et ces œuvres, une fois en volumes chez un éditeur, ne trouvent que de rares acheteurs, malgré leur mérite très réel. Que penser alors de la prétention de la *Revue des Deux-Mondes*, qui croit et déclare bien haut qu'elle fait le succès des écrivains dont elle publie les œuvres? Lorsqu'elle imprime un romancier, elle lui insinue que c'est un grand honneur pour lui, et que, dès ce moment, sa fortune littéraire est faite. C'est là une erreur, les faits le prouvent. M. Paul Perret, collaborateur de la *Revue des Deux-Mondes*, ne se vend pas du tout en librairie, et M. André Theuriet se vend très peu. La vérité est que la *Revue des Deux-Mondes* ne lance jamais un écrivain dans le grand public; il faut conquérir ce public soi-même, par son talent.

Tel est le bilan du roman idéaliste en ce moment. Une seule recrue aimable, M. André Theuriet, et des généraux fourbus, tels que M. Octave Feuillet et M. Cherbuliez. Je n'ai point nommé Victor Hugo, parce qu'il faut le mettre constamment à part; lui, n'a pas écrit des romans, mais des poèmes en prose. D'ailleurs, son influence est nulle dans le mouvement actuel. Je ne lui connais qu'un élève, M. Léon Cladel, dont je m'occuperai tout à l'heure. Le roman idéaliste craque donc et tombe en miettes. On peut prévoir le jour prochain où il mourra de sa belle mort, par faute de romanciers. Je ne vois pas, dans la génération qui grandit, un seul écrivain de talent qui consente à chausser les souliers de George Sand. Je vois, au contraire, toute une poussée de jeunes auteurs prêts à suivre la voie si largement ouverte par Balzac. C'est là qu'est l'avenir, c'est là qu'est la vie. Avant dix ans, la situation sera tout à fait nette, on n'aura plus qu'à constater le triomphe complet du naturalisme.

IV

Je ne puis faire entrer tous les romanciers dans les cases d'un système. Maintenant, je donnerai donc de courtes notes sur certaines personnalités qui se sont mises en dehors de la querelle des idéalistes et des naturalistes.

Je songe souvent à M. Edmond About avec étonnement. Sa carrière d'écrivain a été pleine de surprises. Il faut se rappeler ses débuts, dans les belles années de l'Empire. Il se révéla comme un polémiste de premier ordre, fin, spirituel, sceptique, ayant hérité, non pas peut-être comme on le disait de la canne de Voltaire, mais tout au moins de sa badine. Son livre sur la Grèce, son livre sur Rome, bien qu'un peu vides en somme, eurent un succès considérable, grâce à la légèreté et à la belle humeur du style. En outre, M. About débutait comme romancier avec beaucoup d'éclat. Ses *Mariages de Paris*, un recueil de nouvelles, eurent presque tout de suite dix à douze éditions. Il ne se reposait guère, il lançait coup sur coup *Tolla*, *Germaine*, *Trente-et-quarante* ; enfin, il faisait paraître *Madelon*, son meilleur roman selon moi, une étude de fille écrite avec une verve endiablée. Puis, après deux fantaisies qui furent très discutées : *l'Homme à l'oreille cassée* et *le Cas de monsieur Guérin*, il publiait un interminable roman en trois gros volumes : *la Vieille Roche*, où tout son talent se noyait et s'alourdissait. Et c'était fini, le romancier mourait brusquement en lui. Depuis cette œuvre, publiée il y a plus de dix ans, M. About n'a pas, je crois, donné un seul livre à son éditeur. Le plongeon a été complet pendant plusieurs années. On aurait pu croire qu'il était mort. Enfin il a pris la direction d'un journal, *le XIX° siècle;* il est aujourd'hui rédacteur en chef, faisant d'excellentes affaires d'argent, retrouvant parfois sa plume alerte des bons jours. N'importe, je ne connais pas de cas plus singulier dans notre littérature actuelle : un homme aux débuts si brillants, un écrivain dont les qualités maîtresses étaient l'activité et la fécondité, et qui tout d'un coup se retire de la production, comme s'il était vidé et qu'il n'eût désormais plus rien à dire. J'ai cherché l'explication du fait, je crois pouvoir affirmer que le grand malheur de M. About a été de ne croire à rien, pas même à la littérature. Ils étaient, en son temps, un petit groupe à l'École normale, qui affectait de se prendre d'une belle passion pour Voltaire. Le pis a été que certains ont dû rêver de recommencer la besogne de Voltaire. M. About, par exemple, a voulu être polémiste, pamphlétaire, conteur, philosophe, économiste. Seulement, les temps ont changé, la besogne de Voltaire ne saurait se reprendre dans les mêmes conditions. Ajoutez que le scepticisme était de rigueur. Un jour, M. About a dû se demander : « A quoi bon ? » Il n'était pas convaincu, il n'avait pour lui que son esprit, déjà blasé sur toutes les batailles et sur toutes les victoires. Autant se tenir tranquille chez soi et vivre de ses rentes. En outre, l'époque politique devenait obscure ; impossible de deviner où allait être l'avenir certain. M. About, de tendances libérales, s'était fait le commensal et l'ami du prince Napoléon, à tout hasard. Dans la tempête de 1870, il a disparu. Actuellement, il a reparu républicain. Mais si le polémiste est ressuscité, vieilli et un peu fourbu, le romancier semble être resté pour jamais dans la bagarre. On peut le juger d'une façon définitive. C'était plutôt un conteur. On sentait trop qu'il ne croyait pas à ses personnages ; il les faisait danser au bout de sa plume, pour s'amuser lui-même et amuser les autres. Toujours l'auteur était derrière la page qui se moquait. Ce manque de conviction donnait beaucoup de légèreté à l'œuvre, mais lui enlevait tous les côtés profonds. L'analyse restait superficielle, l'œuvre n'était que facile et plaisante. M. About ne laissera pas un type, pas une page forte et définitive. Il a été l'imprévu, un conteur qui s'est éveillé un matin plein d'esprit, qui a égayé un instant l'honorable société, puis qui, en se couchant le soir, a soufflé sa bougie pour toujours.

Le cas de MM. Erckmann-Chatrian est également très intéressant. Alsaciens tous deux, liés par une sympathie de natures semblables, ils ont commencé par écrire des contes sur leur pays. Au début, ils étaient les élèves d'Hoffmann, ils aimaient à relever d'une pointe de fantastique les peintures réelles des mœurs alsaciennes. Plus tard, ils élargirent leur cadre, sans quitter les horizons où ils étaient nés et où ils avaient grandi ; et l'on put dire alors qu'ils étaient les peintres fidèles et émus de l'Alsace, car ils nous en firent connaître les campagnes, les habitants, les coutumes, dans des tableaux aussi adorables que minutieux. Mais, bien qu'ils eussent allongé leurs récits, bien qu'ils donnassent à leurs ouvrages le titre de romans, ils demeuraient quand même des conteurs, employant toujours les mêmes poupées comme personnages, ne descendant jamais dans la

créature humaine, faisant défiler leurs scènes ainsi
que des images vivement coloriées, sous les yeux du
lecteur. Le succès leur vint tout à coup, et il fut
immense. Certes, leur talent si fin et d'une saveur
si particulière était pour beaucoup dans l'aventure.
Mais il faut dire aussi que les circonstances aidè-
rent singulièrement. La politique se mêla à l'affaire.
Dans leurs romans : *Madame Thérèse* et *le Conscrit
de* 1813, qui restent leurs chefs-d'œuvre, ils avaient
fait une peinture terrible des guerres de l'Empire,
sous une note pleine de bonhomie ; ils avaient surtout peint avec une grande justesse le sentiment du
peuple sur la guerre, ses répugnances à quitter ses
foyers, son patriotisme égoïste, son besoin invincible de paix et de liberté. L'opposition minait déjà
sourdement l'Empire, les romans de MM. Erckmann-
Chatrian furent accueillis avec enthousiasme comme
une protestation anticipée contre des guerres possibles. Ces romans avaient un souffle républicain ;
d'autre part, ils pouvaient entrer dans les familles,
ne remuant aucune passion, aucun adultère, aucune
situation trop vive ; enfin, ils étaient d'une lecture
agréable. De là, leur immense succès. On alla jusqu'à
les appeler des « romans nationaux ». Les éditions
se succédèrent, dans tous les formats. Une centaine
de mille d'exemplaires furent vendus. C'est une des
plus belles ventes du siècle. Aujourd'hui, il faut en
rabattre. *Madame Thérèse* et *le Conscrit de* 1813 restent des œuvres aimables ; mais rien de plus. On y
cherche en vain l'humanité. Les auteurs n'ont donné
qu'une note, et ils ont eu le tort de ne pas imiter le
brusque silence M. About. Malheureusement, le succès n'a fait que les rendre plus féconds. Autre malheur,

ils se sont jetés de plus en plus dans la politique, en croyant que le succès était là. Alors, ils ont accouché de longs romans, eux qui n'étaient réellement faits que pour le conte, que pour la courte nouvelle sentimentale. Ils ont écrit l'*Histoire du plébiscite*, les *Mémoires d'un homme du peuple*, d'autres ouvrages encore dont les titres m'échappent, mais qui tous cherchaient leur intérêt dans la propagande républicaine. Tout cela est très inférieur. L'élan dans le public était trop grand pour que la vente s'arrêtât sur le coup. Seulement, peu à peu, le bruit qui se faisait autour de MM. Erckmann-Chatrian s'apaisa, la critique se désintéressa de leurs productions nouvelles, l'indifférence s'élargit autour d'eux. Et cela était fatal, je l'avais même prédit dans une étude, au moment de leur triomphe. Ils ne possédaient pas les qualités solides, qui fixent une réputation; ils n'entraient pas assez avant dans la créature humaine; ils n'apportaient pas un monde vivant, ayant une vie assez intense pour vivre en dehors d'une mode. Tout succès qui se présente dans des conditions pareilles, sur des œuvres aimables n'ayant qu'une vérité de surface, est fatalement un engouement; et plus l'enthousiasme a été grand, plus la réaction est violente. On ne parle déjà plus de MM. Erckmann-Chatrian. J'ignore s'ils produisent encore. Le dernier bruit qu'ils ont fait a été soulevé par leur comédie de l'*Ami Fritz*, au Théâtre-Français, que j'ai beaucoup soutenue pour la note naturaliste qu'elle apportait au théâtre.

A côté de MM. Erckmann-Chatrian, je dirai un mot de M. Jules Verne. Celui-là n'écrit pas précisément des romans; il met la science en drame, il se lance dans les imaginations fantaisistes en s'appuyant sur les données scientifiques nouvelles. En somme, ce sont bien des romans, et des romans plus aventureux et plus imaginaires encore que les nôtres. Le goût public est à ces vulgarisations amusantes de la science. Je ne discute pas le genre, qui me paraît devoir fausser toutes les connaissances des enfants. Je déclare, quant à moi, préférer de beaucoup le *Petit Poucet* et la *Belle-au-Bois-Dormant*. Mais je suis bien forcé de constater le succès, qui est stupéfiant. M. Verne est certainement, à cette heure, l'écrivain qui se vend le plus en France. Chacun de ses livres : *Cinq semaines en ballon*, *le Tour du monde en 80 jours*, *les Fils du capitaine Grant*, d'autres encore, se sont enlevés en librairie à cent mille exemplaires. Ils sont dans les mains de tous les enfants, ils ont leur place marquée dans la bibliothèque de toutes les familles, ce qui explique leur débit considérable. Cela, d'ailleurs, n'a aucune importance dans le mouvement littéraire actuel. Les alphabets et les paroissiens se vendent également à des chiffres considérables.

Enfin, je terminerai par M. Gustave Droz. Lui aussi a créé un genre. Pendant plusieurs années, il a régné dans la *Vie parisienne*, ce journal mondain qui a été comme le journal officiel des élégances de l'Empire. M. Gustave Droz était le peintre d'une société un peu factice, qui jouait aux vices aimables, ainsi que le dix-huitième siècle a joué aux bergeries. Il faut lire son chef-d'œuvre : *Monsieur, Madame et Bébé*, pour comprendre toute la grâce fardée de ce monde. Sans doute, la note est un peu forcée, on le sent très bien aujourd'hui. Mais le grand mérite du peintre a été de dessiner des silhouettes qui resteront certainement comme des indications excellentes sur la société du second Empire. On lui a reproché d'avoir trempé sa plume dans la poudre de riz. Certes, il l'a fait, et ce sera son titre de gloire, car lui seul a donné le tableau d'un intérieur élégant, vers 1867. M. Gustave Droz produit toujours, mais il n'a pas retrouvé le succès de *Monsieur, Madame et Bébé*, dont la vente a été considérable.

V

Il y a maintenant toute une classe de romanciers qu'il serait très intéressant d'étudier. Je veux parler des bâcleurs de feuilletons, des élèves de Dumas père.

D'abord, il faut dire que les conditions du roman-feuilleton ont complètement changé. Autrefois, il y a une quarantaine d'années, lorsqu'on inventa de couper un roman par tranches, et de le débiter quotidiennement au rez-de-chaussée d'un journal, l'invention eut un succès énorme. Les lecteurs, en ce temps-là, ne mordaient guère aux journaux ; le système des informations rapides n'était pas né, il fallait de la bonne volonté pour avaler les articles sérieux et lourds. Le roman-feuilleton fut donc un appât tendu aux abonnés, aux femmes surtout ; il est de règle, en journalisme, que, dans la maison, il faut avoir la femme pour soi, si l'on veut que l'abonnement se renouvelle. Les femmes mordirent au roman-feuilleton, la vogue fut incroyable. On peut dire que, dans ces temps-là, on donnait le roman-feuilleton d'abord, et le journal par-dessus. C'était le roman qui était la raison d'être du journal. De là, l'importance considérable du feuilleton, et la réputation si bruyante de Dumas père, d'Eugène Sue, de Paul Féval, d'Elie Berthet et tant d'autres.

Mais, aujourd'hui, les temps sont changés. Le journalisme a pris une extension formidable, grâce à la rapidité des informations, grâce surtout à la fièvre qui s'est déclarée dans le public, fièvre de curiosité qui veut tout connaître, et à l'instant même. L'intérêt n'est plus au rez-de-chaussée, mais dans les colonnes mêmes du journal. D'autre part, les inventeurs du genre, les conteurs de la première heure ont vieilli, et les romanciers nouveaux, ces terribles romanciers naturalistes qui s'oublient dans des descriptions et des analyses de dix pages, produisent des œuvres qui entrent malaisément dans le cadre des feuilletons. Eux, ne cultivent plus « la suite au prochain numéro », cette suspension de l'intérêt sur une péripétie dramatique, qui était au fond toute la science des feuilletonnistes. Aussi leurs romans font-ils la plus piteuse mine, coupés en tranches, défigurés, n'ayant plus le balancement de lignes de leur large dessin.

Les lecteurs des journaux en sont donc venus à mépriser les romans, ou du moins à ne pas les lire, quitte à les retrouver en volumes, s'ils en valent la peine. La situation est exactement contraire à celle de jadis : on vend aujourd'hui le journal pour le journal, et l'on donne un feuilleton par-dessus le marché. Il semble, dès lors, qu'il serait plus simple de supprimer le feuilleton. Le malheur est qu'il y a toujours la question de la femme, chez l'abonné. Il

faut un feuilleton pour la femme. On le lui donne au
petit bonheur, voilà tout. J'ai souvent causé de cela
avec des directeurs de journaux, et je leur disais
qu'ils avaient bien tort de publier des œuvres littéraires très soignées, que la coupe quotidienne
rendait presque inintelligibles et qui n'avaient d'ailleurs qu'un succès très médiocre. A quoi bon s'entêter, lorsque la formule du roman a changé ?
pourquoi vouloir faire entrer dans un cadre inventé
par les conteurs, les œuvres des romanciers naturalistes qui ont besoin d'espace et qui ne sont
guère à l'aise que dans une Revue, pouvant mettre d'un coup deux feuilles d'impression à leur
disposition ? A cela, les directeurs m'ont toujours
répondu qu'ils n'avaient, il est vrai, aucun gain,
quand ils publiaient, par exemple, un roman d'Edmond de Goncourt ou d'Alphonse Daudet ; seulement,
cette publication est honorable pour un journal, et
lui donne un bon renom littéraire. Il n'y a qu'à s'incliner devant un tel argument. Reste la question de
savoir si les romanciers naturalistes n'éprouvent pas
un tort véritable à laisser dépecer leurs œuvres dans
les cases étroites des feuilletons. Pour ma part, je
suis d'avis que nous ne devrions donner nos romans
qu'à des Revues. Le malheur est qu'il n'y a pas de
Revue en France ; seule, la *Revue des Deux-Mondes* a
pu y réussir, et elle est restée en dehors du mouvement littéraire actuel.

Si les œuvres des romanciers naturalistes ne sont
pas faites pour la publication en feuilletons, il y a
toujours des romanciers qui fournissent exclusivement le rez-de-chaussée des journaux. Seulement,
la littérature n'est plus en question. Nous descen-

dons dans la fabrication au jour le jour. Les œuvres ne sont plus médiocres, elles sont nulles. Toutefois, une étude sur le roman français ne serait pas complète, si l'on ne disait un mot d'une production qui est considérable. Les romanciers feuilletonnistes pullulent ; on les compte par douzaines, et si l'on additionnait le nombre de lignes qu'ils publient chaque jour, on arriverait à un total stupéfiant. C'est une consommation courante de la part du public, comme la consommation de l'huile ou des pommes de terre. Il faut aux lecteurs une certaine somme d'aventures romanesques matin et soir, et il y a des entrepreneurs de papier imprimé qui se chargent de la fourniture. Cela va le plus souvent sans aucune conséquence de réputation. L'existence d'un grand nombre de romanciers-feuilletonnistes est profondément ignorée. Pourtant, certains arrivent à une véritable popularité ; à force de voir leurs noms au bas des feuilletons, on les retient. Puis, il en est qui exercent une puissance indiscutable sur la foule. D'ailleurs, je vais étudier les différents cas.

Ce qu'il faut dire avant tout, c'est que les créateurs du genre étaient des maîtres, en comparaison de leurs continuateurs. Certes, au point de vue littéraire absolu, la valeur d'Alexandre Dumas père et d'Eugène Sue reste aujourd'hui très discutable. Mais quelle puissance d'invention, quelle verve, quelle haleine héroïque ! Ils ont gaspillé plus de talent qu'il n'en aurait fallu pour laisser des chefs-d'œuvre, s'ils avaient consenti à produire moins, en s'appuyant sur un style personnel et sur la vérité des observations. Pendant plus d'un quart de siècle, ils ont passionné tous les lecteurs français. Aujourd'hui, il est vrai, leurs œuvres forment un tas, une charretée de vieux bouquins de plus en plus illisibles, qui finiront dans les greniers, rongés par les rats. On avait songé un moment à publier les œuvres choisies de Dumas père et d'Eugène Sue ; mais on a dû y renoncer, ne sachant quoi prendre au milieu de ce fastras, comprenant que tout devait être également condamné à l'oubli.

Plusieurs contemporains de Dumas père vivent encore. M. Paul Féval, par exemple, a été un des créateurs du roman-feuilleton. Aujourd'hui, il ne produit plus, ou du moins il produit dans une telle solitude, que depuis longtemps mes yeux ne sont pas tombés sur une nouvelle œuvre de lui. Une singulière évolution a eu lieu dans cet esprit hanté des tableaux les plus romanesques : la dévotion l'a pris tout entier, et il tourne à l'illuminisme. Ce n'était pas une intelligence commune, il aurait pu certainement écrire des œuvres littéraires. Son bagage est considérable, mais il est bon dès maintenant à vendre à la livre. Je citerai aussi M. Elie Berthet, qui date des beaux jours du feuilleton. Il est bien vieux, bien cassé ; pourtant, il ne s'est point arrêté, chaque année il publie encore trois ou quatre volumes. Je ne parle pas, bien entendu, du mérite littéraire de ses œuvres. Ce sont des récits honnêtes, fabriqués consciencieusement sur les meilleurs patrons du genre.

Un des plus célèbres romanciers-feuilletonnistes, parmi ceux qui ont hérité des procédés des maîtres, a été Ponson du Terrail. Celui-là est venu bien après Dumas père et Eugène Sue, en plein second Empire, et il a eu une vogue tout aussi grande que celle de ses aînés. Il est mort, pendant la guerre, en 1871. C'était un grand travailleur, tel est le plus bel éloge qu'on puisse faire de lui. On raconte qu'il menait à la fois quatre ou cinq romans, dont il écrivait les feuilletons au jour le jour. Les *Exploits de Rocambole* sont restés célèbres. Il avait créé ce personnage de Rocambole, un être universel, tantôt ouvrier, tantôt gentilhomme, dont les aventures entre ses mains devenaient inépuisables. Moins scrupuleux encore que Dumas père et Eugène Sue, se lançant gaillardement dans toutes les invraisemblances, multipliant les faits extraordinaires, ne s'arrêtant pas une seconde aux questions de style, il avait conquis le gros public, au point qu'un roman de lui assurait la fortune d'un journal.

Aujourd'hui, nous n'avons pas un seul romancier-feuilletonniste qui puisse lui être comparé, comme puissance sur la foule. Je ne puis citer que M. Emile Richebourg qui, dernièrement, a eu un très grand succès dans le *Petit Journal*. Celui-là a pris le lecteur par la sentimentalité. Il est plein de sensiblerie, il met en scène des mères qui aiment leurs enfants, des amoureux qui s'adorent, des héros qui sanglotent et se dévouent à la fin de chaque chapitre. Le public a tellement mordu à ces douceurs, que, pendant un moment, M. Emile Richebourg a fait prime sur la place. Sa collaboration se chiffrait par un nombre énorme d'exemplaires vendus. On m'a affirmé que, lorsqu'il a quitté le *Petit Journal*, la vente a baissé brusquement de quarante mille exemplaires ; et, quand il y est rentré, avec un nouveau roman, les quarante mille acheteurs sont revenus, augmentés de dix mille autres. Certes, ce ne sont pas les romanciers naturalistes qui font monter ainsi la vente des journaux. Il est vrai que, lorsque leurs œuvres paraissent en volumes, elles s'enlèvent à de gros chiffres, tandis que les romans-feuilletons n'ont, plus tard, qu'un succès assez médiocre en librairie.

Je n'ai pas la prétention de dresser ici une liste plus ou moins exacte des romanciers-feuilletonnistes. Ils sont d'abord trop nombreux ; ensuite il est peu utile de les dénombrer, car il n'y a pas de différences à établir entre eux, tous ont aussi peu de talent, aussi peu d'originalité. Je nommerai pourtant M. du Boisgobey qui fait plus proprement que les autres, et M. de Montépin, un auteur qui semblait fini depuis longtemps, et qui, sur le tard, a remporté de grands succès, grâce à l'immense publicité du *Figaro*.

VI

J'ai voulu garder M. Jules Claretie, pour le prendre comme un exemple typique, et pour expliquer comment on peut avoir toutes les apparences du talent, en restant un romancier parfaitement médiocre.

M. Claretie est un cas général, dans notre littérature actuelle ; j'irai jusqu'à dire qu'il est un symbole. Il a débuté tout jeune dans le journalisme. Il n'avait pas dix-sept ans, vers 1857, qu'il écrivaillait déjà dans les feuilles littéraires de l'époque. Plus tard, on le trouve au *Figaro*, où il faisait les Échos parisiens. Et, dès lors, il a inondé la place de sa prose, avec une fécondité, une abondance incroyable. Il n'y a pas de journal où il n'ait glissé de la copie, il n'y a pas de genre qu'il n'ait abordé, critique littéraire, critique dramatique, chronique, article politique, correspondance, voyage, roman, histoire, théâtre. C'est une fontaine dont le robinet est continuellement ouvert ; l'eau coule toujours avec la même aisance, toujours avec la même vitesse. Si l'on additionnait la somme des pages qu'il a déjà écrites, on arriverait à un bagage de livres imprimés plus gros que celui de Voltaire ; et M. Jules Claretie n'a pas quarante ans ! On dit, par plaisanterie, qu'il est malade, lorsqu'il n'a pas écrit ses cinq cents lignes le matin, avant de déjeuner.

Je ne veux pas examiner ici ses livres d'histoire ni ses critiques littéraires et dramatiques. Cela me mènerait trop loin. Je ne m'en prendrai qu'au romancier. Il a déjà un joli nombre de romans, une douzaine au moins.

Un des premiers, *Joseph Burat*, fit quelque bruit. C'est l'histoire du fils d'une femme perdue, un garçon qui se fait justicier au dénouement. On crut trouver là des qualités de vigueur, la promesse d'un talent qui allait s'affirmer de plus en plus. Quand, plus tard, *Madeleine Bertin* parut, on espéra un styliste ; le livre contenait des pages écrites avec charme, des descriptions joliment faites, des scènes adroitement menées. Et il en fut ainsi à la publication de chacun de ses romans : *les Femmes de proie, les Muscadins, le Beau Solignac, le Train n° 13* ; tous ces livres étaient proprement écrits, avec un véritable souci littéraire, et montraient çà et là des bouts d'observation, des bouts de talent. Pourtant, les volumes s'entassaient, avec une désespérante monotonie. Ils demeuraient tous semblables, ils étaient aussi bons et aussi mauvais les uns que les autres. Et, à mesure que le tas grossissait, il s'en dégageait de plus en plus une insupportable odeur de médiocrité. M. Jules

Claretie promettait toujours, mais ne tenait jamais.

J'ai souvent réfléchi à ce cas. Il est un des plus navrants qu'on puisse voir. Je répète que l'écrivain a des allures littéraires, qu'il a une bonne tenue de style, qu'il campe un personnage comme un maître, qu'il possède en un mot tous les caractères de surface du talent. Et, quand on l'ouvre, il est vide ; c'est un fruit qu'un ver a mangé intérieurement et qui s'écrase, dès qu'on le touche. Il a une facilité déplorable, une faculté d'assimilation qui lui permet d'être tout ce qu'il veut, sans jamais rien être par lui-même. Sa plume court sur le papier, et ce n'est pas sa personnalité propre qui la conduit, ce sont les personnalités des autres, les souvenirs que malgré lui, par la force de sa propre nature d'imitation, il emprunte à droite et à gauche. Il vit grâce à l'air ambiant, il prend les idées qui volent et l'effleurent ; jamais une idée ne lui sort directement du cerveau. Il a le procédé de ce maître, puis le procédé de cet autre maître, tout cela naïvement, sans qu'il s'en aperçoive, parce qu'il est né pour cela. Il est et restera un miroir : chacun de nous peut aller se regarder en lui et se reconnaître. En un mot, et pour le résumer par une image, il écrit sous la dictée de tous.

Je le comparerai un instant à M. Alphonse Daudet. Je prends ce romancier, parce qu'il est un des plus sensitifs que je connaisse. Par exemple, M. Alphonse Daudet est mis en présence d'un spectacle, d'une scène. Cette scène le frappera vivement, et s'il la raconte un jour, il l'évoquera à la suite de tout un travail de mémoire et d'imagination. Ce sera bien la scène telle qu'il l'aura vue ; seulement, il lui donnera une vibration particulière, il s'y mettra tout entier avec sa sensation propre, il la rendra vivante de sa vie personnelle. Et, dès lors, cette scène vivra, elle sera trempée de larmes, ou elle éclatera de verve comique ; elle contiendra, entre les lignes du livre, une émotion profonde qui se communiquera aux lecteurs comme une électricité. Tel est le phénomène de l'originalité chez l'écrivain, de la sensation originale qui fait les œuvres personnelles. Eh bien ! jamais M. Jules Claretie n'a eu cette sensation, jamais il ne l'aura. C'est cela qui le condamne sans appel à rester médiocre toute sa vie. Il aura beau produire, entasser livre sur livre, se donner même de la peine à soigner les intrigues et à polir son style, ses romans n'en seront pas moins aussi mort-nés les uns que les autres. C'est un aligneur de prose, ce n'est rien autre chose.

Je viens d'expliquer le grand succès de M. Alphonse Daudet et des autres romanciers naturalistes. Ils sont vivants, ils donnent à leurs livres une vie qui leur est propre. Aussi les lecteurs se prennent-ils de passion, parce qu'ils sentent les pages se dresser devant eux comme des créatures. L'émotion est contagieuse. Quand le livre est mort, le lecteur reste froid. Il faut que l'auteur ait vécu son roman, en faisant sienne chacune des scènes qui s'y trouvent. Sinon, on lit des yeux, le cœur ni l'intelligence ne sont pris. Je ne donne pas d'autre raison à l'indifférence relative du public pour les romans de M. Claretie. Un travailleur comme lui, un écrivain dont le journalisme a rendu le nom célèbre, devrait se vendre à un grand nombre d'éditions, et c'est à peine si ses ouvrages en ont quelques-unes. Il restera comme l'exemple de ce que devient dans les lettres une grande production, avec le seul vernis du talent.

Je pourrais citer beaucoup de nos écrivains qui sont dans le cas de M. Jules Claretie. Mais il suffit de l'avoir étudié comme exemple. Je préfère terminer, en parlant de M. Léon Cladel, dont le cas est absolument le cas contraire. M. Léon Cladel a débuté, il y a quinze ans déjà, par un volume : *les Martyrs ridicules*, qui fut remarqué. Il débarquait alors de sa province, le Quercy, et venait à Paris pour se faire une place au soleil. Plus tard, il lia amitié avec le poète Baudelaire, dont les théories de styliste impeccable firent sur lui une impression profonde. Dès lors, il se mit à travailler sa prose avec acharnement, et selon certains principes absolus. Il fit la chasse au mot exact, ou du moins au mot qu'il croyait exact ; il pesa chaque expression pendant des journées, fut sans pitié pour les consonnances qui lui déplaisaient, ne toléra pas une seule répétition. Je ne parle point des manies auxquelles il obéit de temps à autre : ainsi, un moment, il décréta que les phrases d'un même alinéa ne devaient pas commencer par la même lettre ; un autre moment, il proscrivit les alinéas eux-mêmes, de façon qu'une œuvre de lui allait du commencement à la fin en un seul bloc, sans passer une seule fois à la ligne. Voilà des symptômes qui sont bien graves, chez un écrivain. Outre que des soucis aussi puérils stérilisent rapidement les facultés créatrices d'un romancier, ils donnent aux œuvres une raideur voulue, une sécheresse et une dureté qui glacent. Les œuvres ne sauraient être vivantes, ainsi travaillées par une main entêtée qui oblige les mots à entrer quand même dans des cases préparées à l'avance. Il faut plus de génie libre, plus de véritable émotion. Aussi les meilleurs romans de M. Léon Cladel : *le Bouscassié* et *la Fête votive de Saint Bartholomée Porte-Glaive*, ne sont-ils que des bijoux littéraires très curieusement ouvragés, dont on admire le travail avec plus de surprise que d'intérêt.

Je sais bien pourquoi M. Léon Cladel se donne une peine si rude à polir le style de ses romans. C'est qu'il a la conviction bien arrêtée qu'une œuvre ne vit que par la pureté de la forme. Il a la belle ambition de laisser des œuvres immortelles et il s'efforce de rendre parfaite chaque phrase qu'il écrit. Seulement, il y a là une duperie. Il n'est point vrai qu'il suffise d'avoir un style très soigné pour marquer à jamais son passage dans une littérature. La forme au contraire est ce qui change, ce qui passe le plus vite. Il faut, avant tout, pour qu'il vive, qu'un ouvrage soit vivant, et il n'est vivant qu'à la condition d'être vrai, d'être vécu par un auteur original. Pouvons-nous aujourd'hui juger de la perfection du style d'Homère et de Virgile ? Bien difficilement. Et si, dans notre littérature nationale, nous prenons nos grands écrivains, Rabelais, Montaigne, Corneille, Molière, Bossuet, Voltaire, nous devons passer sur beaucoup de leurs phrases que nous comprenons à peine, tellement la langue a changé. Ce que nous sentons le mieux, ce qui nous brûle et nous enthousiasme encore, c'est leur flamme intérieure, c'est ce souffle du génie qui sort toujours des pages qu'ils ont écrites. Un romancier qui se dit : « Je vais gagner l'immortalité à force de purisme », fait donc le plus faux calcul du monde. On gagne l'immortalité, en mettant debout des créatures vivantes, en créant un monde à son image. Quelques phrases plus ou moins boiteuses ne font rien à l'affaire.

En somme, le grand malheur de M. Léon Cladel est d'être un rhétoricien, un arrangeur de mots. Enfant du Quercy, il a eu l'idée de peindre surtout les paysans au milieu desquels il a grandi. Ce que MM. Erckmann-Chatrian ont fait pour l'Alsace, il le fait pour sa province. Seulement, il y apporte des allures d'épopée. Victor Hugo, avec son style héroïque, a passé par là. Dans le dernier roman que M. Léon Cladel a publié et qui lui a demandé six ans de travail, *l'Homme de la Croix-aux-Bœufs*, il a eu, ainsi qu'il l'explique, l'intention de rendre littérairement le langage et les mœurs des paysans du Quercy. Rude besogne et qui ne pouvait aboutir qu'à une œuvre bâtarde. Cela rappelle la façon dont George Sand faisait parler les paysans du Berry. M. Léon Cladel a plus de vigueur, mais il arrive également à un galimatias poétique. Les paysans ne parlent pas ainsi, ni les poètes non plus ; de sorte que cette langue n'est à personne et qu'elle fatigue horriblement le lecteur au bout de dix pages. Il vaudrait beaucoup mieux étudier les paysans et tâcher de nous les montrer franchement tels qu'ils sont, sans rêver de les rendre littéraires et épiques.

Certes, M. Léon Cladel est un écrivain. Je sais de lui de courtes nouvelles qui sont des chefs-d'œuvre de style. Seulement, il n'a pas le sentiment du vrai, il ne voit pas ce qui est ; de là, les broussailles dans lesquelles il se débat, les caprices de style qu'il montre, les efforts bizarres qu'il tente pour attraper le succès. Le public n'est pas encore venu à lui, rebuté par les complications de sa forme, ne sentant pas la vérité au fond de ses œuvres. Il est dans une voie détestable qui le conduira à tous les casse-cou, s'il ne s'aperçoit un matin que le mieux est encore d'écrire ses œuvres en brave homme, qui dit avec bonhomie ce qu'il pense et ce qu'il sent.

VII

Me voilà amené à terminer cette étude du roman français actuel par un rapide examen de la grosse question du style. Il faut dire où nous en sommes, la chose en vaut la peine. A aucune époque, la forme n'a préoccupé davantage nos écrivains. En face des bâcleurs de besogne, tout un groupe de stylistes a grandi. Il semble que la fécondité effroyable des faiseurs de feuilletons et des faiseurs d'articles, que ces charretées de phrases incolores et incorrectes vidées chaque matin sur la tête du public par les tombereaux de la presse, aient poussé les esprits lettrés à une réaction violente. Ils se sont mis à l'écart, ils sont devenus des bijoutiers littéraires, ils ont d'autant plus ciselé leur style que les romanciers feuilletonnistes et les journalistes lâchaient davantage le leur. De là, ce souci de la phrase, qui restera un des caractères de notre littérature contemporaine.

On trouverait encore d'autres causes. Le mouvement romantique a été surtout un mouvement de rhétorique. Il s'agissait de donner du sang et de la force à la langue française, dont les siècles classiques avaient fait une matière sèche et claire, dure et cassante, d'un emploi impossible en poésie. Justement le lyrisme naissait, l'amour de la nature demandait une notation nouvelle, il fallait un instrument plus riche et plus souple pour exprimer toutes les sensations raffinées que le siècle apportait. On fouillait donc dans l'ancienne langue, on élargissait le dictionnaire, on se battait pour des mots. Toute la révolution littéraire de 1830 est là, dans une nouvelle société cherchant un mode nouveau d'exprimer ses sentiments. Naturellement, au lendemain de cette insurrection de la forme, de cet apport considérable de néologismes et d'archaïsmes, la pensée des écrivains de talent a été de refaire une police de style, de réglementer les phrases conquises, de tirer parti du dictionnaire si largement augmenté. Tout de suite, on devait aller au précieux et à l'exquis. Personne ne se doute, dans le public, de la science et de la patience que certains auteurs dépensent de nos jours. On les lit rapidement, sans soupçonner quels soins ils mettent jusque dans les virgules ; pendant des heures, ils ont discuté chaque mot en les examinant au point de vue de l'oreille et de l'œil ; non seulement ils se sont préoccupés de la phrase en grammairiens, mais encore ils lui ont demandé une musique, une couleur, jusqu'à une odeur. Pas une consonnance heureuse ou fâcheuse ne leur a échappé. Ils ont voulu la perfection de la forme, l'absolu, poursuivant les répétitions de mots jusqu'à cent lignes de distance, déclarant la guerre aux lettres elles-mêmes, pour qu'elles ne reviennent pas trop souvent dans une page. On en est arrivé à faire de la prose plus difficilement que des vers. D'ailleurs, le cas est tout aussi frappant en poésie. On a raffiné sur les vers d'Hugo, qui sont souvent rocailleux et incorrects. On lui a volé son procédé, en le limant et en le ciselant d'une façon parfaite. Et il est arrivé que des jeunes gens, d'une grande assimilation, font aujourd'hui les vers merveilleusement ; l'outillage est connu, des ouvriers adroits se sont formés, tout poëte intelligent qui débarque de sa province est un maître. Pour la prose, nous allons bientôt assister à une fabrication pareille, faite sur des patrons connus.

C'est là le premier écueil du soin extrême que les maîtres donnent au style. Ils créent fatalement des procédés, qui restent excellents tant qu'ils s'en servent, mais qui deviennent intolérables, lorsque des élèves en héritent. Peu importerait encore, le pis est que tout procédé me semble dangereux, même pour celui qui l'invente. Et j'arrive à la grosse question.

En lisant les écrivains des siècles passés, on s'aperçoit vite qu'il faut faire deux parts dans leurs œuvres, une partie qui est restée humaine, éternelle, et l'autre partie qui a vieilli. Cette partie qui a vieilli est précisément le jargon littéraire de l'époque, un jargon sentimental, amoureux ou simplement poétique. Voyez les dialogues d'amour dans Molière, Corneille et Racine ; toutes les belles choses qui se disent là-dedans nous paraissent aujourd'hui prodigieusement froides et prétentieuses ; autrefois pourtant, elles ravissaient les spectateurs, elles devaient avoir sur le public un effet certain, pour que nous les retrouvions identiques dans toutes les œuvres du temps. Au dix-huitième siècle, la mode change, on aime la nature et la vertu ; mais, bon Dieu ! quel pathos ! Je déclare qu'il ne m'a jamais été possible de lire sans bâiller la *Nouvelle Héloïse*. Le style en est devenu insupportable, ce style qui a fait verser tant de larmes et battre tant de cœurs.

Voilà, certes, qui doit nous donner à réfléchir. Il y a donc un jargon particulier dans chaque période littéraire, que la mode adopte, qui séduit tout le monde, qui se démode et qui, après avoir fait la fortune des livres, les condamne justement à l'oubli. Alors, nous devons avoir notre jargon, nous autres aussi. Le malheur est que, si nous voyons nettement celui des époques disparues, nous ne sommes nullement blessés par le nôtre; au contraire, il doit être notre vice, notre jouissance littéraire, la perversion du goût qui nous chatouille le plus. Souvent, j'ai pensé à ces choses, et j'ai été pris d'un petit frisson, en songeant que certaines phrases qui me plaisent tant à écrire aujourd'hui, feront certainement sourire dans cent ans.

Le pis est que ma conviction a fini par être que le jargon de notre époque, cette partie du style purement de mode et qui doit vieillir, restera comme un des plus monstrueux jargons de la langue française. Et cela peut se prédire d'une façon presque mathématique. Ce qui vieillit surtout, c'est l'image. Dans sa nouveauté, l'image séduit. Puis, quand elle a été employée par deux ou trois générations, elle devient un lieu commun, elle est une guenille, elle est une honte. Voyez Voltaire, avec sa langue sèche, sa phrase nerveuse, sans adjectifs, qui raconte et qui ne peint pas : il demeure éternellement jeune. Voyez Rousseau, qui est notre père, voyez-le avec ses images, sa rhétorique passionnée : il a des pages insupportables. Nous voilà donc bien lotis, nous autres qui avons renchéri sur Rousseau et qui doublons la littérature de tous les arts, peignant, taillant les phrases comme des marbres, exigeant des mots le parfum des choses. Tout cela nous prend aux nerfs, nous trouvons tout cela exquis, c'est parfait. Seulement, que diront nos petits-neveux? Leur façon de sentir aura changé, et je suis convaincu qu'ils resteront stupéfaits, en face de certaines de nos œuvres. Presque tout y aura vieilli. Je ne veux nommer personne. Mais je me suis souvent inquiété de savoir ceux d'entre nous pour lesquels la postérité se montrera sévère, et je crois que les plus grands seront frappés à la tête.

Trop de jargon, et un jargon d'autant plus fâcheux qu'il est d'une rare perfection de forme : voilà mon opinion sur notre époque littéraire. Ce n'est pas lorsqu'il est en beau style qu'un livre vit; c'est lorsqu'il est humain, et d'une forme simple et précise dont les lecteurs de toutes les époques peuvent s'accommoder. Il faudrait nous débarrasser de nos procédés, ne pas croire surtout qu'on forcera l'immortalité parce qu'on aura évité les répétitions de mots ou compté les virgules dans une page. Je confesse d'ailleurs volontiers qu'il n'est pas commode d'échapper à son temps et qu'il est assez difficile de dire, sans crainte de se tromper : Ceci vieillira, ceci ne vieillira pas. Mais je peux toujours dire quel est pour moi le bon écrivain. Une langue est une logique. On écrit bien, lorsqu'on exprime une idée ou une sensation par le mot juste. Tout le reste n'est que pompons et falbalas. Avoir l'impression forte de ce dont on parle, et rendre cette impression avec la plus grande intensité et la plus grande simplicité, c'est l'art d'écrire tout entier. Il est déjà bien beau de sentir personnellement, d'avoir des sensations à soi ; j'ajoute même que c'est là le don qui fait les maîtres. Seulement, il faut en outre la rencontre exacte de l'expression. Plus elle sera directe, sans ragoût littéraire, allant droit à la vie, et plus elle sera puissante et éternellement jeune, dans la vibration même de la vérité !

Veut-on savoir le style que je rêve parfois ? Je suis trop de mon temps, hélas ! j'ai trop les pieds dans le romantisme pour songer à secouer complètement certaines préoccupations de rhétorique. Nos fils se chargeront de cette besogne. Je garderais donc tous nos raffinements d'écrivains nerveux, les heureuses trouvailles, les épithètes qui peignent, les phrases qui sonnent. Seulement, dans ce style si capricieusement ouvragé, si chargé d'ornements de toutes sortes, je voudrais porter la hache, ouvrir des clairières, arriver à une clarté plus large. Moins d'art et plus de solidité. Un retour à la langue si carrée et si nette du dix-septième siècle. Un effort constant pour que l'expression ne dépassât pas la sensation. En un mot, nous sommes des mélodistes, des exécutants très habiles qui jouons des variations ravissantes sur les airs les plus connus. Nous chantons : *Au clair de la lune*, en y ajoutant des trilles d'une telle fantaisie, des points d'orgue si imprévus, qu'on ne reconnaît pas la vieille mélodie et qu'on applaudit à tout rompre. Eh bien ! je désirerais que nous fussions moins brillants et que nous eussions plus de fond. Tout ce régal est un peu enfantin. Ce sont des friandises d'art qui, au point de vue humain, ne tirent pas à conséquence. Certes, c'est exquis, c'est compliqué, ça laissera de jolis bibelots dans notre littérature ; mais j'aimerais mieux que ça laissât des œuvres fortes.

Les étrangers ne comprennent absolument rien à nos soucis de style. J'en ai causé avec des Anglais et des Allemands ; jamais aucun mouvement semblable n'a eu lieu dans leurs littératures. Les plus grands romanciers anglais, Dickens entre autres, ont écrit au petit bonheur de la langue, sans raffiner sur la ponctuation. Quant aux Allemands, ils disent tout ce qu'ils ont à dire, longuement, et voilà leur style. Nous seuls, nous nous sommes mis martel en tête depuis Rousseau, pour tirer des mots une essence d'art particulière. Avec les idées de nos écrivains puristes, pas un de nos classiques ne tient debout : çà et là, une phrase marche encore ; mais les *qui* et les *que* prodigués gâtent le reste, les périodes s'embrouillent comme des écheveaux, les épithètes se présentent mal et n'ont pas de couleur. Et, voyez l'inconséquence, des écrivains du dix-septième siècle, le seul que notre génération, si malade d'art parfait, acclame et salue, est justement Saint-Simon, le plus incorrect, mais le plus personnel des prosateurs.

L'amour de la personnalité, voilà ce qui nous sauvera, je l'espère. Quand on établira le bilan de notre âge, il y aura bien du fatras à mettre de côté. Les bagages de vingt et trente volumes se réduiront peut-être à quelques pages. Mais on trouvera, au fond de cette production affolée, une belle activité artistique, une poussée superbe de tempéraments puissants. Et ceux qui toucheront encore les générations futures seront ceux-là qui auront senti par eux-mêmes et traduit une sensation nouvelle. Quant aux autres, à ceux qui profitent avec plus ou moins d'habileté des procédés à la mode, ils sont certains de mourir tout entiers, car ils n'auront que parlé le jargon courant, sans l'animer jamais du souffle vivant d'une personnalité.

VIII (1).

Maintenant que le tapage de la querelle soulevée par l'étude qu'on vient de lire s'est apaisé, il me plaît d'en résumer l'histoire et de dire le dernier mot. Voici les faits, brièvement.

Depuis trois ans, j'envoie à une revue russe, le *Messager de l'Europe*, environ deux feuilles d'impression chaque mois. Ce sont des chroniques, des nouvelles parfois, le plus souvent des études littéraires. Naturellement, je soutiens en Russie les idées que je défends dans le *Voltaire*; et je saisis l'occasion pour témoigner toute ma gratitude à ce grand pays, qui a bien voulu m'accueillir et m'adopter, lorsqu'on me fermait les portes et qu'on me traînait dans la boue en France. Donc, quand j'y ai parlé du théâtre, j'ai repris les articles publiés au *Bien public* et au *Voltaire*; quand j'y ai rendu compte des Salons annuels, j'ai recommencé la campagne faite par moi, en 1866, dans l'*Événement*; enfin, quand je suis arrivé au roman, j'ai d'abord dit toute mon admiration pour Balzac, Stendhal, Gustave Flaubert, Edmond et Jules

(1) Je donne ici, pour complément à mon étude sur les romanciers contemporains, l'article que j'écrivis dans le *Voltaire*, en réponse aux attaques furieuses que cette étude déchaîna contre moi.

de Goncourt, Alphonse Daudet, dans de longues études ; puis, j'ai examiné, dans un même article, l'ensemble des autres romanciers contemporains, n'ayant pas la prétention de les nommer tous, accordant à chacun d'eux une courte note, les jugeant au point de vue où je me suis toujours placé.

Cette dernière étude sur le roman contemporain avait paru à Saint-Pétersbourg le 1er septembre 1878. En octobre, un rédacteur de la *Bibliothèque universelle et Revue suisse* en résuma le sens général, sans en traduire exactement les phrases. Cela était déjà arrivé pour plusieurs autres de mes études parues dans le *Messager de l'Europe*, et je ne m'arrêtai pas à cette traduction. Le manuscrit m'était revenu, il dormait dans un tiroir avec les autres, attendant que je lui fisse un bout de toilette pour paraître à Paris en volume, lorsque, le 15 décembre, plus de six semaines après la publication de la traduction, un rédacteur du *Figaro* lança, à la première colonne de la première page, une dénonciation en règle. Il criait : « Au loup ! » contre moi, il appelait ses confrères d'une voix désespérée pour me traquer comme une bête malfaisante. L'article m'accusait de « vilipender », d' « assommer » les gens sous le masque d'une traduction ; et il finissait en m'appelant « zingueur ».

Je fus, je l'avoue, un peu surpris de la violence et de l'imprévu de l'attaque. Zingueur était familier. J'ai pu souvent dire de mes confrères qu'ils n'avaient pas de talent, mais je ne les ai jamais appelés zingueurs. Le plus étonnant était que le rédacteur me reprochait de « perdre les traditions polies ». Il me sembla un peu dur de rester sous le coup de cette dénonciation ; j'ai pris le parti de ne plus répondre directement aux articles et aux lettres, car cela embrouille tout et ne fait point avancer la vérité d'un pas ; mais le cas était particulier, il fallait aviser. La seule réponse qui me parut logique et courageuse, ce fut, puisqu'on dénonçait l'article, de ne pas attendre davantage et de le mettre immédiatement sous les yeux du public. J'offris donc au *Figaro* de publier mon étude sur le roman contemporain, ce qu'il accepta. Cette étude a paru dans le supplément du journal du 22 décembre.

Pour tout dire, cela me contrariait. Voilà que j'étais forcé de donner mon travail tel que je l'avais fait pour la Russie. Je ne me serais pas permis d'y changer une virgule, par bonne foi. Or, il n'est pas un journaliste qui ne sache comment on fait les correspondances. Parfois et tout naturellement, je lâche le style des études que j'envoie au *Messager de l'Europe ;* cela doit être traduit, il est inutile de chercher des finesses qui se perdraient dans la traduction. Plus tard, lorsque je publierai le texte français, je me propose toujours de refondre certains morceaux, d'enlever les répétitions, les phrases moins bien venues, toutes les bavures d'un premier jet. Enfin, il fallait me montrer en déshabillé.

D'autre part, il est évident que, lorsque j'écris un article pour la Russie, je le conçois un peu autrement que si je le concevais pour la France. J'ai là-bas un public particulier, très au courant, il est vrai, de notre littérature, mais qui exige des preuves, des faits, que l'on jugerait puérils et même singuliers si je les donnais à Paris. Lorsque je parle d'un homme, on me demande son portrait, ses habitudes, des anecdotes ; si je m'occupe de la presse, de la librairie, même des mœurs françaises, on veut de la statistique, des chiffres, des chiffres surtout. Et, je le répète, il n'est pas un journaliste qui ne sache cela ; c'est l'*a b c* du métier.

Ainsi, on me violentait, on m'obligeait à publier mon étude telle que je l'avais écrite pour l'étranger, sans me permettre de la revoir en rien. Cela ne m'aurait pas touché, si les lecteurs avaient bien voulu se mettre au point de vue logique. Mais je me doutais qu'on prendrait la question au rebours, comme il est d'usage.

En effet, mon étude a soulevé, paraît-il, un tapage furieux parmi mes confrères. L'exaspération était telle que, du trou où je vis, je ne comprenais pas bien. Qu'avaient-ils donc à se tourmenter de cette façon diabolique ? Je disais ma façon de penser sur quelques-uns, il est vrai, et je me permettais de les discuter ; mais quel homme aurait droit à la franchise, si ce n'était moi, avec qui l'on a toujours été brutal ? Je ne croyais pas être sorti de ma bonne tenue littéraire ; je n'avais appelé personne zingueur. Et il a fallu que des amis eussent l'obligeance de m'ouvrir les yeux, en m'envoyant certains articles. Mon Dieu ! c'était bien simple, on m'accusait tout bonnement d'avoir vendu ma plume à mon éditeur, on prétendait que mon étude était une réclame commerciale. La question littéraire crevait en une question de boutique. Vraiment, la chute est piteuse, et j'en suis un peu honteux.

Examinons donc cette drôlerie. C'est comique, mais c'est triste. On a oublié de dire que M. Georges Charpentier m'a donné dix mille francs. Maintenant, si un éditeur rival m'offrait vingt mille francs, je me tâterais peut-être et je lui ferais un article. Il ne s'agit que d'y mettre le prix. Voilà le zingueur qui devient un gredin. Joli procédé de critique.

On comprend qu'il ait fallu six grandes semaines pour couver un pareil œuf. Cela a dû naître en douceur dans quelque boutique. On s'y est aperçu, après un minutieux examen, que j'étais favorable aux romanciers dont les œuvres sont publiées par M. Georges Charpentier, tandis que je me montrais sévère pour les auteurs d'un autre éditeur, mettons M. X... Les vanités littéraires blessées qui avaient envie de crier ont alors passé la main aux intérêts pécuniaires menacés. C'était l'abomination de la désolation. La maison X... était en péril. J'allais compromettre la vente. Il fallait vite m'avilir un peu, me clouer entre les épaules une étiquette de courtier en librairie, pour arrêter ma propagande. Et toute la maison X... s'est lancée à mes trousses. La galerie doit bien rire.

Eh ! oui, j'admire beaucoup Gustave Flaubert, Edmond et Jules de Goncourt, Alphonse Daudet, qui ont écrit des livres superbes, dans mes idées ; je ne déteste pas André Theuriet, la seule recrue charmante qui se soit produite dans le camp adverse. Tous ces romanciers sont chez M. Georges Charpentier. Eh bien ! c'est que M. Georges Charpentier a été très intelligent, lorsqu'il a su se les attacher. Vous dites que je lui fais une réclame ; mais je suis enchanté de la lui faire. Il a eu l'audace de nous grouper, au moment où les portes se fermaient encore devant nous. Je parle surtout pour moi, qui étais repoussé de partout. Vous me forcez à traiter la question boutique, traitons-la. Aujourd'hui, après une vente très difficile, l'affaire devient bonne. Nous en sommes ravis, d'autant plus ravis que la maison X... en paraît consternée. Qu'y a-t-il d'étonnant à ce que je trouve mes auteurs favoris chez un éditeur qui a pris la peine d'aller les chercher un à un, risquant sa fortune sur leur talent discuté ? Il faut bien qu'ils soient quelque part, et ils sont là, parce que c'est là qu'il y a le plus de liberté et le plus d'intelligence littéraire.

Maintenant, à qui ferez-vous croire que, moi, je sois descendu à ce vilain métier de faiseur d'affaires? Dans mon étude, j'ai donné des chiffres, j'ai indiqué, pour certains romanciers, le nombre des éditions auquel ils ont vendu leurs œuvres ; et c'est de ces chiffres que l'on part pour m'accuser d'avoir fait une concurrence déloyale à l'étranger. Remarquez que les nombres cités par moi sont presque tous énormes : des trentaines de mille, des centaines de mille ; deux ou trois fois seulement, j'ai constaté des nombres assez bas. On croit rêver. Je me demande si je me trouve en face du comble de la niaiserie ou du comble de la mauvaise foi.

Comment ! j'aurai dit ce que tout le monde peut constater sur la couverture des romans qui sont à l'étalage des libraires, et par cela seul je me serai rendu coupable d'une vilaine action ! J'aurai fait pour la Russie, qui me demande des chiffres, des preuves matérielles, un travail sur le goût du public en France, travail qui se serait sans doute modifié si je l'avais conçu pour une Revue publiée à Paris, et l'on m'imputera ce travail à crime ! On feindra de ne pas voir le point de vue particulier où je me suis placé, on me refusera le droit de prendre la vente en librairie comme une marque certaine des transformations qui s'opèrent dans les engouements des lecteurs ! De qui se moque-t-on ? Cette fois, vraiment, on dépasse le but, en voulant me rendre trop ignoble.

Alors, je me serais tenu ce raisonnement, avant de prendre la plume : « Mon confrère un tel vend à douze mille, je vais dire qu'il ne vend qu'à quatre cents ; j'achèverai de le couler, et ses lecteurs viendront à moi. » Cela vous casse les bras. Que répondre ? J'ai déjà quatorze ans de dur travail derrière moi, j'ai gagné à grand'peine le pain que je mange, j'ai grandi dans le respect des lettres et dans l'ambition de laisser une œuvre.

Vous imaginez-vous un honnête garçon qui suit tranquillement son droit chemin, et derrière lequel éclatent tout à coup des cris : « Au loup ! au loup ! empoignez-le ! qu'on nous en débarrasse ! » Ce garçon, c'est moi. Je suis resté stupide. En vérité, c'est moi qui suis le loup. Mais pourquoi ? Et l'on me dit qu'il s'agit d'assembler un comité pour juger mon cas. Par exemple, c'est là une chose que je voudrais voir. Après m'avoir fait sauter de surprise, on veut donc me faire mourir de rire ?

Les plus doux sont très dédaigneux. Ils m'accusent de ne voir dans la littérature qu'une question de gros sous. Ces gens ont trouvé ça, me voilà un adorateur du succès. Belle trouvaille, et qui fait honneur à la puissance de leur observation et de leur analyse ! C'est qu'il ne fait pas bon avoir de mauvaises pensées avec eux : ils ont l'œil scrutateur, ils vous percent jusqu'à l'âme. Moi, un adorateur du succès ! Eh ! j'ai passé ma vie à combattre le succès, vingt fois je l'ai cloué au pilori. Je sais ce qu'il vaut, je ne l'ai jamais flatté, je ne l'ai jamais acheté. Tous ceux qui sont tombés avec du talent m'ont trouvé près d'eux pour les défendre. Quand le succès est venu pour moi, je me suis senti plein de trouble ; et souvent j'ai regretté l'heure où j'avais tout à conquérir. Aujourd'hui, je constate que la grande majorité des lecteurs vient aux romanciers naturalistes. En faisant cela, je tâte le pouls du public, rien de plus. Je ne suis pas glorieux de cette foule, ni pour mes amis ni pour moi. Seulement, on nous a dit que nos livres ennuyaient et dégoûtaient le public. Et je réponds : « Vous voyez bien que non, puisque le public se met de notre côté ; c'est vous qui avez fini par le fatiguer. »

En somme, je veux leur pardonner. Ces gens ne savent ce qu'ils disent. Ils n'ont qu'une conscience vague de ce que je fais. Ainsi, je les étonnerais beaucoup en leur apprenant que mon étude sur le roman contemporain, qu'ils m'ont forcé à publier séparément, appartient à un ensemble d'études logiquement enchaînées les unes aux autres, et dont les places sont toutes marquées dans un volume. Balzac et Stendhal sont en tête ; puis viennent Gustave Flaubert, Edmond et Jules de Goncourt, Alphonse Daudet. Dès lors, chaque chose s'éclaire et se met en place. Il devient évident que je me bats au nom d'une idée. L'explication de mon attitude est là. Cette attitude est bien franche pourtant, elle devrait sauter aux yeux de tous.

Mais non, ce qui stupéfie ces gens, c'est précisément que je suis un homme de logique, c'est que j'obéis à un tempérament de critique où les jugements sur toutes choses se tiennent et s'enchaînent. On ne veut pas me comprendre, parce que je reste en dehors des banalités, des complaisances, des formules toutes faites de la critique courante. Depuis douze ans que je fais cette besogne, on pourrait croire qu'ils ont compris et qu'ils se sont accoutumés. Pas le moins du monde. Chaque fois, c'est le même sursaut, la même exaspération, le même affolement de vanité blessée. La première fois, c'était en 1866, à propos du Salon de peinture; on faillit m'égorger. La seconde fois, c'était au sujet du théâtre; mes feuilletons du *Bien public* ameutaient toute la critique autour de moi, avec des haussements d'épaules, des rires et des sifflets. Aujourd'hui, c'est sur les romanciers. Remarquez que, les trois fois, j'ai répété les mêmes choses. Mon outil n'a pas changé. N'importe, l'effet est certain. Les gens se fâchent et m'accusent des intentions les plus malhonnêtes. Ne serait-il pas temps d'être un peu plus raisonnable à mon égard, de s'apercevoir au moins que j'obéis à ma nature, que je ne calcule pas des infamies dans mon coin, que dans la peinture, dans la littérature dramatique, dans le roman, j'ai mené la même campagne en faveur d'une idée unique? Voilà l'homme dont on fait un courtier en librairie.

Je sais, d'ailleurs, pourquoi tant de colère : c'est que j'ai dit tout haut ce que bien du monde pensait tout bas. Il y a, dans la presse, des habitudes prises à l'égard de certaines personnalités ; elles sont passées à l'état de sympathiques, je veux dire qu'on répète toujours sur elles les mêmes phrases bienveillantes. J'ai risqué la vérité toute nue sur ces personnalités ; de là l'émotion. Si l'on ajoute mon manque de respect pour les positions acquises, ma haine de la convention, mon amour de la vie et de l'originalité, on s'expliquera toute cette fureur. Mais il paraît que les romanciers les plus furieux contre moi sont encore ceux dont je n'ai pas parlé.

Un dernier mot sur une légende qui est en train de se former. On me représente comme crevant de vanité. Si je dis la vérité aux autres, c'est que l'orgueil m'étouffe. Je veux m'asseoir en triomphateur sur les cadavres de tous mes confrères massacrés par moi. Eh bien! voilà encore un trait d'une bonne observation et d'une fine analyse.

Mon orgueil serait de deux natures : ou je serais convaincu, ou je serais habile. Convaincu, hélas! j'ai trop de sens critique. Je voudrais bien être convaincu que je suis le premier homme du siècle. L'écrivain qui arrive à cette hypertrophie de personnalité, vit dans une sérénité superbe. Il s'adresse des discours devant sa glace, il devient Dieu. Pour mon malheur, je pleure encore de rage sur mes manuscrits, je me traite d'idiot vingt fois par matinée, je ne lance pas un livre sans le croire très inférieur à ses aînés. Il faudrait donc que je fusse habile, que toute ma campagne fût un travail pour me hausser à une situation. Voyons, de bonne foi, est-ce que les habiles se risquent dans les casse-cou de la franchise? Regardez ceux qui arrivent aux récompenses et aux honneurs, vous comprendrez que j'ai renoncé à tout. Je ne suis rien, pas même bachelier, et je ne suis de rien, pas même de la Société des gens de lettres.

FIN.

TABLE DES MATIÈRES

BALZAC. 3
STENDHAL. 75
GUSTAVE FLAUBERT. 125
EDMOND ET JULES DE GONCOURT. 223
ALPHONSE DAUDET. 255
LES ROMANCIERS CONTEMPORAINS. 333

www.ingramcontent.com/pod-product-compliance
Lightning Source LLC
Chambersburg PA
CBHW060555170426
43201CB00009B/782